CAPÍTULOS DA HISTÓRIA COLONIAL

CAPISTRANO DE ABREU

FV Éditions

INDICE

Capistrano de Abreu	1
Antecedentes indígenas	3
Fatores exóticos	13
Os descobridores	18
Primeiros conflitos	27
Capitanias hereditárias	31
Capitanias da coroa	39
Franceses e espanhóis	48
Guerras flamengas	64
O sertão	86
Formação Dos Limites	149
Três séculos depois	163

CAPISTRANO DE ABREU

João Capistrano de Abreu (Maranguape, CE, 23 de Outubro de 1853 - Rio de Janeiro, RJ, 13 de Agosto de 1927), historiador brasileiro.

Um dos primeiros grandes historiadores do Brasil, produziu ainda nos campos da etnografia e da linguística. A sua obra é caracterizada por uma rigorosa investigação das fontes e por uma visão crítica dos fatos históricos.

Fez os seus estudos primários e secundários em Fortaleza e no Recife, mudando-se para o Rio de Janeiro em 1875. Nesta cidade empregou-se como caixeiro, na famosa Livraria Garnier, passando a colaborar no periódico Gazeta de Notícias. Nomeado oficial da Biblioteca Nacional (1879), inscreveu-se em concurso do Colégio Pedro II para o cargo de professor de Corografia e História do Brasil (1883). A tese que apresentou versava sobre o Descobrimento do Brasil e seu desenvolvimento no século XVI, considerada como uma das mais importantes obras em historiografia de história do Brasil. Aprovado, tomou posse do cargo em 23 de Julho de 1883, tendo-o exercido até 1899, quando Epitácio Pessoa, então ministro da Justiça, determinou anexar o ensino de história do Brasil ao de história universal. Em sinal de protesto, Capistrano recusou-se a lecionar a nova disciplina, preferindo manter-se em disponibilidade para se dedicar à pesquisa.

Suas obras: Estudo sobre Raimundo da Rocha Lima (1878), José de

Alencar (1878), A língua dos Bacaeris (1897), Capítulos de História Colonial (1907), Dois documentos sobre Caxinauás (1911-1912), Os Caminhos Antigos e o Povoamento do Brasil (1930), O Descobrimento do Brasil, Ensaios e Estudos (1931-33, póstumos) e Correspondência (1954, póstuma)[1].

---

1. Fonte : http://www.bibvirt.futuro.usp.br/

ANTECEDENTES INDÍGENAS

A quase totalidade do Brasil demora no hemisfério meridional, e entre o Equador e o trópico de Capricórnio alcança o país as maiores dimensões.
Cercam-no ao Sul, a Sudoeste, Oeste e Noroeste as nações castelhanas do continente, exceto o Chile, por se interpor a Bolívia, e o Panamá por se interpor a Colômbia. Se confrontará algum dia com o Equador hão de decidir negociações ainda ilíquidas. Desde o alto rio Branco até beira-mar seguem-se colônias de Inglaterra, Holanda e França, ao Norte.

Banha-o ao Oriente o oceano Atlântico, numa extensão pouco mais ou menos de oito mil quilômetros. Como o cabo de Orange, limite com a Guiana Francesa, dista 37 graus do Chuí, limite com o Uruguai, salta logo aos olhos a insignificância da periferia marítima; repete-se o espetáculo observado na África e na Austrália: nem o mar invade, nem a terra avança; faltam mediterrâneos, penínsulas, golfos, ilhas consideráveis; os dois elementos coexistem quase sem transições e sem penetração; com recursos próprios o homem não pode ir além da pescaria em jangadas.

A borda litorânea dispõe-se em dois rumos principais: Noroeste–Sueste do Pará a Pernambuco, Nordeste–Sudoeste de Pernambuco ao extremo Sul.

A costa de NO–SE, corre baixa, quase retilínea, intermeada de dunas e lençóis de areia, aquém do Amazonas, baixa, lamacenta, de contornos variáveis, entre o Amazonas e o Oiapoque. Os materiais marinhos, os sedimentos fluviais dão-lhe o aspecto das costas compensadas; os portos rareiam, as barras dos rios são as verdadeiras entradas, em geral precárias. O desenvolvimento econômico ou as exigências administrativas mais que as condições naturais levam a navegação de longo curso para Belém, São Luís, Amarração, Fortaleza, Natal, Paraíba e Recife. Outros portos servem apenas à cabotagem. Tutoia franqueia o Parnaíba a embarcações de maior porte.

A costa de Sudoeste desde Pernambuco até Santa Catarina arrima-se à Serra do Mar, varia de aspecto, aqui extensões arenosas, além barreiras vermelhas, encostas cobertas de matas, ou montanhas que arcam com as ondas. Nela existem as maiores baías do Brasil: Todos os Santos, Camamu, Rio, Angra dos Reis, Paranaguá. A navegação de alto bordo procura as capitais dos estados, exceto as de Sergipe e Paraná, mais os portos de Santos, Paranaguá e S. Francisco do Sul. Também neste trecho se encontram as maiores e mais numerosas ilhas, em geral dentro de baías, todas de procedência continental.

A partir de Santa Catarina a costa se abaixa novamente; no Rio Grande do Sul dominam lagunas, cujo extenso litoral interno só poderá verdadeiramente prosperar quando a arte der a saída franca que a natureza lhes negou para o oceano.

As ilhas de procedência vulcânica, Fernão de Noronha, fronteira ao Rio Grande do Norte, Trindade, fronteira a Espírito Santo, pouco representam agora. Trindade parece imprópria à ocupação permanente: a Inglaterra só a disputou nos últimos anos por se prestar ao amarradio de cabos transatlânticos.

A faixa marítima apresenta largura variável: em geral avantaja-se mais de Pernambuco para o Pará, e no Rio Grande do Sul; no restante sua expansão subordina-se aos caprichos da serra do Mar: temos aqui as chamadas costas concordantes.

Ao Norte liga-se com a baixada do Amazonas, muito ampla à saída, relativamente estreita entre Xingu e Nhamundá, amplíssima a Oeste do Madeira e do Negro até o sopé dos Andes. As cachoeiras mais setentrionais do Tocantins, do Xingu, do Tapajós e do Madeira balizam a baixada pela banda do Sul. Pela banda do Norte, a Este do Negro, logo a algumas dezenas de quilômetros da foz, começa o trecho encachoeirado nos rios que descem da Guiana. De Este a Oeste apresenta declive insensível: mais desce o S. Francisco na cachoeira de Paulo Afonso do que o Amazonas nos três mil quilômetros que vão de Tabatinga ao mar.

A baixada marítima liga-se ainda ao Sul com a do Paraguai que começa no estatuário do Prata e prossegue até Mato Grosso. Cuiabá, na gema do continente, pouco mais de duzentos metros terá de altitude. As margens do rio principal, bastante altas no curso inferior, vão se abaixando à medida que se marcha para o Norte, até uma região anualmente alagada por espaços de muitas léguas, o chamado lago Xaraís dos primeiros exploradores. Abundam aliás os lagos marginais, conhecidos pela denominação de baías; por uma série de baías passa a linha lindeira com a Bolívia.

As baixadas amazônica e paraguaia, contínuas com a do oceano, aproximam-se muito a Oeste: entre o Aguapeí, afluente do Jauru, tributário do Paraguai, e o Alegre, afluente do Guaporé, um dos formadores do Madeira, inserem-se apenas poucos quilômetros de distância. O governo português pensou em cortar este varadouro por um canal que levaria do Prata ao Amazonas, e deste, aproveitando o Cassiquiare, ao Orenoco, à ilha da Trinidad, ao mar das Antilhas.

A obra começada parou logo e parece inexequível, porque uma língua de terras bastante altas aparece e se estende até Chiquitos, na Bolívia, produzindo um desnivelamento pouco favorável.

As bacias do Amazonas e do Paraguai com os rios que as cortam, as ilhas numerosas, os lagos consideráveis e os canais sem conta compensam até certo ponto a pobreza do desenvolvimento marítimo, e são os verdadeiros mediterrâneos brasileiros. A depressão do Paraguai reunida à do alto Amazonas separa dos Andes as terras altas do Brasil, que a baixada amazônica ao Norte aparta do planalto da Guiana, e a baixada marítima precede pelos outros lados. A partir do Jauru, o Paraguai não recebe afluentes consideráveis em território brasileiro, à direita.

Desde o rio Uruguai o planalto brasileiro é limitado pela serra do Mar, áspera e coberta de matas na falda voltada para o oceano, mais suave na parte interior, de largura entre vinte e oitenta quilômetros, com picos que raramente passam de dois mil metros. Serve de divisora das águas entre os rios que procuram diretamente o Atlântico — em geral de pequeno curso, pois apenas dois, o Iguape e o Paraíba, rompem a serra, e os outros são rios transversais ou de meia água — e os rios que se destinam ao Prata, de muito maior extensão e cabedal: o Uruguai pertencente ao Brasil pelos dois lados até Peperi-guaçu, limite com a Argentina, e pelo lado esquerdo até Quaraím, limite com o Uruguai; o Iguaçu, com saltos de maravilhosa beleza, no trecho em que a esquerda pertence à Argentina e a direita ao Brasil; o Ivaí, próximo ao salto de Guairá; o Paranapanema, o Tietê, de tamanha significação histórica, e outros afluentes orientais do Paraná.

Da serra do Mar desprende-se a da Mantiqueira, que mais pelo interior vai desde o Estado do Paraná até Minas Gerais. Nela fica o pico mais alto do Brasil, o do Itatiaia, com cerca de três mil metros de altitude. Vem depois a serra do Espinhaço, que acompanha o rio S. Francisco pelo lado direito até ser cortada na grande curva traçada a Nordeste por ele antes de se lançar no oceano. Ambas representam papel somenos como divisoras das águas: a da Mantiqueira entre o Paraíba do Sul e o alto Paraná, a do Espinhaço entre o S. Francisco, de que estreita a bacia ao Oriente, logo depois de formado o rio das Velhas, e os rios de meia-água que se dirigem ao mar: Doce, Jequitinhonha, Pardo, Contas, Paraguaçu.

Das alturas de Barbacena arranca uma lombada transversal no rumo aproximado Este-Oeste que, com várias denominações, a trechos rigorosamente montanhosos, alhures meramente denudada, é o maior divisor das águas dentro do planalto. Chamou-a Serra das Vertentes o benemérito Eschwege, denominação excelente se, deixada de parte a estrutura, se atender somente ao papel representado na América do Sul. A um lado as águas vertem para o Paraná e para o Paraguai, ambos nascidos nesta zona e, como o Uruguai, terminando o curso em território estrangeiro; ao outro lado da vertente, correm os tributários do Madeira, objeto de longas disputas desde que Manuel Félix de Lima, em 1742, foi pela primeira vez das minas de Mato Grosso até a sua foz; o Tapajós, antigo caminho dos Cuiabanos para a compra do guaraná entre os Maués; o Xingu, cujas más condições de navegabilidade desviaram as explorações por muito tempo e deixaram viver até poucos anos numerosas tribos indígenas em pura idade da pedra, cujo estudo impulsionou poderosamente a etnografia sul-americana; o Araguaia-Tocantins, o Parnaíba, o S. Francisco.

O S. Francisco, de grande importância histórica, é formado pelo rio que com este nome desce da serra da Canastra, e pelo rio das Velhas. No trecho superior, os afluentes mais consideráveis correm entre estas duas cabeceiras até sua confluência; transposto já o salto de Pirapora, a divisora das águas com o Tocantins afasta-se e deixa que se desenvolvam o Paracatu, o Urucuia, o Carinhanha, o Corrente, o Grande, ao passo que a serra do Espinhaço se aproxima. Desde a barra do rio Grande para o mar, nem de uma, nem de outra margem concorre afluente algum considerável; os embaraços encontrados pela navegação acumulam-se, e tolheram as comunicações até ser transposto por uma via-férrea o trecho encachoeirado.

O S. Francisco é, por assim dizer, a imagem de quase todos os rios do Brasil: no planalto, apenas o volume de água o permite uma extensão de centenas de léguas, às vezes, perenemente navegável por embarcações de maior ou menor capacidade; em seguida, a descida do planalto com saltos e corredeiras, como os do Madeira, o Augusto no Tapajós, o Itaboca no Tocantins, o Paulo Afonso no S. Francisco, e tantos outros; finalmente, as águas se acalmam e aprofundam, e os embaraços de todo desaparecem quando lhes sobra força suficiente para impedir a formação de baixios na barra.

Deste tipo se apartam o Amazonas, cuja região tormentosa é vencida logo nas cabeceiras, muito antes de entrar no Brasil, e seus afluentes situados a Oeste do Madeira e do Negro, no chamado Solimões, nascidos todos em regiões pouco elevadas e logo difundidos por grandes baixadas, quase niveladas. Em menores dimensões reproduz-se o fato com o rio Paraguai e alguns de seus afluentes. O Parnaíba e os rios do Maranhão, descendo suavemente por um declive graduado ao longo do seu curso, apresentam uma forma de transição entre o tipo dos rios das baixadas e dos chapadões.

As montanhas preparam e os rios esculpem no planalto brasileiro quatro divisões bem distintas: o chapadão amazônico desde o Guaporé ao Tocantins; o do Parnaíba, inserido entre o primeiro e o do S. Francisco, mais vasto, que alcança sua maior expansão à margem esquerda desta bacia; finalmente o do Paraná-Uruguai, entre a serra do Mar e as montanhas de Guaiás. As relações existentes entre estes chapadões atuaram sobre o povoamento do território.

O planalto das Guianas apresenta outro chapadão elevado, com alguns picos graníticos, poucos de mais de mil metros.

A Oeste alguns afluentes amazônicos nascidos fora do Brasil, o Içá, Japurá, Negro, em seu trecho inferior correm por algum espaço paralelamente ao rio principal. Pouco extensas, pouco navegáveis correntes de meia-água desembocam a Este do Negro, descendo da borda meridional do chapadão das Guianas.

O rio das Amazonas vaza uma bacia de sete milhões de quilômetros quadrados, a maior do globo, tamanha, quase, como o Brasil inteiro. Sangram para ela grandes partes dos planaltos brasileiro, guianês e andino; como a quadra das chuvas não cai em todos eles ao mesmo tempo, sucede que quando começam a baixar os afluentes de um enchem os do outro lado, e a vazante nunca se dá completa. Às vezes tanto se avoluma o rio-mar que represa os tributários e por seus furos manda-lhes água a muitos quilômetros da foz. Os lagos marginais, as ilhas numerosas, os furos, os paranamirins permitiram navegar desde o oceano até os confins do país sem nunca penetrar na madre. Suas inundações alcançam quase vinte metros acima do nível ordinário; por cima das florestas podem então passar embarcações, das quais algumas semanas antes mal se avistava o topo do arvoredo. O Amazonas corre de Oeste para Este, acompanhando a equinocial, e seu clima pode dizer-se proximamente o mesmo em toda esta extensão: genuinamente tropical, pouco variável, sem diferenças sensíveis de temperatura, de atmosfera úmida, abundantemente chuvosa, máxime junto do mar e perto dos Andes. A maior ou menor frequência relativa de chuvas se designa pelos nomes de verão e inverno; de inverno só pode dar ideia aproximada, pelo lado da temperatura, o ligeiro refrigério sentido à noite.

Ao Sul do Amazonas, entre os rios Parnaíba e São Francisco, estende-se uma zona periodicamente flagelada por secas. Quando as estações correm regularmente há leves chuveiros, chamados de caju, à passagem do sol para o Sul; chuvas maiores caem antes ou depois do equinócio de março; São João é já fins d'água. No caso contrário secam os rios, exceto em alguns poços e depressões, murcham os pastos, permanecem nuas as árvores, sucumbe o gado à sede ou à inanição, e a gente morre à fome quando só dispõe dos recursos locais. A necessidade de lutar contra a calamidade inspirou a construção de açudes, a cultura das vazantes, a retirada do gado, a distribuição de ramas para alimentá-lo, as grandes levas de retirantes.

À beira-mar entre o Oiapoque e o Parnaíba, e do S. Francisco para o Sul domina igualmente o clima tropical até Santa Catarina: em alguns trechos quase todos os meses do ano chove, em outros intervêm estiadas maiores, em geral subordinadas à marcha solar.

A distância do equador avulta as diferenças termométricas, aliás contidas em extremos pouco apartados. Com o solstício de junho, pouco antes ou pouco depois, coincidem o maior abaixamento termométrico e a diminuição nos precipitados atmosféricos.

No Rio Grande do Sul as estações fria e quente já aparecem melhor delimitadas, as variações de temperatura tornam-se mais notáveis, e a estação das águas tende a emparelhar-se com a do frio.

Isto se refere ao litoral. No interior do país, reina também o clima tropical, modificado mais ou menos por fatores locais e revestindo certa feição continental. Geralmente chove no sertão menos que à beira-mar; as estações seca e úmida andam mais nitidamente discriminadas; o ar do planalto, facilmente aquecível durante o dia em consequência de sua pouca densidade, rapidamente esfria à noite pelo mesmo motivo, produzindo às vezes variações bruscas no decurso de vinte e quatro horas.

Também aqui as chuvas compassam-se pelo sol: em vários pontos há uma estação úmida menor e anterior, outra maior e posterior ao solstício de dezembro. Na depressão amazônica associam-se o calor e a umidade, a vegetação atinge o máximo desenvolvimento, alardeia-se grande mata terreal.

A luta pelo ar e pela luz arremessa as plantas para cima, repelem-se nas alturas as copas do arvoredo, árvores possantes viram trepadeiras, cruzam-se lianas em todos os sentidos. Plantas sociais como a imbaúba e a monguba constituem exceção; em regra numa superfície dada cresce o maior número possível de espécies diferentes.

Pouco influi sobre a fisionomia do conjunto a distância do oceano; muito mais atua o apartamento do rio: no caa-igapó, sujeito à inundação ânua, avultam palmeiras, muitas delas espinhosas, reduz-se o porte das árvores; no caa-eté, sobranceiro a ela, culminam gigantes vegetais triunfam dicotiledôneas e epífitos; mais adiante começam os xerófitos.

A região flagelada pela seca possui também matas, porém solteiras, nas serras capazes de condensarem vapores atmosféricos, nas margens dos rios, em lugares favorecidos pela umidade do subsolo. De dimensões restritas, sustentam a outros respeitos o confronto com as das regiões mais felizes; não representam, entretanto, fielmente a feição dominante.

Desde a Bahia começa a mata virgem contínua, e com os mesmos caracteres orla a borda oriental da serra do Mar: troncos eretos, ramificação muita acima do solo, folhagem sempre verdejante, variedade de espécies dentro de pequenas áreas, abundância de epífitos. Os acidentes topográficos introduzem aqui na paisagem uma variedade golpeante, desconhecida na monotonia intérmina da Amazônia.

Além da serra do Mar abrem-se os campos, vastas extensões ocupadas por gramíneas e ervas mais ou menos rasteiras.

Onde a altitude o permite surgem araucárias; em certos pontos adensam-se capões, cujo nome indígena está indicando a forma circular. Os campos do Sul explicam alguns pela baixa temperatura durante o período germinativo. Ao Norte existem igualmente campos, cuja explicação parece outra: o solo, muito quente e pouco úmido, requeimando as sementes das árvores, rouba-lhes a vitalidade.

Catinga, carrasco, cerrado, agreste designam todos várias formas de vegetação xerófila, caracterizada pelas raízes às vezes muito profundas, munidas muitas de bulbo que prende a água, pelo tronco áspero, gretado, exíguo, esgalhado, como se procurasse para os lados o desenvolvimento que lhe foge na vertical, pelas folhas mais ou menos miúdas, que caem numa parte do ano para melhor resistir à seca, limitando a evaporação.

Na região das secas esta forma de vegetação chega quase à beiramar; em quase todos os estados existe, mais ou menos, testemunho e efeito do clima continental. O povo brasileiro, começando pelo Oriente a ocupação do território, concentrou-se principalmente na zona da mata, que lhe fornecia pau-brasil, madeira de construção, terrenos próprios para cana, para fumo, e, afinal, para café. A mata amazônica forneceu também o cravo, o cacau, a salsaparrilha, a castanha e, mais importante que todos os outros produtos florestais, a borracha. Os campos do Sul produzem mate. Nos do Norte, em geral, e nas zonas de vegetação xerófila, plantam-se cereais ou algodão e pasta o gado. A obra do homem chama-se capoeira: terreno privado da vegetação primitiva, ocupado depois por vegetais adventícios cuja fisionomia ainda não assumiu feição bem caracterizada. Os capoeirões podem dar a ilusão de verdadeiras matas.

A fauna do Brasil é muita rica em insetos, reptis, aves, peixes, e pequenos quadrúpedes. São formas características as emas, os papagaios, os beija-flores, os desdentados, os marsúpios, os macacos platirrínios.

Na baixada litorânea, muitas formas de moluscos, peixes e aves há comuns ao Atlântico do Sul; o colorido de alguns por tal modo se assemelha à areia que custa descobri-los em repouso.

A fauna da mata apresenta, ao contrário, o colorido mais vistoso, principalmente nas borboletas, que às vezes atingem tamanho enorme, e nas aves. A maior parte das espécies adaptou-se à vida arbórea, e algumas, como a arcaica preguiça, vão desaparecendo com as derrubadas.

"Mais pálida em colorido e fraca em força numérica é a fauna do sertão" lembra Goeldi. Suntuoso uniforme de gala nos descampados não seria desejável nem proveitoso. Para os animais sertanejos é demais vantagem a sua roupa branco-amarelada e monótona que no meio do capim se conserva neutra entre a cor do solo e o colorido da macega torrada pelo sol.

Se por um lado, no litoral, é aparelho útil a asa comprida, apropriada ao voo persistente, e, por outro lado, o pé trepador, para o morador da mata, torna-se precioso dote para formas animais que vivem correndo pelo solo uma perna comprida e capaz de corresponder a fortes exigências. Aí estão para atestá-lo a seriema de alto coturno e a gigantesca ema. O próprio lobo brasileiro muniu-se, além de umas orelhas grandes, a modo de chacal do deserto, de longas pernas a feitio de galgo.

Entre estes animais nem um pareceu próprio ao indígena para colaborar na evolução social, dando leite, fornecendo vestimenta ou auxiliando o transporte; apenas domesticou um ou outro, os mimbabas da língua geral, — em maioria aves, principalmente papagaios, só para recreio. De caça e principalmente de pesca era composta sua alimentação animal. Possuía agricultura incipiente, de mandioca, de milho, de várias frutas. Como eram-lhe desconhecidos os metais, o fogo, produzido pelo atrito, fazia quase todos os ofícios do ferro. A plantação e colheita, a cozinha, a louça, as bebidas fermentadas competiam às mulheres; encarregavam-se os homens das derrubadas, das pescarias, das caçadas e da guerra.

As guerras ferviam contínuas; a cunhã prisioneira agregava-se à tribo vitoriosa, pois vigorava a ideia da nulidade da fêmea na procriação, exatamente com a da terra no processo vegetativo; os homens eram comidos em muitas tribos no meio de festas rituais. A antropofagia não despertava repugnância e parece ter sido muito vulgarizada: algumas tribos comiam os inimigos, outras os parentes e amigos, eis a diferença.

Viviam em pequenas comunidades. Pouco trabalho dava fincar uns paus e estender folhas por cima, carregar algumas cabaças e panelas; por isso andavam em contínuas mudanças, já necessitadas pela escassez dos animais próprios à alimentação.

De rixas minúsculas surgiam separações definitivas; grassava uma fissiparidade constante. Tradição muito vulgarizada explicava grandes migrações por disputas a propósito de um papagaio.

O chefe apenas possuía autoridade nominal. Maior força cabia ao poder espiritual. Acreditavam em seres luminosos, bons e inertes, que não exigiam culto, e poderes tenebrosos, maus, vingativos, que cumpria propiciar para apartar sua cólera e angariar-lhes o favor contra os perigos: eram as almas dos avós. Entre eles contava-se o curador, pagé ou caraíba, senhor da vida e da morte, que ressuscitara depois de finado, e não podia mais tornar a morrer.

Tinham os sentidos mais apurados, e intensidade de observação da natureza inconcebível para o homem civilizado. Não lhes faltava talento artístico, revelado em produtos cerâmicos, trançados, pinturas de cuia, máscaras, adornos, danças e músicas.

Das suas lendas, que às vezes os conservavam noites inteiras acordados e atentos, muito pouco sabemos: um dos primeiros cuidados dos missionários consistia e consiste ainda em apagá-las e substituí-las.

Falavam línguas diversas, quanto ao léxico, mas obedecendo ao mesmo tipo: o nome substantivo tinha passado e futuro como o verbo; o verbo intransitivo fazia de verdadeiro substantivo; o verbo transitivo pedia dois pronomes, um agente e outro paciente: a primeira pessoa do plural apresentava às vezes uma flexão inclusiva e outra exclusiva; no falar comum a parataxe dominava. A abundância e flexibilidade dos supinos facilitaram a tradução de certas ideias europeias.

Fundada no exame linguístico a etnografia moderna conseguiu agregar em grupos certas tribos mais ou menos estreitamente conexas entre si. No primeiro entram os que falavam a língua geral, assim chamada por sua área de distribuição. Predominavam próximo de beira-mar, vindos do sertão, e formavam três migrações diversas: a dos Carijós ou Guaranis, desde Cananeia e Paranapanema para o Sul e Oeste; os Tupiniquins, no Tietê, no Jequitinhonha, na costa e sertão da Bahia, na serra da Ibiapaba; os Tupinambás no Rio de Janeiro, a um e outro lado baixo S. Francisco até o Rio Grande do Norte, e do Maranhão até o Pará. O centro de irradiação das três migrações deve procurar-se entre o rio Paraná e o Paraguai.

Nos outros grupos falavam-se as línguas travadas: os Gés, representados pelos Aimorés ou Botocudos próximo do mar, e ainda hoje numerosos no interior; os cariris disseminados do Paraguaçu até Itapecuru e talvez Mearim, em geral pelo sertão, conquanto os Tremembés habitassem as praias do Ceará; os Caraíbas, cujos representantes mais orientais são os Pimenteiras, no Piauí, ainda hoje encontrados no chapadão e na bacia do Amazonas; os Maipure ou Nu-Aruaque, que desde a Guiana penetraram até o rio Paraguai e ainda aparecem nas cercanias de sua antiga pátria, e até no alto Purus; os Panos, os Guaicurus, etc., etc.

Se abstrairmos do Amazonas, onde havia muitos Maipure e não poucos Caraíbas, só os Tupis e os Cariris foram incorporados em grande proporção à atual população do Brasil.

Os Cariris, pelo menos na Bahia e na antiga capitania de Pernambuco, já ocupavam a beira-mar quando chegaram os portadores da língua geral. Repelidos por estes para o interior, resistiram bravamente à invasão dos colonos europeus, mas os missionários conseguiram aldear muitos e a criação de gado ajudou a conciliar outros. Talvez provenha dos Cariris a cabeça chata, comum nos sertanejos de certas zonas.

Se agora examinarmos a influência do meio sobre estes povos naturais, não se afigura a indolência o seu principal característico. Indolente o indígena era sem dúvida, mas também capaz de grandes esforços, podia dar e deu muito de si. O principal efeito dos fatores antropogeográficos foi dispensar a cooperação.

Que medidas conjuntas e preventivas se podem tomar contra o calor? Qual o incentivo para condensar as associações? Como progredir com a comunidade reduzida a meia dúzia de famílias?

A mesma ausência de cooperação, a mesma incapacidade de ação incorporada e inteligente, limitada apenas pela divisão do trabalho e suas consequências, parece terem os indígenas legado aos seus sucessores.

FATORES EXÓTICOS

Ao começar o século XVI, Portugal labutava na transição da idade média para a era moderna. Coexistiam em seu seio duas sociedades completas, com sua hierarquia, sua legislação e seus tribunais; mas a sociedade civil não professava mais a superioridade transcendente nem se sujeitava à dependência absoluta da Igreja, despida agora de muitas de suas históricas prerrogativas, obrigada a reduzir muitas de suas pretensões.

O Estado reconhecia e acatava as leis da Igreja, executava as sentenças de seus tribunais, declarava-se incompetente em quaisquer litígios debatidos entre clérigos, só punia um eclesiástico se, depois de degradado, era-lhe entregue por seus superiores ordinários, respeitava o direito de asilo nos templos e mosteiros para os criminosos cujas penas eram de sangue, abstinha-se de cobrar impostos do clero.

A Igreja dominava soberana pelo batismo, tão necessário à vida civil como à salvação da alma; pelo casamento, que podia permitir, sustar ou anular com impedimentos dirimentes; pelos sacramentos, distribuídos através da existência inteira; pela excomunhão, que incapacitava para todos eles; pelo interdito, que separava comunidades inteiras da comunicação dos santos; pela morte, permitindo ou negando sufrágios, deixando que o cadáver descansasse em lugar sagrado junto aos irmãos ou apodrecesse nos monturos em companhia dos bichos; dominava pelo ensino, limitando e definindo as crenças, extremando o que se podia do que não era lícito aprender ou ensinar.

Contra ela, na esfera estreita ainda em que firmara sua competência, depois de lutas com o papado e com o clero indígena, o Estado empregava o placet para os documentos emanados do sólio pontifício, os juízes da coroa para resguardar certos órgãos essenciais ao exercício normal da soberania plena, as leis de amortização para limitar as aquisições prediais, as temporaridades para abolir certas resistências. Em compensação, repartia sua jurisdição com o outro poder em casos por isso chamados mixti fori, prestava o braço secular para executar, até com morte violenta, os condenados pelo juízo eclesiástico, duramente castigava certos atos só porque a Igreja os considerava pecaminosos; em suma, o mesmo que hoje os interesses econômicos ou fiscais, pesavam então inspirações religiosas e considerações eclesiásticas.

Apesar de tudo ocorriam frequentes atritos entre a Igreja e o Estado, aquela disposta a abrir o menos possível mão de suas atribuições antigas, este conquistando ou assumindo sempre novas faculdades, para arcar com os problemas crescentes, legados onerosos do regime medieval, exigências inadiáveis de uma situação transformada pelo comércio fortalecido, pelas comunicações amiudadas, pela indústria renascente, pela renovação intelectual, pela circulação metálica em luta contra a economia naturista, rasgando horizontes mundiais.

Como o papa, cabeça da sociedade religiosa, o rei tornara-se o sujeito jurídico da sociedade civil: na qualidade de senhor absoluto, seus poderes não admitiam fronteiras definíveis, invocados como um princípio de equidade superior, como remédio a casos excepcionais, graves e imprevistos. De outros poderes suscetíveis de definição, podia fazer uso mais ou menos completo, e aliená-los em parte.

Era direito real bater moeda, criar capitães na terra e no mar, fazer oficiais de justiça, do ínfimo ao pino da carreira, declarar guerra, chamando o povo às armas com os mantimentos necessários. Para seu serviço el-rei tomava carros, bestas e navios dos súditos; pertenciam-lhe as estradas e as vias públicas, os rios navegáveis, os direitos de passagens de rios, os portos de mar com as portagens neles pagas, as ilhas adjacentes ao Reino, as rendas das pescarias, das marinhas, do sal, as minas de ouro, prata e quaisquer outros metais, os bens sem dono, os dos malfeitores de certos crimes. Nele se concentrava toda a faculdade legislativa: os votos das Cortes só valiam com o seu assenso e enquanto lhe aprazia, pois as disposições mais precisas podia dispensar, especificando-as; juízes e tribunais eram delegações do trono.

Abaixo do rei estava a nobreza, numerosa em famílias como nas distinções que separavam umas de outras, compreendendo desde os senhores donatários, com honras, coutos e jurisdição, e os grão-mestres das ordens militares, cujo mestrado o rei houve por bem afinal assumir, até simples cavaleiros e escudeiros. Seu poderio fora grande; agora contentava-se com o monopólio dos cargos públicos, com o papel saliente nos tempos de guerra ou nos conselhos da coroa, com a situação privilegiada nas questões penais, em que o título de nobre defendia dos tormentos ou acarretava diminuição de pena. A nobreza não era uma casta exclusiva; davam para ela várias portas, entre as quais a das letras.

Abaixo da nobreza acampava o povo, a grande massa da nação, sem direitos pessoais, apenas defendidos seus filhos por pessoas morais a que se acostavam, lavradores, mecânicos, mercadores; os de mor qualidade chamavam-se homens bons, e reuniam-se em câmaras municipais, órgãos de administração local, cuja importância, então e sempre somenos, nunca pesou decisivamente em lances momentosos, nem no Reino, nem aqui, apesar dos esforços de escritores nossos contemporâneos, iludidos pelas aparências fugazes ou cegados por ideias preconcebidas.

Abundavam pessoas morais a que o povo se podia filiar — corporações limitadas como as de moedeiros e bombardeiros, coletividades maiores como os cidadãos do Porto. Os privilégios inerentes a estes foram outorgados a várias cidades do Brasil, Maranhão, Bahia, Rio e São Paulo, pelo menos; pelo que encerram, dão bem a ideia de direitos regateados a quem tinha apenas para socorrer-se a mera qualidade de ser humano.

A estes felizes cidadãos do Porto concedeu dom João II: que não fossem metidos a tormentos por nenhuns malefícios que tivessem feito, cometido e cometessem e fizessem daí por diante, salvos nos feitos e daquelas qualidades e nos modos em que o devem ser e são os fidalgos do reino e senhores; que não pudessem ser presos por nenhum crime, somente sobre suas menagens e assim como o são e devem ser os fidalgos; que pudessem trazer e trouxessem por todos os seu reinos e senhorios quais e quantas armas lhes aprouvesse de noite e de dia, assim ofensivas como defensivas; que não pousassem com eles nem lhes tomassem suas casas de moradas, adegas, nem cavalariças, nem suas bestas de sela, nem outra nenhuma coisa de seu contra suas vontades e lhes catassem e guardassem muito inteiramente suas casas, e houvessem com elas e fora delas todas as liberdades que antigamente haviam os infanções e ricos homens; que os serviçais agrícolas só fossem à guerra com os patrões. Abaixo do terceiro estado havia ainda os servos, escravos, etc., etc., cujo direito único cifrava-se em poderem, dadas circunstâncias favoráveis, passar à classe imediatamente superior, pois, conquanto rentes as separações, as classes nunca se transformaram em castas. Os três braços do clero, da nobreza e do povo, convocados em ocasiões solenes e a intervalos arbitrários, constituíram as Cortes. Meramente consultivas, ou por igual deliberativas? Liquidem entre si este ponto os eruditos de além-mar; fora de dúvida só valeram enquanto os reis consideraram reinar como um ofício e precisaram de recursos pecuniários para os quais não eram suficientes os copiosos direitos reais.

A prosperidade e o povoamento do Brasil provaram fatais a esta venerável instituição. Por uma coincidência nada fortuita, reuniram-se as últimas cortes em 1697, quando o ouro das Gerais começava a deslumbrar o mundo, e só reviveram com a revolução francesa, as guerras napoleônicas e a independência real do Brasil, depois de trasladada para aqui a sede da monarquia portuguesa.

Em 1527 a soma total dos fogos em todo o Reino andava por duzentos e oitenta mil quinhentos e vinte e oito; dando a cada um destes números de quatro indivíduos, a população do Reino seria naquele ano de um milhão e cento e vinte dois mil cento e doze almas. Com este pessoal exíguo, que não bastava para enchê-lo, ia Portugal povoar o mundo. Como consegui-lo em atirar-se à mestiçagem?

A agricultura estava atrasada no Reino; Damião Góis, explicando em 1541 à opinião letrada da Europa a razão dos seus atrasos em Portugal e Espanha, afirma ser a fertilidade espontânea do solo tamanha que a maior parte do ano os escravos e os homens pobres se podem sustentar lautamente de frutos silvestres, mel e ervas, o que os faz pouco propensos ao trabalho agrícola.

Alguns traços tomados ao livro de Costa Lobo mostrarão o caráter dominante do povo ao começar a era dos descobrimentos.

O português do século XV era fragueiro, abstêmio, de imaginação ardente, propenso ao misticismo, caráter independente, não constrangido pela disciplina ou contrafeito pela convenção; o seu falar era livre, não conhecia rebuços nem eufemismos de linguagem.

A têmpera era rija, o coração duro. As cominações penais não conheciam piedade. A morte expiava crimes tais como o furto do valor de um marco de prata. Ao falsificador de moeda infligia-se a morte pelo fogo, e o confisco de todos os bens.

Com a rudeza de costumes que assinala aqueles tempos, a segurança da própria pessoa, família e haveres, dependia em grande parte da força e energia individual; daí frequentes homizios, agressões, feridos e mortes que habituavam à contemplação da violência e da dor, infligida ou recebida. O espetáculo de penar não repugnava, porque ninguém tinha em muita conta o padecimento físico. Cruezas que hoje denotariam a vileza de um caráter perverso não tinham nesses tempos semelhante significação. O mal que elas causavam não se reputava demasia, todos estavam sujeitos a padecê-lo. Mas se a dor física ou moral alcançava molificar a rigeza da índole inacostumada à paciência e à reflexão ou se a paixão a inflamava, então o sentimento irrompia em clamores, prantos e contorsões, semelhando os meneios da demência furiosa.

À dureza da têmpera correspondia extensamente um aspecto agreste, a força muscular era tida em grande apreço. Cercear com um revés de montante uma perna de boi por meia coxa ou decepar-lhe quase todo o pescoço eram feitos dignos de recordação histórica.

Ao português estranho ao continente cumpre juntar o negro, igualmente alienígena. A importação começou desde o estabelecimento das capitanias e avultou nos séculos seguintes, primeiro por causa da cultura da cana, mais tarde por causa do fumo, das minas, do algodão e do café. Depois da supressão do tráfico em 1850, o café provocou deslocações consideráveis na distribuição interna; o mesmo efeito produziu a abolição.

Os primeiros negros vieram da costa ocidental, e pertencem geralmente ao grupo banto; mais tarde vieram de Moçambique. Sua organização robusta, sua resistência ao trabalho indicaram-nos para as rudes labutas que o indígena não tolerava. Destinados para a lavoura, penetraram na vida doméstica dos senhores pela ama de leite e pela mucama, e tornaram-se indispensáveis pela sua índole carinhosa. A mestiçagem com o elemento africano, ao contrário da mestiçagem com o americano, era vista com certa aversão, e inabilitava para certos postos. Os mulatos não podiam receber as ordens sacras, por exemplo: daí o desejo comum de ter um padre na família, para provar limpeza de sangue. Com o tempo os mulatos souberam melhorar de posição e por fim impor-se à sociedade. Quando reuniam a audácia ao talento e à fortuna alcançaram altas posições.

O negro trouxe uma nota alegre ao lado do português taciturno e do índio sorumbático. As suas danças lascivas, toleradas a princípio, tornaram-se instituição nacional; suas feitiçarias e crenças propagaram-se fora das senzalas. As mulatas encontraram apreciadores de seus desgarres e foram verdadeiras rainhas. O Brasil é inferno dos negros, purgatório dos brancos, paraíso dos mulatos, resumiu em 1711 o benemérito Antonil.

OS DESCOBRIDORES

A posição geográfica de Portugal destinava-o à vida marítima, e data da dominação romana o conhecimento de ilhas alongadas ao Ocidente. Tradições árabes memoram os Mogharriun, partidos de Lisboa à cata de aventuras. A restauração cristã produziu uma marinha nacional, que alentaram e tornaram próspera a escolha da barra do Tejo para escala da carreira de Flandres, e a vinda de catalães e italianos chamados a ensinar a náutica e a técnica.

A expedição contra Ceuta em 1415 reuniu já centenas de embarcações e milhares de marinheiros. Depois de tomada esta cidade à mourisma infiel, atiraram-se os conquistadores para terras africanas. Navios mandados do Algarve perlongaram o litoral marroquino, conjuraram os terrores do cabo Não, iluminaram o Saara nos bulcões do mar Tenebroso, descobriram rios caudalosos, tratos povoados, e as ilhas de Cabo Verde, verdes dentro na zona tórrida, inabitável pelo calor como o seu nome apregoava, inabitável por sentença unânime dos filósofos antigos, apanhados agora pela primeira vez em falsidade flagrante. Culmina nesta fase heróica o infante d. Henrique, filho de d. João I, e grão-mestre da Ordem de Cristo. Dominava-o de um lado o desejo de alargar as fronteiras do mundo conhecido, de outro a esperança de alcançar um ponto onde fenecesse o poderio do Crescente. Talvez aí reinasse Preste João, o lendário imperador-sacerdote; de mãos dadas realizariam a cruzada suprema contra os inimigos hereditários da Cristandade, já expulsos de quase toda a Espanha, mais poderosos que nunca nas terras e mares orientais.

O decurso dos descobrimentos precisou as aspirações confusas do princípio. Nos últimos anos do infante desenhou-se o problema da Índia, vaga expressão geográfica aplicada a todos os países distribuídos da saída do mar Vermelho ao reino de Catai e à ilha de Cipango. Os rios possantes do continente agora conhecido, como a franquearem vias de penetração indefinida, a direção meridional da costa, como a encurtar as distâncias, os numerosos dizeres de prestigiosas cartas geográficas como a balisarem o percurso a fazer-se, sugeriam a possibilidade de lá chegar por novo caminho; e novo caminho era urgente, pois se na Europa germano-latina continuava forte a procura de especiarias, estofos, pérolas finas, pedras preciosas, madeiras raras, de produtos indianos, em uma palavra, as potências muçulmanas, assentes nas estradas históricas que vinham dar no Mediterrâneo, cada dia aumentavam as exigências e requintavam de insolência, espoliando os intermediários do comércio do Levante, e atormentando os consumidores ocidentais.

A ideia de chegar à Índia atravessando a África, depois de ligeiras tentativas, foi abandonada. Pensou-se lograr o mesmo resultado circunavegando o continente negro. Contra este plano insurgia-se o veto de Ptolomeu, afirmando a ligação da Ásia e África ao Sul, como no istmo de Suez ao Norte, fechando por aquela parte o mar das Índias e transformando-o em mediterrâneo. Mas ainda em dias de d. Henrique um cartógrafo italiano protestou contra as afirmações categóricas do astrônomo alexandrino, e o descobrimento de Cabo Verde, o contacto direto com a zona tórrida tinham começado a emancipar os espíritos, patenteando que o simples fato de proceder da antiguidade não consagra inviolável e intangível qualquer proposição.

Enquanto se concatenavam estas noções incertas formulou-se outra solução do problema, já mencionada em escritores gregos e latinos, e apoiada em autoridades sagradas e pagãs. E idêntico, postulava, o oceano ocidental da Europa e o oceano oriental da Ásia; segundo as escrituras o espaço ocupado pelos mares representa apenas uma fração mínima comparado à terra firme, e como o nosso planeta é esférico, o caminho lógico e mais breve para a Índia consiste em lançar-se impavidamente ao oceano, amarar-se tanto para o poente até chegar ao nascente. Tal viagem, além de mais breve, seria mais cômoda, pois ilhas esparsas pontuavam a derrota, algumas delas tamanhas como a Antilha, representada nos portulanos mais fidedignos.

Cristóvão Colombo apresentou tal plano como novo aos portugueses, que não o aceitaram; menos experientes, os espanhóis acolheram o nauta genovês e deram-lhe os meios de executá-lo.

Partindo em 1492, descobriu algumas ilhas e anos mais tarde o continente cobiçado, o reino do grão Khan, segundo supunha.

Entre a morte de d. Henrique e o reinado de d. Afonso V (1460-1481) se não arrefeceu o movimento descobridor, prosseguiu com muito menor brilho: a elevação de d. João II ao trono deu-lhe vida e calor. Terminava a terra conhecida no cabo de Santa Catarina; 2° S.; com poucos anos avançou-se vitoriosamente para o trópico; em 1487 Bartolomeu Dias tornou com a notícia de ter alcançado o fim do continente africano. Já de volta, no extremo Sul, quase perdera-se junto a um cabo e por isso chamou-o das Tormentas. Das Tormentas, não! protestou o rei de Portugal; da Boa Esperança.

Mais que esperança, sentia certeza agora de gozar breve do resultado de tantos esforços. E tanta confiança nutria d. João II de estar afinal achado o caminho da Índia que não procedeu as novas verificações. Preparou-se com toda a calma, construindo navios aptos para os mares agitados do Oriente; fundiu artilharia capaz de lutar contra os potentados indianos e os navios árabes; emissários seus visitaram o mar Vermelho, o golfo Pérsico, a costa oriental da África, a costa de Malabar, inquirindo, observando, reunindo notícias frescas e fidedignas sobre o comércio, a navegação. Um deles, Pero de Covilhã, esteve no reino de Preste João, originariamente procurado na Ásia central, encarnado agora no dinasta da Abissínia.

D. João II nada confiou do acaso. A volta triunfal de Colombo em 1493 pouco influiu sobre os planos do rei. Se protestou contra a divisão do mundo promulgada por Alexandre VI, julgando postergados seus direitos; se mandou alguma expedição clandestina ao Ocidente, como parece verificado; bastaram o aspecto dos naturais e sua barbárie visível, os produtos recolhidos e os países descobertos, tão diferentes de tudo o que os seus emissários vinham de apurar, para não lhe deixarem dúvidas de que a Índia procurada pelos portugueses não se confundia com a Índia achada pelos espanhóis. Ao falecer em 1495, o Príncipe Perfeito deixou ao seu sucessor, d. Manuel, o simples trabalho de saborear o fruto sazonado. Do mesmo modo Vasco da Gama apenas continuou a senda dez anos antes aberta por Bartolomeu Dias (1497-1499).

A chegada de Vasco da Gama com as embarcações carregadas de lídimos produtos indianos mostrou a sabedoria e a previdência de d. João II, preferindo a qualquer outro o caminho indicado pelo cabo de Boa Esperança; sobre os espanhóis não parece ter exercido igual impressão, pois continuaram no mesmo empenho primitivo de chegar ao Oriente navegando sempre para o Ocidente.

Temos, pois, duas correntes históricas bem definidas, originárias ambas da península ibérica: uma ocidental, outra meridional. Desembocaram ambas no Brasil. Seguindo a corrente ocidental, apenas procuraram baixas latitudes os espanhóis cortaram a linha, e alcançaram o hemisfério do Sul com Vicente Yañez Pinzon. Seguindo a corrente do Sul, os portugueses, induzidos a amarar-se à procura de ventos mais francos para dobrar o cabo, encontraram a zona dos alísios e vieram dar no hemisfério ocidental com Pedro Álvares Cabral. Ambos os casos ocorreram no mesmo ano.

Interessa-nos apenas Pedro Álvares. Comandando uma armada de treze navios partiu de Belém segunda-feira, 9 de março de 1500. O domingo passara-se em festas populares. O rei tivera a seu lado na tribuna o capitão-mor, pusera-lhe na cabeça um barrete bento mandado pelo papa, entregara-lhe uma bandeira com as armas reais e a cruz da Ordem de Cristo, a Ordem de d. Henrique, o descobridor. Sentia-se bem a importância desta frota, a maior saída até então para terras alongadas.

Mil e quinhentos soldados, negociantes aventurosos, aventureiros mercadorias variadas, dinheiro amoedado, revelavam o duplo caráter da expedição: pacífica, se na Índia preferissem a lisura e o comércio honesto, belicosa, se quisessem recorrer às armas. Alguns franciscanos, tendo por guardião frei Henrique de Coimbra, comunicavam ao conjunto a sagração religiosa.

A 14 foram avistadas as Canárias, a 22 as ilhas de Cabo Verde. Um mês mais tarde, a 21 de abril, boiaram ervas marinhas muito compridas, sinais de proximidade de terra, no dia seguinte confirmados por aves, e realizados à tarde. "Neste dia, a horas de véspera, houvemos vista de terra: primeiramente dum grande monte mui alto e redondo e doutras serras mais baixas do Sul delle, e de terra chã com grandes arvoredos, ao qual monte alto o capitão poz nome monte Paschoal", escreve Pero Vaz de Caminha, testemunha de vista, escrivão da feitoria a fundar em Calecut. Ao sol posto surgiram em 23 braças, ancoragem limpa. O monte Pascoal, no Estado da Bahia, é visível a mais de sessenta milhas do mar.

Na quinta-feira continuou a derrota lenta e cuidadosamente, indo os navios menores adiante, sondando. A distância de meia légua, em direito à boca de um rio, fundearam. Nicolau Coelho, companheiro de Vasco da Gama, desembarcou e pode observar alguns naturais, atraídos pela curiosidade, dar e receber presentes.

Um sudoeste acompanhado de chuvaceiros mostrou a conveniência de procurar situação mais abrigada. Sexta-feira velejaram para o Norte, os navios maiores mais afastados, os navios menores mais chegados à terra; ao pôr do sol, em distância de dez léguas, encontraram um recife, abrigando um porto de larga entrada. "Ao sabbado pela manhã mandou o capitão fazer vella, e fomos demandar a entrada, a qual era muito larga e alta, 6 e 7 braças, e entraram todalas naus dentro e ancoraram-se em 5 e 6 braças, a qual ancoragem dentro é tão grande e tão fremosa e tão segura que podem jazer dentro mais de duzentos navios e naus". O nome de Porto-Seguro, dado pelo capitão-mor, resume bem suas impressões; ainda o conserva uma localidade vizinha.

Em um ilhéu da baía, construído um altar, cantou-se missa domingo da Pascoela, 26. Frei Henrique pregou sobre o evangelho do dia. A ressurreição do Salvador, as aparições misteriosas aos discípulos, a incredulidade de Tomé, o apóstolo das Índias, diziam bem com sua situação estranha. No fim da pregação o frade "tratou da nossa vinda, e do achamento desta terra, conformando-se com o signal da cruz, sob cuja obediência viemos". A bandeira de Cristo com que o capitão-mor saiu de Belém esteve sempre alta à parte do Evangelho.

Reuniram-se a bordo da capitânea os comandantes dos outros navios, e o capitão-mor perguntou se conviria mandar a el-rei a nova do achamento da terra pelo navio de mantimentos, para S. A. a mandar descobrir. Concordaram que sim. Os dias seguintes passaram-se na baldeação dos gêneros e na lavrança de uma cruz para assinalar a posse tomada em nome da coroa de Portugal.

A cruz foi chantada a 1 de maio: a 2, partiram o navio mandado ao Reino e a poderosa frota para a Índia, deixando lacrimosos dois degradados incumbidos de inquirirem da terra e irem aprendendo a língua; alguns marujos desertaram, segundo parece. As seguintes palavras de Caminha representam as reflexões de um espírito superior ante esses dias e espetáculos extraordinários:

> N'ella [terra] até agora não podemos saber que haja ouro, nem prata, nem nenhuma cousa de metal, nem de ferro lho vimos; pero a terra em si é de muitos boos ares assi frios e temperados como os d'antre Doiro e Minho, porque n'este tempo de agora assi os achavamos como os de lá; águas são muitas infindas e em tal maneira é graciosa que querendo a aproveitar dar-se-á n'ella tudo por bem das aguas que tem; pero o melhor fruito que n'nella se pode fazer me parece que será salvar esta gente; e esta deve ser a principal semente que Vossa Alteza em ella deve lançar, e que hi non houvesse mais ca ter aqui esta pousada pera esta navegação de Calecut

abastaria, quanto mais disposição para se n'ella cumprir e fazer o que Vossa Alteza tanto deseja, s. o acrescentamento de nossa santa fé.

A vantagem da situação geográfica da nova terra para as navegações da Índia, o modo de aproveitá-la trazendo sementes do Reino, o problema do indígena, sua incorporação pelo cristianismo, aí ficam definidos com toda a precisão.

A armada do capitão-mor fez-se rumo do cabo de Boa Esperança, acompanhando a costa da terra nova por largo espaço, duas mil milhas, calculou um companheiro de expedição.

O navio de mantimento seguiu para o Nordeste, naturalmente sem perder de vista a terra e talvez realizando desembarques.

É possível mesmo haja encontrado Diego de Lepe ou algum outro viajante espanhol. O descobrimento dos portugueses já figura no mapa de Juan de la Cosa, terminado em outubro de 1500.

Em meados do ano seguinte, partiu de Portugal uma armada de três navios a explorar a nova ilha da Cruz ou Vera Cruz e encontrou-se em Beseguiche com Pedro Álvares Cabral, já de volta da Índia. Se o descobridor e os futuros exploradores permutaram impressões, deviam ter reconhecido a existência não de ilha, mas de continente. Diferente dos outros? As respostas não podiam sair claras, pois o oceano Pacífico estava por descobrir. Duarte Pacheco, o herói de Cambalão, companheiro de Cabral, alguns anos mais tarde ainda guardava a imagem tradicional do mundo: vastas massas de terra, interrompidas por mediterrâneos, abertos em rumos diversos, semelhando lagoas enormes.

A expedição exploradora depois de travessia tormentosa aportou ao litoral do Rio Grande do Norte e procurou regiões mais temperadas, dando nomes aos lugares descobertos, tirados uns do calendário — S. Roque, S. Jerônimo, S. Francisco, baía de Todos-os-Santos, cabo de S. Tomé, angra dos Reis; tirados outros de impressões e acidentes de viagem — rio Real, cabo Frio, baía Formosa, etc. Os exploradores, segundo parece, nunca perderam de vista a serra do Mar. Durante muitos anos figurou nos mapas como último ponto conhecido Cananor, que bem pode ser a atual Cananeia, em S. Paulo; calculou-se a extensão percorrida em duas mil e quinhentas milhas. Esta exploração mais demorada confirmou em quase tudo as palavras de Caminha. Apenas os naturais apareceram à nova luz, selvagens, rancorosos, sanguinários e antropófagos, material mais próprio para escravatura do que para a conversão.

Depois de voltar esta armada a coroa resolveu arrendar a terra por um triênio; os arrendatários comprometeram-se a mandar anualmente seis navios a descobrir trezentas léguas e a fazer e sustentar uma fortaleza. Fundavam seus cálculos no lucro produzido por escravos, por animais curiosos e pelo pau-brasil, de que os primeiros exploradores levariam algum carregamento, e também na vaga esperança de poderem chegar à Índia por este caminho.

Em 1503 veio de fato uma frota de seis embarcações, reduzidas logo à metade pelo naufrágio da capitânea, junto à ilha depois chamada Fernão de Noronha, e pela defecção de Vespucci, de quem o continente deveria tomar o nome. Talvez algum dos navios restantes iniciasse a exploração do cabo de S. Roque à procura do Equador. De certo nada se sabe; no mencionado trecho da costa escaparam ao esquecimento apenas alguns nomes, como o de João de Lisboa, João Coelho e Corso, desacompanhados de qualquer informação. A falta de portos, a dificuldade de navegação devida ao regime dos ventos, e a impressão de esterilidade colhida de bordo não provocavam a amiudar visitas naquela direção; os dizeres dos mapas contemporâneos ou rareiam ou apenas indicam passagens de largo.

Em 1506 a terra do Brasil, arrendada a Fernão de Noronha e outros cristãos novos, produzia vinte mil quintais de madeira vermelha, vendida a 2 1/3 e 3 ducados o quintal; cada quintal custava ½ ducado posto em Lisboa. Os arrendatários pagavam quatro mil ducados à coroa.

Anos mais tarde, pensou-se em dar liberdade aos que quisessem vir tentar fortuna, pagando apenas um quinto dos gêneros levados. A este regime já obedeceu, talvez, a nau Bretoa, armada por Bartolomeu Marchioni, Benedito Morelli, Fernão de Noronha e Francisco Martins, mandada a Cabo Frio em começo de 1511. Sobre ela existem documentos.

Tinha a nau capitão, escrivão, mestre e piloto, responsáveis solidariamente pela execução do regimento; treze marinheiros, quatorze grumetes, quatro pagens, um dispenseiro. Nem à ida nem à volta podia tocar em qualquer porto intermediário, salvo caso de falta de vitualhas, temporais ou desarranjo. Era permitido à companha resgatar com facas, tesouras e outras ferramentas depois de estar completa a carga dos armadores da nau. Podia resgatar papagaios, gatos e, com licença dos armadores, também escravos; vedado era o comércio de armas de guerra.

À chegada em terra a carga ficava entregue ao feitor; qualquer resgate dependia da autorização deste. Recomendava-se o maior cuidado em não fazerem mal ou dano aos indígenas; não levarem mais naturais livres para o Reino, porque falecendo em viagem cuidavam os parentes terem sido comidos, como era seu costume; não deixarem que da gente da nau alguém se lançasse na terra ou nela ficasse, como alguns já fizeram, coisa muito odiosa ao trato e serviço reais.

A nau Bretoa partiu do Tejo a 22 de fevereiro; fundeou de 17 de abril a 12 de maio na baía de Todos-os-Santos; em 26 de maio chegou a Cabo Frio, donde a 28 de julho partiu para Portugal. Levou cinco mil toros de pau-brasil; vinte e dois tuins, dezasseis saguis, dezasseis gatos, quinze papagaios, três macacos, tudo avaliado em 24$220 réis; quarenta peças de escravos, na maioria mulheres, avaliados ao preço médio de 40$: sobre todos estes semoventes arbitrou-se o quinto, ainda no Brasil.

O nome do Brasil já era bem conhecido e figurava em portulanos anteriores às descobertas dos portugueses; havia um nome à procura de aplicação, exatamente como o de Antilha, e isto explicaria a rapidez com que se introduziu e vulgarizou, suplantando outras denominações, como terra dos Papagaios, de Vera Cruz, ou Santa Cruz, se a abundância de uma apreciada madeira de tinturaria até então recebida por via do Levante, e o comércio, sobre ele fundado desde o começo, não colaborassem na propaganda, e talvez com maior eficácia.

O pau-brasil reconheceu-se logo no litoral de Paraíba e Pernambuco, nas cercanias do rio Real, do Cabo Frio ao Rio de Janeiro; naturalmente seriam logo estes os trechos mais frequentados destes primeiros portugueses; em outros lugares só mais tarde se descobriu.

Para facilitar os carregamentos, estabeleceram-se feitorias, de preferência em ilhas; deviam ser caiçaras ou cercas, próprias apenas para guardarem os gêneros de resgates; algumas sementes de além-mar podiam ser plantadas à roda, e soltos alguns animais domésticos de fácil reprodução. Uma feitoria conservou-se no Rio durante alguns anos até ser destruída pelos naturais, indignados com o proceder do feitor e companheiros; entre as plantações abandonadas entraria a cana de açúcar, encontrada por Fernão de Magalhães em 1519.

No ano de 1513 uma armada de dois navios estendeu muito o horizonte geográfico pela zona temperada. Devassou, segundo um contemporâneo, seiscentas e setecentas léguas de terras novas; encontrou na boca de um caudaloso rio diversos objetos metálicos; teve notícia de serras nevadas ao Ocidente; julgou ter achado um estreito e o extremo meridional do continente. O capitão, talvez João de Lisboa, levou para o reino um machado de prata, e este nome, apegado ao soberbo rio, ainda hoje proclama a primazia dos portugueses ao Sul, como o das Amazonas perpetua a passagem dos espanhóis ao Norte.

Com a viagem destes navios, armados por d. Nuno Manuel e Cristóbal de Haro, coincidiu o descobrimento do mar do Sul ou Pacífico, por Vasco

Nunes de Balboa. Os espanhóis apanharam a importância destes sucessos, mandaram em 1515 procurar o estreito anunciado pelos portugueses, e incumbiram João Dias de Solis de ir pelo novo caminho às espaldas das terras de Castela de Ouro. Solis foi morto apenas desembarcou no rio da Prata; seus companheiros voltaram sem detença para o Reino. Em 1520 Fernão de Magalhães explorou o grande estuário meridional à procura do estreito cobiçado afinal descoberto mais para o Sul, e navegou pelo oceano Pacífico até alcançar as famosas Molucas, as ilhas das especiarias por excelência.

Assim se cumpriu o plano de Colombo: chegar ao Levante navegando sempre para o Ocidente. Acompanharam Magalhães em sua expedição incomparável João Lopes de Carvalho, piloto da nau Bretoa, e um mamaluco, filho seu, havido de uma índia do Rio de Janeiro.

Pau-brasil, papagaios, escravos, mestiços, condensam a obra das primeiras décadas.

Da parte das índias a mestiçagem se explica pela ambição de terem filhos pertencentes a raça superior, pois segundo as ideias entre elas ocorrentes só valia o parentesco pelo lado paterno.

Além disso, pouca resistência deviam encontrar os milionários que possuíam preciosidades fabulosas como anzóis, pentes, facas, tesouras, espelhos. Da parte dos alienígenas devia influir sobretudo a escassez, se não ausência de mulheres de seu sangue. É fato observado em todas as migrações marítimas, e sobrevive ainda depois do vapor, da rapidez e da segurança das travessias.

Estes primeiros colonos que ficaram no Brasil, degradados, desertores, náufragos, subordinam-se a dois tipos extremos: uns sucumbiram ao meio, ao ponto de furar lábios e orelhas, matar os prisioneiros segundos os ritos, e cevar-se em sua carne; outros insurgiram-se contra ele e impuseram sua vontade, como o bacharel de Cananeia, que se obrigou a fornecer quatrocentos escravos a Diogo Garcia, companheiro de Solis, um dos descobridores do Prata.

Tipo intermédio apresenta-nos Diogo Álvares, o Caramuru, que habitou na Bahia de 1510 a 1557, data de seu falecimento.

PRIMEIROS CONFLITOS

Com a chegada dos portugueses coincidiu quase, a dos franceses, que começaram logo o mesmo comércio de resgate. Na vastidão do litoral podiam ter passado anos sem se encontrar, mas o encontro era fatal, e não havia de ser amigável. Portugal considerava a nova terra propriedade direta e exclusiva da coroa, pelas concessões papais, pelo tratado de limites concluído com a Espanha e pela prioridade do descobrimento. O rei tirava porcentagem dos gêneros levados para além-mar; os armadores queriam auferir lucros de seus esforços e capitais.

A presença dos intrusos prejudicava-os a todos os respeitos: nos mercados europeus, oferecendo os gêneros a preços mais vantajosos, pois não tinham quintos a deduzir, e levando-os diretamente aos mercados consumidores, pois não eram obrigados a parar em Lisboa; nas terras brasílicas, conciliando as simpatias dos naturais, que os agasalhariam com maior carinho, poupar-lhes-iam traições e aleives, dariam preferência nos carregamentos e se habituariam às mercadorias francesas. Ainda por cima havia a questão de princípio: Portugal não admitia que os filhos de outra nação pusessem o pé em terras suas no além-mar.

Desde a Paraíba ao Norte até S. Vicente ao Sul, o litoral estava ocupado por povos falando a mesma língua, procedentes da mesma origem, tendo os mesmos costumes, porém profundamente divididos por ódios inconciliáveis em dois grupos; a si próprio um chamava Tupiniquim, e outro Tupinambá. A migração dos Tupiniquins fora a mais antiga;

em diversos pontos os Tupinambás já os tinham repelido para o sertão, como no Rio de Janeiro, na baía de Todos-os-Santos, ao Norte de Pernambuco; em parte de S. Paulo, em Porto Seguro e Ilhéus, nas proximidades de Olinda; na serra de Ibiapaba havia, entretanto, Tupiniquins habitadores do litoral.

Porque os Tupinambás se aliaram constantemente aos franceses e os portugueses tiveram a seu favor os Tupiniquins, não consta da história, mas o fato é incontestável e foi importante; durante anos ficou indeciso se o Brasil ficaria pertencendo aos Peró (portugueses) ou aos Maïr (franceses).

Ainda nos últimos tempos de d. Manuel, começaram os protestos contra a presença dos Maïr; com a acessão de d. João III a situação agravou-se. Reconhecida a inutilidade de embaixadas à corte de França, e de promessas compradas a peso de ouro e jamais cumpridas, o rei de Portugal resolveu desforçar-se. Uma armada de guarda-costa veio em 1527 ao Brasil comandada por Cristóvão Jaques, que já estivera antes na terra e deixara uma feitoria junto a Itamaracá, de volta de uma expedição ao Prata. Desde Pernambuco até a Bahia e talvez Rio de Janeiro, Cristóvão Jaques deu caça aos entrelopos; segundo testemunhos interessados, não conhecia limites sua selvageria, não lhe bastava a morte simples, precisava de torturas e entregava os prisioneiros aos antropófagos para os devorarem. Mesmo assim ainda levou trezentos prisioneiros para o Reino. Devia ter causado um mal enorme aos franceses.

As armadas de guarda-costa eram simples paliativos; só povoando a terra, cortar-se-ia o mal pela raiz. Cristóvão Jaques ofereceu-se a trazer mil povoadores; oferecimento semelhante fez João de Melo da Câmara, irmão do capitão-mor da ilha de S. Miguel. Indignava-se este vendo que até então a gente que vinha ao Brasil limitava-se a comer os alimentos da terra e tomar as índias por mancebas, e propôs trazer numerosas famílias, bois, cavalos, sementes, etc.

Preferiu-se a estas propostas práticas e razoáveis aparelhar nova e mais poderosa armada às ordens de Martim Afonso de Sousa, meio-termo entre armada de guarda-costa e expedição povoadora. Apenas alcançou a costa de Pernambuco, em janeiro de 31, começou a faina de guarda-costa; em poucos dias foram tomadas três naus francesas.

Diogo Leite com duas caravelas foi mandado de Pernambuco para a costa de Este-Oeste, mais desconhecida então que trinta anos antes, quando por elas passara Vicente Yañez Pinzon. Com os outros navios, o capitão-mor seguiu para o Sul. Demorou na baía de Todos-os-Santos, na de Guanabara, em Cananeia; continuava para o rio da Prata, e devia entrar em seus planos acompanhar-lhe o curso, pois desde a Europa trazia desarmados bergantins próprios para a exploração, quando a perda da capitânea fê-lo arrepiar caminho para o porto de S. Vicente. Aqui esperou o irmão, Pero Lopes, que em seu lugar mandara às águas platinas. Desde 1514 chegaram à Europa, levados pela armada de d. Nuno Manuel, os primeiros espécimes de metais preciosos, encontrados nas águas do grande rio. Alguns companheiros de Solis, escapos à sanha dos índios, e depois tolerados, confirmaram estes indícios vagos. Na Costa dos Patos alguns deles falavam com entusiasmo em tais riquezas.

Tais notícias nos Patos ou no próprio rio, colheu-as Cristóvão Jaques, cerca de 1522, e levou-as ao Reino. Na feitoria de Itamaracá então fundada, cursavam com tamanha insistência que, em 1526, Sebastião Cabot, ouvindo-as ao aportar em Pernambuco, decidiu logo navegar para Santa Catarina a ir tomar os náufragos de Solis e realizar o descobrimento dos metais anunciados com tanta certeza e insistência. Viera mandado para as Molucas, mas sabia que se triunfasse ninguém lhe lançaria em rosto o desvio, e tanto se capacitou da realidade das minas que não hesitou em transgredir as instruções mais restritas.

Apesar do insucesso final de Cabot, persistiu inabalável a crença nos tesouros platinos; por isso quando, em Cananeia, Francisco de Chaves, grande língua do gentio, pediu gente para fazer uma entrada e prometeu voltar no fim de dez meses com quatrocentos escravos carregados de prata, Martim Afonso não conheceu hesitações. A ideia parecia prática, pois dispensava de acompanhar o litoral até a foz do Prata e subir por este além da fortaleza fundada por Cabot para procurar o Ocidente, onde tais tesouros existiam. O capitão-mor deu quarenta besteiros e quarenta espingardeiros, que sob as ordens de Pero Lobo partiram a 1 de setembro de 1531. Morreram às mãos dos índios, sabe-se vagamente. Pelo mesmo tempo, navegando o oceano Pacífico, Francisco Pizarro alcançou por caminho mais direto as terras dos Incas, procuradas até então pelo lado cisandino.

Depois da perda da capitânea passou Martim Afonso a tratar da segunda parte da sua missão: o povoamento da terra. Em S. Vicente fundou a primeira vila, à beira-mar; algumas léguas para o interior, depois de transposta a serra do Mar, fundou segunda vila, na borda do campo de Piratininga, à margem de um rio cujas águas fluíam para o Ocidente. "Repartiu a gente nestas duas vilas", escreveu Pero Lopes,

> e fez nelas oficiais, e pôs tudo em boa obra de justiça, de que a gente toda tomou muita consolação, com verem povoar vilas e ter leis e sacrifícios e

celebrar matrimônios e viverem em comunicação das artes, e ser cada um senhor do seu e vestir as injúrias particulares, e ter todos os outros bens da vida segura e conversável.

A situação geográfica destas vilas explica-se pela proximidade das famosas riquezas cobiçadas, pela facilidade de fazer as entradas, dez meses apenas para ir e voltar, garantia Francisco de Chaves. Deslumbrado por tais vantagens, Martim Afonso esqueceu-se dos franceses ou julgou arredados os motivos para temê-los depois da campanha energicamente conduzida por Cristóvão Jaques e por ele continuada com tanto êxito e vigor.

Diogo de Gouveia, português residente em França, seguia desde muito o movimento dos negócios naquele Reino e pensava de modo diverso. Em cartas e el-rei dava-lhe notícias pouco tranquilizadoras, e instava por uma solução real. A solução era não uma vila afastada da zona frequentada, mas diversos povoados na região apetecida do pau-brasil. "Quando lá houver sete ou oito povoações, concluía, estas serão bastantes para defenderem aos da terra que não vendam o brasil a ninguém e não o vendendo as naus não hão de querer lá ir para vir de vazio".

Dir-se-ia que os franceses leram estas palavras previdentes. Até então s com o simples resgate, quando muito alguma feitoria. Trataram agora de fundar uma fortaleza, artilhada e com guarnição numerosa. Só assim considerou a corte lusitana "com quanto trabalho se lançaria fora a gente que a povoasse, depois de estar assentado na terra e ter nela feitas algumas forças, como já em Pernambuco começava a fazer". Estes fatos foram conhecidos no Reino graças à nau La Pèlerine, de Marselha, que, procedendo de Pernambuco aonde deixara gente e artilharia, arribou a Málaga. Achava-se no porto uma armada de Portugal, de 10 navios, destinados a Roma; d. Martinho, embaixador, informado da falta de mantimentos que obrigava a arribada, forneceu trinta quintais de biscoutos aos franceses, e convidou-os a navegarem de conserva até Marselha. A cinco milhas de Málaga sobreveio calmaria; a pretexto de concertar a derrota a seguir foram convidados o capitão e o piloto de La Pèlerine para vir a bordo da capitânea portuguesa e, logo, presos, tomado o navio e remetido para Lisboa.

Não foi mais feliz a fortaleza galo-pernambucana. Pero Lopes, terminada a exploração do Prata, e já de viagem para a Europa, bombardeou-a durante dezoito dias, e obrigou-a a render-se. Da guarnição parte foi enforcada; outra, transferida ao Reino, passou longos meses de cativeiro nos calabouços do Algarve.

CAPITANIAS HEREDITÁRIAS

A tomadia de La Pèlerine, a feitoria francesa fundada em Pernambuco, notícias de preparativos para fundarem-se outras, espancaram finalmente a inércia real. Escrevendo a Martim Afonso de Sousa a 1528 de setembro de 1532, anuncia-lhe el-rei a resolução de demarcar a costa, de Pernambuco ao rio da Prata, e doá-la em capitanias de cinquenta léguas: a de Martim teria cem; seu irmão Pero Lopes seria um dos donatários.

A chegada do jovem guerreiro vitorioso em Pernambuco mostrou mais uma vez a iminência do perigo. Talvez a isto se devam certas medidas desde logo tomadas ou pelo menos discutidas: liberdade ampla de emigrar para o Brasil, preparo de uma armada de três caravelas, cada uma com dez a doze condenados à morte, "per farli desmontar in terra, azió habiano a domesticar quel paese, rispetto per non metter boni homini dabene a pericolo", assegurava, a 16 de julho de 1533, o veneziano Pietro Caroldo, a quem devemos esta notícia. Tal armada veio efetivamente?

Sua vinda explicaria uma porção de pontos obscuros. Os documentos mais antigos da doação das capitanias datam de 1534. A demora entre o projeto e a execução pode explicar-se pela vontade régia de esperar a volta de Martim Afonso, ou pela dificuldade de redigir as complicadas cartas de doações e os forais que as acompanham ou, finalmente, pela falta de pretendentes à posse de terras incultas, impróprias para o comércio desde o começo. Admira, até, como houve doze homens capazes de empresa tão aleatória. A nenhum dos membros da alta fidalguia tentou a perspectiva de semear povos.

Os donatários sairam em geral da pequena nobreza, dentre pessoas práticas da Índia, afeitas ao viver largo da conquista, porventura coactas na malhas acochadas da pragmática metropolitana. Muitos nunca vieram ao Brasil, ou desanimaram com o primeiro revés. el-rei cedeu às pessoas a quem doou capitanias alguns dos direitos reais, levado pelo desejo de dar vigor ao regime agora organizado; muitas concessões fez também como administrador e grão-mestre da Ordem de Cristo.

Em tudo agiu,

> considerando quanto serviço de Deus e meu e proveito dos meus reinos e senhorios, e dos naturais e súditos deles é ser a minha terra e costa do Brasil mais povoada do que até agora foi, assim para se nela haver de celebrar o culto e ofícios divinos, e se exaltar a nossa santa fé católica, com trazer e provocar a ela os naturais da dita terra infiéis e idólatras, como por o muito proveito que se seguirá a meus reinos e senhorios, e aos naturais e súditos deles de se a dita terra povoar e aproveitar.

Os donatários seriam de juro e herdade senhores de suas terras; teriam jurisdição civil e criminal, com alçada até cem mil réis na primeira, com alçada no crime até morte natural para escravos, índios, peões e homens livres, para pessoas de mor qualidade até dez anos de degredo ou cem cruzados de pena; na heresia (se o herege fosse entregue pelo eclesiástico), traição, sodomia, a alçada iria até morte natural, qualquer que fosse a qualidade do réu, dando-se apelação ou agravo somente se a pena não fosse capital.

Os donatários poderiam fundar vilas, com termo, jurisdição, insígnias, ao longo das costas e rios navegáveis; seriam senhores das ilhas adjacentes até distância de dez léguas da costa; os ouvidores, os tabeliães do público e judicial seriam nomeados pelos respectivos donatários, que poderiam livremente dar terras de sesmarias, exceto à própria mulher ou ao filho herdeiro.

Para os donatários poderem sustentar seu estado e a lei de nobreza, eram-lhe concedidas dez léguas de terra ao longo da costa, de um a outro extremo da capitania, livres e isentas de qualquer direito ou tributo exceto o dízimo, distribuídas em quatro ou cinco lotes, de modo a intercalar-se entre um e outro pelo menos a distância de duas léguas; a redízima (1/10 da dízima) das rendas pertencentes à coroa e ao mestrado; a vintena do pau-brasil (declarado monopólio real, como as especiarias), depois de forro de todas as despesas; a dízima do quinto pago à coroa por qualquer sorte de pedraria, pérolas, aljôfares, ouro, prata, coral, cobre, estanho, chumbo ou outra qualquer espécie de metal; todas as moendas dágua, marinhas de sal e quaisquer outros engenhos de qualquer qualidade, que na capitania e governança se viessem a fazer; as pensões pagas pelos tabeliães; o preço das passagens dos barcos nos rios que os pedissem; certo número de escravos, que poderiam ser vendidos no reino, livres de todos os direitos; a redízima dos direitos pagos pelos gêneros exportados, etc.

Os forais asseguravam aos solarengos: sesmarias com a imposição única do dízimo pago ao mestrado de Cristo; permissão de explorar as minas, salvo o quinto real; aproveitamento do pau-brasil dentro do próprio país; liberdade de exportação para o reino, exceto de escravos, limitados a número certo, e certas drogas defesas (pau-brasil, especiarias, etc.); direitos diferenciais que os protegeriam da concorrência estrangeira; entrada livre de mantimentos, armas, artilharia, pólvora, salitre, enxofre, chumbo e quaisquer cousas de munições de guerra; liberdade de comunicação entre umas e outras capitanias do Brasil.

Representantes do poder real só havia feitores, almoxarifes e escrivães, incumbidos de arrecadar as rendas da coroa. Para várias capitanias existem nomeações de um vigário e vários capelães: sempre el-rei ao lado do grão-mestre de Cristo.

Nas terras dos donatários não poderiam entrar em tempo algum corregedor, alçada ou outras algumas justiças reais para exercer jurisdição, nem haveria direitos de siza, nem imposições, nem saboarias, nem imposto de sal.

Em suma, convicto da necessidade desta organização feudal, d. João III tratou menos de acautelar sua própria autoridade que de armar os donatários com poderes bastantes para arrostarem usurpações possíveis dos solarengos vindouros, análogas às ocorridas na história portuguesa da média idade. Ao ouvidor da capitania, com ação nova a dez léguas de sua assistência e agravo e apelação em toda ela, caberia o mesmo papel histórico dos juízes de fora no além-mar.

Para evitar lutas como as que grassaram entre a coroa ainda enfraquecida e os vassalos prepotentes, proibiu-se de modo absoluto "partir [a capitania e governança], nem escaimbar, espedaçar, nem em outro modo alhear, nem em casamento a filho ou filha, nem a outra pessoa dar, nem para tirar pai ou filho ou outra alguma pessoa de cativo, nem por outra cousa ainda que seja mais piadosa porque minha tenção e vontade é que a dita capitania e governança e cousas ao dito capitão e governador nesta doação dadas hão de ser sempre juntas e se não partam nem alienem em tempo algum". As dez ou mais léguas de terras dadas aos donatários, espaçadas entre si e alienáveis em fatiotas, corresponderiam aos reguengos lusitanos.

As capitanias foram doze, embora divididas em maior número de lotes. Começavam todas à beira-mar, e prosseguiram com a mesma largura inicial para o ocidente, até a linha divisória das possessões portuguesas e espanholas acordada em Tordesilhas, linha não demarcada então, nem demarcável com os conhecimentos do tempo. Tàcitamente fixou-se o limite na costa de Santa Catarina ao Sul, e na costa do Maranhão ao Norte. A testada litorânea agora dividida estendia-se assim por 735 léguas.

No plano primitivo a demarcação devia ir de Pernambuco ao rio da Prata, meta de que afinal ficou cerca de 12 graus afastada; nele não entrava a costa de Este-Oeste que, entretanto, foi demarcada. Para a última decisão é possível afluíssem as notícias de Diogo Leite, incumbido de explorar aquela zona. Só por considerações internacionais se poderia explicar a fixação tácita dos limites do Brasil em 28° 1/3. O rio da Prata fora descoberta portuguesa; mas os espanhóis já aí tinham estado bastante tempo, derramado sangue e arriscado empresas: a eles competia por todos os direitos, a começar pelo tratado de Tordesilhas.

A divisão das donatárias ainda não foi descrita tão concisa e geograficamente como nos seguintes termos de D'Avezac, o único que conseguiu dar certa forma a esta matéria essencialmente refratária: o limite extremo da mais meridional destas capitanias, concedida a Pero Lopes de Sousa, é determinado nas próprias cartas de doação por uma latitude expressa de 28° 1/3; confrontava, um pouco ao Norte de Paranaguá, com a de S. Vicente, reservada a Martim Afonso de Sousa, e que se estendia do lado oposto até Macaé, ao Norte de Cabo Frio, desenvolvendo assim mais de cem léguas de costa, mas em duas partes que encravavam, desde São Vicente até a embocadura do Juquiriquerê, a de Santo Amaro, de dez léguas, adjudicada a Pero Lopes, o irmão de Martim Afonso.

Ao Norte dos domínios deste estava a capitania de S. Tomé, cujas trinta léguas iam expirar junto de Itapemirim; era o lote de Pero de Góis, irmão do célebre historiador Damião de Góis. Em seguida vinha a capitania do Espírito Santo, outorgada a Vasco Fernandes Coutinho, cujo linde ulterior era marcado pelo Mucuri, que a separava da capitania de Porto Seguro, atribuída a Pero do Campo Tourinho; esta prosseguia pelo espaço de cinquenta léguas até a dos Ilhéus, obtida por Jorge de Figueiredo Correia, igualmente de cinquenta léguas, cujo termo chegava rente à Bahia.

A capitania da Bahia, doada a Francisco Pereira Coutinho, se estendia até o grande rio de S. Francisco; além estava a de Pernambuco, adjudicada a Duarte Coelho, e que contava sessenta léguas até o rio Iguaraçu, junto ao qual Pero Lopes possuía terceiro lote de trinta léguas, formando sua capitania de Itamaracá até a baía da Traição. Neste lugar começava, para se estender sobre um litoral de cem léguas até angra dos Negros, a capitania do Rio Grande, dada em comum ao grande historiador João de Barros e a seu associado Aires da Cunha; da angra dos Negros ao rio da Cruz quarenta léguas de costas constituíam o lote concedido a Antônio Cardoso de Barros: o rio da Cruz ao cabo de Todos-os-Santos, vizinho do Maranhão, eram adjucadas setenta e cinco léguas ao vedor da fazenda Fernano Alvares de Andrade: e além vinha enfim a capitania do Maranhão, formando segundo lote para a associação de João de Barros e Aires da Cunha, com cinquenta léguas de extensão sobre o litoral, até a abra de Diogo Leite, isto é, até cerca da embocadura do Turiaçu.

Das setecentas e trinta e cinco léguas de litoral demarcado para as capitanias podemos desde já apartar as duzentas e sessenta e cinco doadas a João de Barros, Fernando Álvares, Aires da Cunhas e Antônio Cardoso de Barros. Os esforços para ocupá-las mangraram; o povoamento fez-se mais tarde, com gente nascida ou estabelecidas em outros pontos do Brasil: representam uma formação secundária na história pátria. Convém também apartar as duzentas e trinta e cinco léguas demarcadas entre o extremo da capitania dos Ilhéus na baía de Todos-os-Santos e o rio Curupacé, e mais quarenta léguas de Cananeia para a terra de Sant'Ana. Aqui houve logo tentativas de povoamento: ainda hoje existem vilas fundadas na quarta década do século XVI; mas os colonos tiveram pela frente a mata virgem, os rios encachoeirados, as serranias ínvias, não souberam vencê-los e só impulsionaram a história do Brasil quando os venceram. A primeira vitória decisiva foi ganha no rio de Janeiro, já no século XVIII, com o auxílio dos paulistas; desde então o Rio figura como fator cada vez mais importante. Outros pontos, como Vitória, Porto Seguro, Ilhéus, esperaram ou estão esperando as vias férreas.

Restam as cento e quarenta léguas estendidas da baía da Traição à de Todos-os-Santos, as cinquenta e cinco léguas inseridas entre o Curupacé e Cananeia, em outros termos: a capitania de Duarte Coelho, parte da de Martim Afonso de Sousa, os troços da capitania da Bahia depois da morte do primitivo donatário.

A história do Brasil no século XVI elaborou-se em trechos exíguos de

Itamaracá, Pernambuco, Bahia, Santo Amaro e S. Vicente, situados nestas cento e noventa e cinco léguas de litoral.

Martim Afonso conservara-se na vila de S. Vicente à espera da gente mandada às minas que, segundo a tradição, trucidaram os Carijós do Iguaçu, quando tornava da sua arriscada expedição. Uma carta régia trazida por João de Sousa informou-o dos novos planos de colonizar, deixando-lhe ao arbítrio permanecer ou tornar para o Reino. Em começo de 33 partiu para Portugal. Desde então seus feitos pertencerem a outras partes do mundo.

Em seu lugar ficou governando no civil, concedendo sesmarias, provendo ofícios, o padre Gonçalo Monteiro, também vigário. O governo das armas exerceram-no Pero de Góis e Rui Pinto. O primeiro quis expulsar do Iguape alguns espanhóis que ali se refugiaram, vindo do Paraguai. Surtiu-lhe mal o lance. Os espanhóis derrotaram a força, aprisionaram o comandante, invadiram e saquearam S. Vicente. Ou achasse meio de fugir, ou aos inimigos bastasse o escarmento, já estava no velho mundo em 1536, como se concluiu do foral de sua capitania datado de 26 de fevereiro.

Desde Bertioga até o Cabo Frio continuavam implacáveis os Tupinambás, combatendo e atacando por terra e por mar contra os Peró, e a favor dos Maïr. Num dos combates sucumbiu Rui Pinto. Cunhambebe, truculento maioral tamoio, guardava entre os outros troféus o hábito e a cruz de Cristo deste cavaleiro.

Aparece-nos entre os primeiros povoadores Brás Cubas, jovem criado de Martim Afonso, que aportou a S. Vicente em 1540, governou mais de uma vez a terra, guerreou contra os Tamoios, fortificou Bertioga, entrada preferida por estes inimigos, e fundou a vila de Santos, que possuía melhor porto e facilmente superou a primogênita de Martim Afonso. Mais tarde empenhou-se na cata de minas, e consta haver achado algum ouro.

À roda destas vilas fundaram engenhos, além dos portugueses, os flamengos Schetz ou Esquertes, como o pronunciava o povo, e os Dorias, genoveses. Diz-se até, porém não deve ser exato, que desta procedem as canas plantadas em outras capitanias. Tais engenhos, com as distâncias e a raridade de comunicações, deviam ter desenvolvimento medíocre.

Da vila fundada em Piratininga conhecemos a mera existência ou pouco mais. A situação no descampado dificultava surpresas inimigas. O trânsito do Paraguai dava-lhe algum movimento. As cabanas de João Ramalho e dos mamalucos seus filhos e parentes, no outro lado da serra donde as águas já corriam para o Prata, apregoavam a vitória alcançada sobre a mata virgem do litoral, vitória obtida aqui mais cedo que em qualquer outra parte do Brasil, porque os colonos apenas continuaram a obra dos indígenas, já achando aberto por cima de Paranapiacaba e aproveitando a trilha dos Tupiniquins.

Na capitania de Pernambuco, depois de estabelecido Igaraçu, Duarte Coelho passou algumas léguas mais ao Sul, e assentou a capital de seus domínios em Olinda. O porto de somenos capacidade bastava às pequenas embarcações. A vizinhança dos Tabajaras (Tupiniquins) compensava as investidas constantes dos Petiguares (Tupinambás). A energia do donatário continha a turbulência dos colonos. Nas várzeas surgiam canaviais e engenhos; a lavoura de mantimentos aproveitou os altos: pau-brasil existia no litoral e no sertão; e estando esta capitania, de todas a mais oriental, a menor distância do Reino, aqui mais que alhures frequentavam os navios de além-mar, e prosperava o comércio. Os mares piscosos traziam a fartura, e alentavam a costeagem; caravelões espantavam os franceses, que desde então começaram a evitar aquelas paragens. O nome de Nova Lusitânia dado pelo donatário à sua colônia, se por um lado figura esperanças de futuro, simbolizava por outro o orgulho da própria obra. Nas armas concedidas por d. João III em 6 de junho de 1545 cinco castelos representavam os cinco centros de povoações criadas por Duarte Coelho. Infelizmente conhecemos só Igaraçu, Olinda e, quiçá, Paratibe.

Da capitania de Itamaracá foram recursos para a de Pernambuco, quando os Petiguares puseram cerco em Igaraçu e levaram-no aos últimos apuros. Mais tarde as relações estremeceram. Queixa-se Duarte Coelho de desrespeitos constantes à sua autoridade; de Itamaracá teve de retirar-se um capitão, por Duarte Coelho haver mandado dar-lhe uma cutilada: a pequena distância gerou dissensões. Contudo, os colonos de Pero Lopes tiveram a habilidade de conciliar os Tupinambás da serra, e como não avançaram pelo litoral para as terras do Paraíba, centro dos Petiguares amigos dos franceses, seu desenvolvimento correu pacífico e contínuo por algum tempo.

Largos recursos naturais facilitavam a obra de Francisco Pereira Coutinho: baía vasta como um mediterrâneo, esteiros numerosos franqueando entrada a cada passo, correntes numerosas para moverem engenhos, matas virgens ao lado de terrenos mal vestidos; onde o gado podia medrar à lei da natureza, situação vantajosa no centro das outras capitanias.

Faltava pau-brasil na vizinhança, mas o afastamento dos franceses, daí resultante, compensava bem a pobreza e, não instigados pelos franceses, os Tupinambás mostrariam disposições menos malévolas. Por que não foi avante, com tudo isso, Francisco Pereira Coutinho? Não soube dominar os elementos que importou, nem se impôs à indiada das adjacências. Tais apuros sofreu quem pereceria sem os socorros mandados dos Ilhéus.

Mais tarde recolheu-se a Porto Seguro, cansado e velho, pouco disposto a continuar; mas os ânimos serenaram na Bahia, e tornava esperançado, quando foi morto ao desembarcar. Nas lutas com os índios mandara matar um dos cabecilhas: prisioneiro agora, foi ritualmente sacrificado por um irmão do finado, de cinco anos, tão pequeno que foi preciso segurarem-lhe a massa do sacrifício, segundo tradição conservada num escrito jesuítico.

CAPITANIAS DA COROA

A morte de Francisco Pereira apenas se divulgou no Reino devia convidar os políticos a meditar sobre o sistema de colonização vigente.

Sem dúvida satisfazia a alguns dos primitivos intuitos que o inspiraram. As fortalezas espalhadas pelo litoral estorvavam, se não suprimiam de todo, o trato entre os indígenas e os entrepolos. Os franceses, expulsos de Pernambuco, procuravam outros pontos, e deles seria possível excluí-los com o tempo. Iam nascendo filhos de portugueses, a população crescia com a mestiçagem, regularizava-se a produção e o comércio.

Mas um vício constitucional minava o organismo. Os donatários entravam para a empresa com recursos próprios ou emprestados: se os primeiros tempos corriam bem, a remuneração natural permitia-lhes continuarem com mais eficácia; no caso contrário perdia-se todo o esforço, como sucedera a Pero de Góis, a Francisco Pereira, a Antônio Cardoso, a João de Barros, a Aires da Cunha, a Fernando Álvares; ou as capitanias vegetavam mofinas, como a dos Ilhéus, Porto Seguro, Espírito Santo, Santo Amaro e São Vicente.

Acrescia que, sendo iguais os poderes dos donatários, estando as capitanias na condição de estados estrangeiros umas relativamente às outras, impossibilitava-se qualquer ação coletiva: os crimes proliferavam na impunidade, a pirataria surgia como função normal. As cartas de Duarte Coelho ilustraram de modo pungente esta anarquia lastimosa. E a anarquia intercapitanial conjugava-se com a anarquia intestina. Autoridades e mais autoridades, leis claras, prescrições restritivas havia: qual o meio de pô-las em atividade e dar-lhes força? Como imobilizariam os donatários em funções de governo recursos que não sobejavam para misteres econômicos?

O remédio preferido por d. João III consistiu em tomar posse da capitania deixada devoluta pela morte de Coutinho, com os recursos da coroa estabelecer uma organização mais vigorosa, criar um governo geral, forte bastante para garantir a ordem interna e estabelecer a concórdia entre os diversos centros de população.

Rasgaram-se assim doações e forais, onde só estavam previstos conflitos entre solarengos e senhores hereditários, e só se fitava equiparar a situação destes à do rei contra os poderosos vassalos medievais. Os poucos protestos dos interessados passaram desatendidos, e em 1549, sem abolir de todo o sistema feudal, instituiu-se novo regime.

Constava de um capitão-mor, incumbido da administração civil e militar, de um provedor-mor, encarregado dos negócios da fazenda, de um ouvidor-mor, chefe da justiça. Exerciam a autoridade primariamente na Bahia; nas outras capitanias tinham delegados; quando iam a qualquer delas, competia-lhes conhecer de ação nova; na ausência agiam só por meio de recursos. Numerosos, excessivos oficiais distribuíam-se por estes três ministérios ou desfrutavam magras sinecuras.

Acompanhado por quatrocentos soldados, seiscentos degradados, muitos mecânicos pagos pelo erário, partiu de Lisboa em fevereiro o primeiro governador, Tomé de Sousa, com Pero Borges, ouvidor-geral, Antônio Cardoso de Barros, procurador-mor da fazenda, e aportou à baía de Todos-os-Santos em fins de março de 1549.

Saltando em terra tratou logo de escolher local apropriado para a cidade que vinha fundar, de fortalecê-la contra os ataques da gente de terra e construir os edifícios mais urgentes.

A gente ia desembarcando à medida que se preparavam as acomodações. Caravelões mandados a diversos pontos da costa, em constante escambo com os naturais, traziam algum mantimento.

O peixe abundante variava os gêneros conservados ou, mais provavelmente, avariados, procedentes de Portugal. De Cabo Verde veio algum gado, para cuja propagação o terreno provou admiravelmente. Os pagamentos faziam-se em gêneros, principalmente ferramentas e avelórios, que depois os interessados permutavam entre si ou com os indígenas.

Com estes elementos o governador impediu a desordem na capital. O provedor-mor e o ouvidor-geral em viagens continuadas pelas capitanias reprimiram muitos abusos. Em companhia do capitão-mor vieram seis jesuítas, os primeiros mandados a este continente, sobre cujos destinos tanto deveriam mais tarde pesar. Completaram harmonicamente a administração, pois tanto como Tomé de Sousa ou Pero Borges, o padre Manuel da Nóbrega obedecia ao sentimento coletivo, trabalhava pela unidade da colônia, e no ardor de seus trinta e dois anos achava ainda pequeno o cenário em que se iniciava uma obra sem exemplo na história.

Seus esforços perdiam-se na indiferença ou hostilidade dos outros eclesiásticos. Por isto, com insistência e franqueza apostólicas lembrava a el-rei a conveniência de mandar um bispo, único meio de trazer ao aprisco as ovelhas e conter os lobos. Criou-se um bispado; em junho de 1552 chegou à diocese d. Pedro Fernandes Sardinha, primeiro bispo do Salvador.

Com o segundo governador, d. Duarte da Costa (1553-1557), esteve em luta constante o velho prelado, das lutas comuns em mais vasto, e inevitáveis em tão acanhado teatro, dadas as relações vigentes entre o poder civil e o poder eclesiástico. A sociedade de Salvador cindiu-se ao meio, acirravam paixões e cavavam ódios as pessoas de maior responsabilidade, e a multidão ignara atirou-se na refega, como se meras questiúnculas de poderio representassem interesses vitais. Variando apenas de forma, tais conflitos repetiram-se durante os séculos seguintes. Só perderam importância depois que as constituições modernas eliminaram os resíduos da concepção medieval das duas sociedades perfeitas.

Os jesuítas, superiores e alheios a este debate, concentraram seus esforços na capitania de S. Vicente.

Transpondo a serra do Mar, estabeleceram na ribeira do Tietê uma primeira missão que tomou o nome do apóstolo das gentes (25 de janeiro de 1554).

Levaram-nos a este passo a maior abundância de alimentos no planalto, a presença de tribos próprias à conversão por uma índole mansa e, além do afastamento dos portugueses, certas ideias vagas de penetração entre os índios de Paraná e Paraguai. O nome de S. Paulo, agora ouvido pela primeira vez, devia ecoar poderosamente no futuro.

Os franceses repelidos de Pernambuco por Duarte Coelho, contidos ao centro pela cidade do Salvador e mais vilas de baixo, afastaram-se dos lugares até ali mais frequentados e passaram à capitania de Pero de Góis e terras vizinhas pertencentes a Martim Afonso, onde por muitas léguas dominavam os fiéis Tamoios, e existia pau-brasil em abundância.

Navios avulsos, aventureiros conhecedores da língua geral, identificados com os índios a ponto de lhes não repugnar a iguaria da carne humana, estabeleceram relações que, se não impediram o progresso dos portugueses, criaram-lhe sérios embaraços, e durante 23 [anos] trouxeram indecisa a vitória, e talvez a decidissem contra Portugal se mais persistentes foram seus adversários.

Cumpria coordenar estes elementos. Lembraram-se os franceses de um regime híbrido, com parte dos capitais adiantada por particulares, parte fornecida pelo rei que, entretanto, não se responsabilizaria pela empresa e só a perfilharia em caso de bom êxito.

À frente da expedição colocou-se Nicolas Durand de Villegaignon, notável pela valentia e pelo saber. Partindo de Brest, chegou em novembro de 1555 ao Rio de Janeiro, seu destino. Estabeleceu-se numa ilha da baía, posição esplêndida contra os índios com cuja amizade contava, imprópria pela falta de água a resistir aos portugueses, cujos ataques poderiam tardar mas não faltariam; com duas fortalezas formidáveis armou-a; fez amado e querido dos indígenas circunvizinhos o nome de Pay Colas; por mais de uma vez recebeu imigrantes da Europa.

Da assistência na ilha, pequena, rochosa, sem água nativa, sugiram inconvenientes graves para o sustento da guarnição, sujeita assim aos caprichos dos Tamoios. A severidade puritana do chefe descontentou a soldadesca. Os imigrantes trouxeram questões religiosas para a comunidade. O chefe teve de mostrar-se severo, talvez cruel. Chegaram más notícias e sérias queixas ao velho mundo, tolhendo as correntes simpáticas. Afinal, desiludido do futuro imediato da colônia, ou convencido de que sua presença excitaria a tibieza e despertaria a confiança dos armadores da metrópole, ou desejoso de entrar nos conflitos muito mais brilhantes e gloriosos que se feriam além-mar, Villegaignon retirou-se em 1559 da França Antártica.

Sucedeu-lhe seu sobrinho Bois le Comte, que manteve a situação sem melhorá-la. Como poderia fazê-lo? Para ser bem sucedidos os franceses deviam ter vindo uns vinte anos antes, quando os portugueses não tinham ainda criado raízes. Era tarde agora. Mem de Sá, à frente de uma armada, penetrando na baía, precisou apenas de três dias de fogo nutrido para desvanecer todos os castelos, em março de 60.

A vitória portuguesa foi realçada por dois sucessos logo ocorridos nas capitanias de Martim Afonso e Pero Lopes.

Mem de Sá mudou a antiga vila de Santo André, reunindo-a à missão jesuítica de Piratininga. Por este ou outro motivo, os Tupiniquins se insurgiram e puseram em cerco o povoado. Os catecúmenos dos jesuítas declararam-se contra seus próprios parentes, que foram repelidos, e não tornaram mais. A favor dos portugueses bateu-se heroicamente Martim Afonso Tibiriçá (julho de 62).

No ano seguinte Nóbrega pode realizar o plano longamente amadurecido de entabular pazes com os Tamoios, que navegando pela Bertioga traziam em contínuo sobressalto os moradores de Santo Amaro e de S. Vicente. Em companhia de José de Anchieta, jovem jesuíta vindo com d. Duarte da Costa, e já muito conhecedor da língua geral, embarcou para Iperoig, nas cercanias da hodierna Ubatuba, e depois de alguns meses de assistência dramática, em que mais de uma vez a vida de ambos correu perigo, lograram o almejado escopo (setembro de 63).

Desafrontado o sertão, desoprimida a marinha do Norte, o povo da capitania pode auxiliar Estácio de Sá, mandado em 64 à conquista do Rio, dominado ainda pelos inimigos de aquém e além-mar, sem embargo da vitória recente.

Com os navios e gente levados da Bahia, com índios tomados no Espírito Santo, canoas e auxiliares colhidos em S. Vicente, Estácio começou a fundar a cidade de São Sebastião em 1 de março de 1565.

Ao contrário de Villegaignon, estabeleceu-se em terra firme, logo à entrada da barra, com a frente para o levante. Juntamente com a cerca artilhada, começou as plantações, sem se fiar nos mantimentos que poderiam vir das capitanias. Mesmo assim curtiu bravas fomes. Multiplicaram ciladas e surpresas os índios do recôncavo; duas vezes o atacaram naus francesas reunidas aos Tamoios de Cabo Frio. O jovem herói resistiu durante dois anos; se não consumou avanços consideráveis, enfraqueceu bastante as forças dos aliados, de modo que à chegada do seu tio Mem de Sá, com fortes socorros, dois combates, um em Ibiraguaçumirim (morro da Glória?), outro na ilha de Paranapecu, mais tarde chamada do Governador, bastaram para tornar definitivo o domínio dos portugueses.

Tendo Estácio de Sá sucumbido às consequências de ferimentos recebidos em combate, o governador seu tio demorou mais de um ano na cidade, transferiu-a mais para dentro da baía, para o morro agora chamado do Castelo, que muniu de fossos, cercou de muros, enriqueceu de edifícios, como cumpria a uma cidade real (1567-1568). Ficou esta sendo a segunda capitania da coroa, conquanto pelos termos da carta de doação devesse pertencer a Martim Afonso.

Outras guerras houve por este tempo no Espírito Santo, em Porto Seguro, nos Ilhéus, na Bahia, cujos índios ficaram sujeitos desde Camamu até Itapecuru, distância de quarenta léguas.

Com a derrota dos naturais de Paraguaçu e Ilhéus destruiu-se o que poderíamos chamar uma marca da língua geral, e irromperam os Tapuias, até então sopeados. Ninguém lucrou com a substituição: "os Aimorés, homens robustos e feros, andam sempre pelo mato, no qual bastam quatro para destruir um grande exército", geme um contemporâneo. Só no século seguinte se remediou o mal.

Estes feitos bélicos não constituem todo o governo de Mem de Sá, homem da toga, desembargador da casa da Suplicação. Entre todos seus serviços sobreleva o auxílio prestado a Nóbrega para realizar a obra das missões.

Esgotaria todos os préstimos dos Brasis fornecerem matéria prima para a mestiçagem e para os trabalhos servis, meras máquinas de prazer bastardo e de labuta incomportável? Se não com palavras, isto afirmavam os colonos de modo menos ambíguo por atos repetidos em pertinácia invariável. Ora, os jesuítas representavam outra concepção da natureza humana. Racional como os outros homens, o indígena aparecia-lhes educável. Na tábua rasa das inteligências infantis podia-se imprimir todo o bem; aos adultos e velhos seria difícil acepilhar, poderiam, porém, aparar-se arestas, afastando as bebedeiras, causa de tantas desordens, proibindo-lhes comerem carne humana, de significação ritual repugnante aos ocidentais, impondo quanto possível a monoginia, começo de família menos lábil. Para tanto cumpria amparar a pobre gente das violências dos colonos, acenar-lhe com compensações reais pela cerceadura de maus hábitos inveterados, fazer-se respeitar e obedecer, tratar da alimentação, do vestuário, da saúde, do corpo enfim, para dar tempo a formar-se um ponto de cristalização no amorfo da alma selvagem. Tal a ideia de Nóbrega, representada essencialmente pela Companhia de Jesus nos séculos de sua fecunda e tormentosa existência no Brasil. Já o tentara em Piratininga; podia agir com mais eficácia agora, escudado pelo governador-geral.

As primeiras missões estabelecidas à roda da baía de Todos-os-Santos ficavam em ponto cuidadosamente escolhido, perto do mar para os índios se poderem manter com suas pescarias, e perto das matas para poderem fazer seus mantimentos; reuniam-se numa várias aldeias, sujeitas a um só chefe ou meirinho, reconhecido pelos padres como o mais capaz de colaborar nesta obra de depuramento, e nela residiam um padre e um irmão, que a tudo superintendiam. A vida nas missões resume-a assim um jesuíta contemporâneo:

> Ensinam-lhes os padres todos os dias pela manhã a doutrina, esta geral, e lhes dizem missa, para os que a quiserem ouvir antes de irem para suas roças; depois disso ficam os meninos na escola, onde aprendem a ler e escrever, contar e outros bons costumes, pertencentes à polícia cristã; à tarde tem outra doutrina particular a gente que toma a Santíssimo Sacra-

mento. Cada dia vão os padres visitar os enfermos com alguns índios deputados para isso; e se têm algumas necessidades particulares lhes acodem a elas; sempre lhe ministram os sacramentos necessários... O castigo que os índios têm é dado por seus meirinhos feitos pelos governadores e não há mais que quando fazem alguns delitos, o meirinho os manda meter em um tronco um dia ou dois, como ele quer; não tem correntes nem outros ferros da justiça... Os padres incitam sempre aos índios que façam sempre suas roças e mais mantimentos, para que, se for necessário, ajudem com eles aos portugueses por seu resgate, como é verdade que muitos portugueses comem das aldeias, por onde se pode dizer que os padres da Companhia são pais dos índios, assim das almas como dos corpos.

Começada em 1558, a obra das missões tomou um desenvolvimento rápido nos anos seguintes, principalmente no provincialato de Luís da Grã. Com a mesma rapidez decaíu, sobretudo em consequência do fato, misterioso e até agora inexplicável, que condena ao desaparecimento os povos naturais postos em contacto com os povos civilizados. Nem por isso foi abandonada a empresa que com vário sucesso aturou até meados do século XVIII.

Em Pernambuco acelerava-se por esse tempo o movimento para a fronteira meridional no rio S. Francisco. Durante a menoridade de Duarte de Albuquerque Coelho (1554-1560), seu tio Jerônimo de Albuquerque franqueou a vargem do Capibaribe. O jovem donatário e Jorge, seu irmão, vindo de Portugal para o Brasil, conquistaram as terras do cabo de Santo Agostinho e as de Serinhaém. Nas do cabo fundou oito engenhos João Pais Barreto, tronco de família numerosa ainda existente. Seguiram-se guerras pelo interior a pretexto de minas, mas realmente inspiradas pelo desejo de cativar escravos. Nelas figurou Antônio de Gouveia, clérigo epiléptico, sujeito a visões, que pretendia conversar familiarmente com o diabo, em nem um lugar podia estar sossegado, a ponto de fugir até das prisões do Santo Ofício, e era tido e tinha-se por nigromántico. Dava-se por entendido em minas esta sinistra ave de arribação, lembrada na imaginação popular com o nome de Padre do Ouro. Por sua causa diz-se que Duarte de Albuquerque Coelho foi preso para o Reino. Antônio de Salema veio a Pernambuco abrir devassa com alçada sobre este e outros negócios.

Com a morte de Mem de Sá, em março de 1572, pareceu conveniente dividir o Brasil em dois governos, sujeitos às cidades reais do Salvador e de S. Sebastião.

Luís de Brito de Almeida pretendeu passar além do rio Real e incorporar Sergipe. Já os Jesuítas tinham preparado o terreno para a penetração pacífica por meio de missões, mas a cobiça dos colonos e as manhas de alguns mamalucos tudo arruinaram.

No Rio, Antônio Salema, auxiliado pelo capitão-mor de S. Vicente, deu guerra aos índios de Cabo Frio e pacificou o território entre a cidade de S. Sebastião e Macaé, distância de trinta léguas na estima do tempo. Foram mortos muitos dos Tamoios, escravizados não poucos, e alguns incorporados aos aldeamentos jesuíticos. Quem pode emigrou para o sertão. Os franceses desta feita receberam um golpe de que não puderam mais recobrar inteiramente.

Apareceram várias tentativas de procurar pedras preciosas, principalmente na Bahia ao Espírito Santo. Sebastião Tourinho e outros varam a serra do Espinhaço, em busca de esmeraldas. Em S. Vicente ocupa-se Brás Cubas na pesquisa de minas. Nada produziram de sólido tais esforços. Mais importante que eles é o desaparecimento dos índios, trazendo como consequência o aumento da importação africana.

"A gente que de vinte anos a esta parte [1583] é gastada nesta Bahia, parece cousa que se não pode crer; porque nunca ninguém cuidou que tanta gente se gastasse nunca, quanto mais em tão pouco tempo", escreve um jesuíta. "Porque nas quatorze aldeias que os padres tiveram se juntaram 40.000 almas, estas por conta e ainda passaram delas, com a gente com que depois se forneceram, das quais se agora as três igrejas que ha tiveram 3.00 almas será muita.

Há seis anos que um homem honrado desta cidade e de boa consciência e oficial da câmara que então era, disse que eram descidos do sertão de Arabó naqueles dois anos atrás 20.000 almas por conta, e estes todos vieram para a fazenda dos portugueses. Estas 20.000 com as 40.000 das igrejas fazem 60.000. De seis anos a esta parte sempre os portugueses desceram gente para suas fazendas, quem trazia 2.000 almas, quem 3.000, outros mais, outros menos. Veja-se de dois anos a esta parte o que isto podia somar, se chegam ou passam de 80.000 almas.

> Vão ver agora os engenhos e fazendas da Bahia, achá-los-ão cheios de negros de Guiné e mui poucos da terra, e se perguntarem por tanta gente, dirão que morreu. Donde bem se mostra o grande castigo de Deus dado por tantos insultos como são feitos e se fazem a estes índios, porque os portugueses vão ao sertão e enganam a esta gente, dizendo-lhes que se venham com eles para o mar e que estarão em suas aldeias como lá estão em sua terra e que seriam seus vizinhos. Os índios crendo que é verdade

vêm-se com eles e os portugueses por se os índios não arrependerem lhes desmancham logo todas as suas roças e assim os trazem, e chegando ao mar os repartem entre si, uns levam as mulheres, outros os maridos, outros os filhos e os vendem.

Por que insistiam os colonos em apossar-se de uma fazenda, cuja pouca valia a cada passo se devia patentear de modo menos inequívoco?

Já sofriam de um achaque ainda hoje observado a todos os momentos entre seus descendentes: a incapacidade de formar convicção firme sobre um assunto e por ela pautar seus atos. Acresce que os escravos indígenas com todos esses percalços, auxiliavam extraordinariamente aos que começaram a vida nestas terras... E a primeira coisa que pretendem adquirir são escravos, para neles lhes fazerem suas fazendas, informa Gandavo; e se uma pessoa chega na terra a alcançar dois pares, ou meia dúzia deles (ainda que outra cousa não tenha de seu) logo tem remédio para poder honradamente sustentar sua família: porque um lhe pesca, e outro lhe caça, os outros lhe cultivam e grangeiam suas roças e desta maneira não fazem os homens despesa em mantimentos nem com eles, nem com suas pessoas.

FRANCESES E ESPANHÓIS

Em 1580 extinguiu-se a dinastia de Avis. Filipe II da Espanha, neto de d. Manuel, apoiando suas pretensões pelas armas, sucedeu a d. Henrique, e incorporou à casa de Habsburgo o trono português. Com Portugal cairam todas suas possessões sob o domínio espanhol. Para o Brasil as primeiras consequências deste estado de cousas foram favoráveis. Os limites naturais da colônia indicaram-nos o Amazonas e o Prata. De ambos separavam o povoado distâncias sempre enormes. Agora, se as distâncias persistiam as mesmas, podia-se em compensação concentrar os esforços num só sentido, em vez de dissipá-los por ambos. Esperaria o Prata, já ocupado em parte; urgia senhorear o Amazonas, ainda não investido, mas já cobiçado por diversas nações. Assim, caminho do Prata o trabalho reduziu-se a mera consolidação, ao estreitamento de malhas; para o Amazonas a expansão colonizadora moveu-se acelerada. Por isso, preferindo a ordem cronológica para a expansão amazônica, seguiremos a ordem geográfica no outro extrerno.

Vindo do sul, encontrava-se a Cananeia habitada por gente ida da capitania de São Vicente, que também procurava recôncavo de Angra dos Reis, e já se comunicava com a cidade de São Sebastião, pela baixada de Santa Cruz, onde os jesuítas começavam uma fazenda famosa. Nas terras do Cabo Frio os franceses continuavam a frequentar, naturalmente menos a miúdo e com menor proveito.

Por fim, Constantino Menelau, depois de vencê-los, obstruiu o porto, e Estevão Gomes estabeleceu uma pequena fortaleza. Flagelados pelas bexigas, os Guaitacás aproximaram-se dos brancos que os poderiam socorrer. Para a conciliação muito contribuiu o jesuíta Domingos Rodrigues.

Este mesmo Domingos Rodrigues, mais tarde egresso da Companhia de Jesus, em Ilheus, Álvaro Rodrigues Adôrno, na Cachoeira, levaram a bom termo a pacificação dos Aimorés. Por este modo desde o Rio até a cidade do Salvador cessaram temporariamente suas devastações os tão temidos Tapuias do litoral, que só reaparecem pelos meados do século.

Ao Norte da Bahia apresenta-se como mais notável o fato da conquista de Sergipe. Desde os últimos tempos de Mem de Sá a empresa afigurara-se fácil, pois não cessavam mensagens pedindo aos padres da Companhia que fossem até lá levar a boa nova. Com os dois jesuítas mandados a este fim partiram os soldados e mamalucos, ávidos de escravos, que plantaram a sizania entre os Tupinambás, e alienaram sua confiança. Todas as desconfianças confirmou o governador Luís de Brito de Almeida no ano de 1574, fazendo guerra implacável aos índios, aprisionando uns, afugentando outros, devastando aquelas comarcas, por simples desfastio destruidor, poderia crer-se; pois durante cerca de dois decênios quedou estacionária a obra colonizadora.

Em fins de 1589, Cristóvão de Barros, governador interino por morte de Manuel Teles Barreto, repetiu de novo a tentativa, com melhor êxito. Parte da força seguiu por mar, parte por terra, e reunidos deram em várias cercas dos naturais, que foram derrotados.

Acossando estes, penetraram alguns aventureiros até o rio S. Francisco. No território devoluto Cristóvão de Barros separou uma enorme sesmaria para o filho; esta serviu de craveira para outras, e dentro em pouco não havia mais o que distribuir. Com esta campanha os franceses perderam as antigas ligações no rio Real.

Na capitania de Duarte Coelho continuou o movimento para o rio S. Francisco. Fazendas de gado ou canaviais avançaram pelo território das Alagoas. Entre os povoadores desta região avulta o alemão Lins, que deixou larga descendência, e João Pais, de quem já se falou. Também daqui os franceses tiveram de retirar-se.

Nos primeiros anos do século 17, podia-se viajar e viajava-se efetivamente por terra da Bahia até Pernambuco sem encontrar resistência séria por parte dos naturais, vencidos ou afugentados da marinha. O único obstáculo ao livre trânsito apresentava a passagem dos rios maiores, direito real, como já vimos. Os rios menores eram passados nos vaus, e assim continuaram nos séculos seguintes; pelos vaus pode-se traçar a borda da primitiva ocupação litorânea.

Vejamos agora a marcha para o Amazonas.

Longo tempo estacionara o povoamento na ilha de Itamaracá e no continente fronteiro. Os Petiguares da serra entretinham boas relações com os colonos, que visitavam pacificamente as aldeias; os da praia, sempre amigos dos franceses, faziam com estes bons negócios na Paraíba, onde não os perturbavam os portugueses, contentes com breves excursões à procura de âmbar, abundante por aquelas plagas até o Ceará, e com o pau-brasil trazido do interior pelos próprios índios.

Em 1574, por causa de uma cunhã do sertão, desaveio-se a gente deste com a da Goiana, e começam as hostilidades. Foram assaltados e queimados dois engenhos, e com esta fácil vitória mais se assanharam as paixões dos assaltantes. A guerra levianamente provocada havia de durar vinte e cinco anos. A mandado de Luís de Brito, o ouvidor-geral, Fernão da Silva, partiu para a Paraíba, afugentou a indiana com simples presença, lavrou autos que ficaram só no papel. Frutuoso Barbosa, homem de fortunas, ofereceu-se à metrópole para ultimar a conquista se lhe concedessem certas mercês. Com elas chegou em 1580 a Pernambuco, mas nada logrou fazer, porque um temporal atirou-o para as Antilhas e de lá à Europa. Da segunda vez não se animou a tentar estabelecimento algum; limitou-se a queimar navios franceses.

Em 1583 aportou à Bahia Diogo Flores Valdez, vindo de uma viagem malograda ao estreito de Magalhães. Ao governador insinuou-se como capaz desta conquista, e na monção seguinte partiu com uma armada espanhola e algumas embarcações portuguesas para Pernambuco. Organizou-se ao Recife uma expedição marítima e outra terrestre. Por mar, Diogo Flores chegou sem embaraço a seu destino, queimou alguns navios franceses carregados de pau-brasil, fundou um forte, nele deixou uma guarnição de compatriotas seus; a gente ida por terra saiu vitoriosa de vários reencontros e fundou um povoado, a cidade Filipeia, como a chamou Frutuoso Barbosa, em honra do dinasta reinante. O castelhano Castejón ficou por alcaide do forte, e Frutuoso Barbosa tomou conta da cidade.

Amassaram-se mal o chefe civil e o chefe militar; a discórdia lavrou entre castelhanos e portugueses. Os Petiguares, aterrados pelos primeiros embates, voltaram logo em chusmas densas e mais arrogantes. Guiavam-nos franceses dos diversos navios queimados, sedentos de vingança, cônscios da importância capital desta partida, em que se disputavam terrenos de seu domínio exclusivo durante tantos anos. Castejón portou-se com bravura; socorros de Pernambuco expedidos por Martim Leitão, ouvidor-geral, nunca lhe faltaram. O próprio ouvidor-geral lá foi, em março de

1586, com quinhentos homens brancos e muitos índios em sua companhia. Mas os índios e os franceses continuavam cada vez mais afoitos e mais ardentes. Desanimado, Frutuoso Barbosa desistiu de seus direitos e retirou-se para Olinda. Castejón resistiu até junho; ao retirar-se tocou fogo no forte, quebrou o sino, meteu a pique um navio, lançou a artilharia ao mar. Ficava aniquilado todo o trabalho.

Anos antes, aventureiros pernambucanos, guerreando no rio S. Francisco, houveram-se tão aleivosamente com os Tabajaras, os antigos e fiéis aliados desde o tempo de Duarte Coelho, que estes o mataram a todos, fugiram dos lugares nefastos, e por uma das gargantas da Borborema procuraram a terra da Paraíba para combater os brancos, aliando-se embora aos Petiguares, seus inimigos hereditários e irreconciliáveis da língua geral. Martim Leitão, quando saiu de Olinda em auxílio de Castejón, reconheceu-os e entabulou negociações, esperando trazê-los à antiga amizade. Os Tabajaras não se deixaram requestar e prepararam-se para o combate: traiu-os a sorte, apesar da valentia de Braço de Peixe e Assento de Pássaro, os dois chefes tupiniquins.

Esta derrota despertou o ódio avito dos Tupinambás que se tornaram contra os novos aliados, malsinando-os de covardes, tratando-os de traidores, obrigando-os a tornarem às terras donde vieram. Soube-o Martim Leitão, e mandou emissários a Piragibá, prometeu o esquecimento das injúrias recentes, anunciou auxílios prontos, instou por sua permanência, renovando as antigas pazes. Cedeu o Braço de Peixe; com a intervenção de João Tavares, escrivão de órfãos de Olinda, passaram os Tabajaras a combater ao lado dos portugueses.

Em agosto 5, dia de Nossa Senhora das Neves, João Tavares recomeçou a obra aniquilada pela defecção de Castejón, auxiliada agora pela gente de Braço de Peixe e Assento de Pássaro, mas perturbada sempre pelos Petiguares e pelos franceses. Mais duas vezes tornou Martim Leitão à Paraíba. Sua ação sempre fecunda e prestigiosa pode resumir-se em poucas palavras: queimou navios, queimou pau-brasil já cortado, queimou aldeias, arrancou plantações, inutilizou mantimentos na baía da Traição, na serra de Copaoba, no Tijucopapo.

Em maio de 1587, Martim Leitão considerou terminada sua missão, e voltou para Pernambuco, depois de lançar os alicerces para um engenho real. Enganava-se, porém; prosseguiram constantes as guerras durante mais de dez anos, no sertão, no litoral com as naus francesas, que chegaram a cercar a fortaleza do Cabedelo, com os Petiguares, a quem a presença dos franceses, privados de ir para sua terra pela queima das naus que os deviam conduzir, comunicaram uma audácia e uma persistência bem alheias à índole indígena. Destes incidentes ignoramos a história; a crônica apenas guarda os nomes de Pero Lopes, Feliciano Coelho, Pero Coelho, talvez Ambrósio Fernandes Brandão, o autor possível dos Diálogos das Grandezas do Brasil. Do lado dos franceses a tradição lembra Rifault, cujos feitos não podem aliás ser precisados á falta de documentos. Tantos anos agitados e tão desesperada resistência patentearam a urgência de ocupar o rio Grande onde os inimigos perenemente se refaziam. De lá sairam uma vez treze navios para tomar Cabedelo e o combate durara de uma sexta a uma segunda-feira. Em suas águas chegaram a se reunir vinte navios procedentes de França. Muitos franceses mestiçaram com as mulheres indígenas, muitos filhos de cunhãs se encontravam já de cabelo louro: ainda hoje resta um vestígio da ascendência e da persistência dos antigos rivais dos portugueses na cabeleira de gente encontrada naquela e nos vizinhos sertões de Paraíba e Ceará.

A expedição ao rio Grande, concebida no governo de d. Francisco de Sousa, aparelhada de recursos abundantes, dirigida desde Pernambuco por Manuel de Mascaranhas Homem, lugar-tenente do donatário, e Alexandre de Moura, que devia suceder no mando, repartiu-se por terra e por mar. A divisão marítima, comandada por Manuel de Mascaranhas, a quem se agregou Jerônimo de Albuquerque, chegou felizmente a seu destino em janeiro de 1598. Parte da divisão terrestre, encabeçada por Feliciano Coelho, capitão-mor da Paraíba, venceu a resistência dos inimigos, mas dissolveu-se ante uma epidemia de bexigas. A praga passou também ao inimigo, e serviu para dar folgas a Manuel de Mascaranhas, aliás acometido mais de uma vez no forte que começara.

Em março, Feliciano Coelho outra vez marchou para o rio Grande, depois de reunir as suas forças, reduzidas agora à metade pela doença e pela retirada do contigente de Pernambuco. Com este reforço, Manuel de Mascaranhas concluiu o forte dos Reis Magos, e entregou-o a Jerônimo de Albuquerque, nomeado para comandá-lo. À sua sombra medrou o que é hoje a cidade de Natal. Na volta, Mascaranhas e Coelho afastaram-se da costa e fizeram novas devastações entre a indiada do sertão.

Nas veias de Jerônimo de Albuquerque circulava sangue petiguar de sua mãe, Maria do Arco-Verde, e disto não se envergonhava, antes o vemos em mais de uma conjuntura proclamando a sua extração. Assim devia sorrir-lhe a ideia de conciliar os parentes, reduzidos aos últimos apuros por tantos trabalhos e tão continuada perseguição, e agora forçosamente abandonados pelos franceses. A um índio aprisionado, principal e feiticeiro, incumbiu esta missão, depois de bem instruí-lo no que devia dizer. O pensamento humanitário foi coroado do melhor êxito, graças sobretudo às mulheres que, informa um contemporâneo, enfadadas de andarem com o fato continuamente às costas, fugindo pelos matos sem poder gozar de suas casas, nem dos legumes que plantavam, traziam os maridos ameaçados que se haviam de ir para os brancos, porque antes queriam ser suas cativas que viver em tantos receios de contínuas guerras e rebates. Por ordem de d. Francisco de Sousa as pazes foram juradas solenemente na Paraíba, a 15 de junho de 1599. Serviu de intérprete frei Bernardino das Neves, filho de João Tavares, escrivão de órfãos de Olinda, já nosso conhecido. Deste ato resultou nascer e criar-se na amizade dos portugueses, Antônio Camarão, um dos heróis da luta contra Holanda.

A conquista do rio Grande tinha logrado afastar os franceses e desenganar os índios numa grande extensão de terreno; mas significava, mais que isto, o encurtamento da distância ao Maranhão e Amazonas. Desde os primeiros tempos do governador Diogo Botelho surge com força a ideia de consumar a obra, e trata-se de chegar às regiões onde a mão da natureza assentara os limites do país.

Obrigou-se a incorporar o Maranhão Pedro Coelho de Sousa, cunhado de Frutuoso Barbosa, que com séquito numeroso partiu da Paraíba e chegou ao Jaguaribe em 1603. Os índios daquela ribeira, a princípio esquivos, deixaram-se enlear pelas promessas dos intérpretes e todo o sáfio litoral cearense foi percorrido em paz. Só na serra de Ibiapaba, aliás seminário dos amigos Tabajaras, apareceu resistência, promovida por franceses. Venceu-a Pedro Coelho e desceu a serra em busca do rio Punará, ou Parnaíba, como é chamado hoje. Como sua gente não quisesse ir mais adiante teve que retroceder.

Tudo correra bem até aí, tudo começou logo a se danar. Pedro Coelho, na volta para o povoado, capturou os índios que pode, indiferentemente, Tabajaras, velhos amigos, e Petiguares, aliados recentes. Quando, depois de os ter distribuído pela Paraíba e Pernambuco, novamente tornou ao Ceará, achou a situação insustentável e foi obrigado a retirar-se. Sua retirada lastimável balizaram cadáveres, vítimas dos areais candentes, da fome e da sede.

No provincialado de Fernão Cardim, governando d. Diogo de Menezes, dois jesuítas, Francisco Pinto e Luís Figueira, foram incumbidos de chegar ao Maranhão. Levaram em sua companhia para restituí-los à liberdade alguns dos índios capturados por Pedro Coelho e sua gente; com algum esforço venceram as desconfianças do gentio, atravessaram a serra do Uruburetama, e chegaram a Ibiapaba, bem acolhidos, apesar de tudo. Preparavam-se para prosseguir, quando uns Tapuaias assaltaram a aldeia em que assistiam, e mataram Francisco Pinto. Luís Figueira escapou e tornou para Pernambuco, onde anos mais tarde escreveu esta trágica odisseia em carta felizmente hoje salva da voragem do tempo.

Nem a expedição numerosa, aparelhada para a guerra, de Pedro Coelho, nem a missão pacífica dos jesuítas adiantara um passo à questão de avanço para a costa Leste-Oeste, destinada talvez a adiamento indefinido, se não interviesse Martim Soares Moreno. Chegara de Portugal em 1602, e Diogo de Campos, seu tio, sargento-mor de estado, o incorporou à primeira expedição de Pedro Coelho, para aprender a língua da terra e familiarizar-se com os costumes. Contava apenas dezoito anos. Realizou os desejos do tio de modo superior, e tão bem se houve entre os indígenas que Jacaúna, chefe petiguar, distinguiu-o da turba malfeitora e votou-lhe amor de pai. Nomeado tenente da fortaleza dos Reis-Magos, cultivou estas relações, mais de uma vez visitou o fiel amigo, sempre esperançado de dissipar as prevenções e rancores. Afinal o índio permitiu-lhe levar um filho à Bahia, apresentá-lo ao governador, d. Diogo de Meneses, e consentiu-lhe viesse estabelecer-se com dois soldados. Pode assim lançar, junto ao minúsculo rio Ceará, os fundamentos de um forte, onde resistiu aos ataques da gente não sujeita a Jacaúna; com o auxílio deste tomou duas naus estrangeiras, nu e pintado de genipapo, à maneira de seus auxiliares. Aquele ponto, até ali conhecido como excelente aguada dos franceses, passou desde então a ser evitado.

No governo de Gaspar de Sousa projetou-se avançar mais para o Norte. Por sua ordem Jerônimo de Albuquerque partiu de Pernambuco com quatro barcos, em meados de 1613, nomeado capitão-mor da conquista do Maranhão, comandando cem homens brancos e muitos índios. Na passagem pelo Ceará levou consigo Martim Soares Moreno, como lhe fora permitido, e navegou até o Camocim, onde pretendeu fundar um forte. Por parecer pouco próprio este lugar, preferiu a enseada das Tartarugas, em Jererecuacara, onde deixou quarenta soldados num presídio; com o restante voltou por terra; os barcos mandou que costeassem como melhor pudessem e tornassem a Pernambuco.

Do Camocim expediu Martim Soares com vinte soldados ao Maranhão, a colher notícias que pudessem guiar no prosseguimento da conquista. Graças ao pequeno calado da lancha, Martim navegou muito pegado à terra, pode entrar pela boca do Preá, e alcançou por águas interiores a baía hoje chamada de S. José.

O nome e a amizade de Jacaúna serviram-lhe neste lance arriscado. Os Tupinambás receberam-no com aparente afabilidade, mas preparavam-se para traí-lo, quando um deles descobriu-lhe a verdadeira situação. Havia um ano estavam aí franceses, com uma fortaleza artilhada de vinte peças, soldados, gente trazida em embarcações, sob o comando de Daniel de Latouche, senhor de la Ravardière. Ao mesmo tempo eram os franceses informados da presença do explorador português, e começavam a dar-lhe caça. Martim Soares escapou incólume com os seus e o índio amigo; o tempo, menos propício, atirou-o às costas da Venezuela, donde, por São Domingos, chegou a Sevilha em abril do ano seguinte, e tratou logo de mandar notícias para Pernambuco. Na mesma ocasião enviou com igual destino o piloto Sebastião Martins, mestre da lancha, que o acompanhara na peregrinação. Chegou no momento oportuno; Gaspar de Sousa tratava justamente de segunda e mais poderosa expedição para a nova conquista, e suas informações puderam ainda ser aproveitadas. Ainda esta vez Jerônimo de Albuquerque serviu de capitão-mor. Diogo de Campos, sargento-mor, ia por colateral. Recomendou-lhes o governador as maiores cautelas, lembrava a fortificação de algum ponto além do fortim deixado no ano anterior, a plantação de legumes de rápido crescimento, e indicou a conveniência de, desde Tutoia, ir parte da força por terra, parte por mar.

Depois de receber alguns reforços na fortaleza do Ceará, os expedicionários prosseguiram viagem a 29 de setembro de 1614, para o forte do Rosário, que meses antes provara forças com a gente de uma nau francesa destinada ao Maranhão. Feito o alarde da gente, apuraram-se 220 soldados portugueses, 60 marítimos e 300 índios frecheiros. Deviam acampar em Tutoia? Confessaram-se os pilotos ignorantes daquele trecho da costa: Bastião Martins só conhecia a barra do Preá; para lá se encaminharam a 12 de outubro, e na noite de 1613 se abalançaram por ela na maior confusão: "houve navios que iam tocando e dando grandes pancadas nos bancos ao entrar da barra, e, por não atemorizarem os que vinham de trás, calavam e paravam sem se ouvir uma palavra de rumor".

Iam a bordo moços impacientes e pouco disciplinados, ansiosos de medir-se com os franceses. Conseguiram do capitão-mor se prosseguisse levianamente pelo Preá a dentro, até avistar o inimigo. Era o melhor plano a executar, provou-o o resultado. Antes da viagem de Martim Soares Moreno, aquela entrada era desconhecida dos franceses; depois dela assentaram um forte ligeiro em Itapari; todo o esforço de Ravardière aplicara-se, porém, à defesa da baía de S. Marcos; nas suas fortificações depositavam-se a maior confiança. Claude 'Abbeville, missionário capuchinho, escrevia orgulhosamente: "*C'est donc niaizerie de penser que l'on puisse desloger les François de ce lieu, lors qu'ils y seront bien establis: & le vouloir faire croire, outre que c'est trop raualler leur courage & faire trop peu d'estime de leur valeur & generosité, Si ce n'est une pure malice n'est-ce pas temerité? & que l'on en parle comme les aueugles des couleurs? Ceux qui ont veu la situation de cette Isle & qui connoissent par experience les difficultez de ses advenuës, n'aduoueront iamais telle proposition qui ne procede que d'vn esprit timide".* O ataque pela baía de S. José, devido mais à casual fraqueza da lancha de Martim Soares, deitava por terra todos estes arreganhos.

A 26 de outubro chegaram os expedicionários ao porto, depois chamado de Guaxenduba; a 28, começaram no continente o forte de Santa Maria. Na ilha fronteira, logo muitos fogos pareceram indicar a transmissão de notícias. Vieram à fala alguns índios, esquivos apesar de todas atenções e carinhos de Jerônimo de Albuquerque; negavam em geral a assistência dos franceses; um, porém, natural de Pernambuco, denunciou ataque próximo. De fato, a 12 de novembro, no quarto da lua, deu o inimigo nas embarcações e tomou três. A este seguiu-se outro de maior monta a 19. Os franceses desembarcaram duzentos infantes, mais de dois mil índios; como reserva ficou La Ravardière a bordo, acompanhado de cem soldados. Transportaram esta força cinquenta e sete embarcações, das quais as três tomadas alguns dias antes, e cinquenta canoas. Trataram de se entrincheirar e, para ganhar tempo, La Ravardière dirigiu uma carta ameaçadora a Jerônimo de Albuquerque. Sem dar-lhe resposta começaram os portugueses uma ofensiva desesperada, indo pela praia Diogo de Campos, Antônio e Albuquerque, filho do capitão-mor, e Jerônimo Fragoso; pelo monte Jerônimo de Albuquerque, Francisco de Frias e Manuel de Sousa de Sá.

Dos franceses, escreve este, morreram a espada e a arcabuzaços noventa e tantos, que logo ali ficaram, além dos que se afogaram fugindo para as embarcações, ao todo cento e sessenta; foram capturados nove; queimaram-se-lhes quarenta e seis canoas; tomaram-se ao todo duzentas armas de fogo, mosquetes e arcabuzes; dos selvagens averiguou-se depois que faltavam quatrocentos, a maior parte mortos afogados. De parte dos portugueses as perdas foram insignificantes.

A derrota quebrantou o ânimo de La Ravardière. Em vez de procurar desforrar-se logo, entabulou a 21 uma correspondência com Jerônimo de Albuquerque, concebida em termos duros, que foi abrandando gradualmente. Os portugueses achavam-se em situação difícil: o inimigo dominava as entradas com sua frota; socorros só poderiam vir pelo Preá, e o Preá só admitia vasos de pequeno calado. Apesar de tudo sua confiança mantinha-se inalterável: "somos homens que um punhado de farinha e um pedaço de cobra quando o há nos sustenta", escrevia Jerônimo de Albuquerque; "somos gente que não podemos nadar tanto mar quanto há daqui à Espanha; pelo que ainda que hoje tendes a barra, nós temos a terra que pisamos, a qual sempre será de nossos corpos até que Sua Majestade d'el-rei da Espanha, nosso senhor, cujo tudo é, outra coisa ordene", segundava mais difuso Diogo de Campos.

Da correspondência e das práticas nasceu a ideia de tréguas. As duas metrópoles estavam amigas e aliadas no velho mundo, por que se degladiariam neste? A 27, convencionou-se a suspensão das hostilidades até fim de dezembro de 1615; nem os franceses iriam ao continente, nem os portugueses à ilha, e evitariam ambos entrar em contacto com os índios de uma e outra jurisdição; seriam permutados sem resgate os prisioneiros; ficaria o mar franco aos portugueses; socorro de gente de guerra não suspenderia o armistício; a nação obrigada a retirar-se teria três meses para os aprestos; dois representantes de cada beligerante iriam à corte de Madrid e à de Paris, saber de Suas Majestades Católica e Cristianíssima suas vontades sobre quem deveria ficar no Maranhão.

Depois disso o capitão-mor da conquista mandou Manuel de Sousa de Sá, num caravelão, a Pernambuco levar a notícia do sucedido ao governador geral. A nau Regente, que já se batera com a guarnição do Rosário, em Jererecuacara, partiu a 16 de dezembro, levando os emissário Du Prat e Gregório Fragoso para França. A 4 de janeiro de 1615 saiu para Portugal Diogo de Campos com Mathieu Maillart, numa caravela comprada a este por 500 cruzados; a 3 de março apresentava-se ao vice-rei d. Aleixo de Menezes. O sargento-mor aproveitou a travessia para escrever a Jornada de Maranhão.

Na corte foi acolhido com frieza o resultado da expedição, e a má vontade aumentou quando inesperadamente chegou Manuel de Sousa de Sá, enviado a Pernambuco mas levado pelos ventos e correntes às Índias ocidentais, donde lhe deram condução para a Europa. Conhecida a versão de Manuel de Sousa, diferente em pontos essenciais da de Diogo de Campos, aprestou-se para o Maranhão um patacho com munições, pólvoras e mais coisas necessárias, que em começos de junho passou pelo Ceará. Nele parece ter voltado Martim Soares, com o posto de sargento-mor, na ausência do tio. Falou-se em castigar este, mas prevaleceu o alvitre de mandá-lo com Sousa de Sá a Gaspar de Sousa, a quem com maior empenho se ordenou a ultimação da empresa.

Não se descuidara o governador. Em junho mandara Francisco Caldeira de Castelo Branco, antigo capitão-mor do Rio Grande, comandando uma armada composta de um patacho, duas caravelas e um caravelão grande, que chegou a Santa Maria de Guaxenduba em 1 de julho, fazendo a viagem por fora do Preá. La Ravardière foi, apesar da trégua, intimado a abandonar a terra, e, depois de relutar, cedeu em promessa; mas, porque rebentassem discórdias entre os dois chefes portugueses, foi-se deixando ficar, Jerônimo de Albuquerque transferiu-se para a ilha, onde fundou uma cerca e um forte, chamado de S. José. Provavelmente vem daí o nome atual desta baía.

Manuel de Sousa encontrou o governador geral em Pernambuco, e deu-lhe cartas e ordens. Sem demora Gaspar de Sousa aprestou nove navios, cinco dos quais grandes, com mais de novecentos homens, muito armamento e dinheiro, plantas e gado para povoarem a terra. Conferiu o comando a Alexandre de Moura que, partindo a 5 de outubro do Recife, a 17 chegava ao Preá, onde breve se convenceu de não serem para aquele canal as suas embarcações. Cumpria navegar por fora, fazer sondagens, arrostar a baía de S. Marcos, as terríveis fortificações, inexpugnáveis no sentir de Abbeville. E não havia tempo a perder, pois a fortaleza de S. José se incendiara, e Jerônimo de Albuquerque, capitão-mor antes de nome que de fato, porque os portugueses achavam-se divididos em dois partidos dominados por ódios violentos, estava reduzido a pouca pólvora e às armas salvas do incêndio.

A 1 de novembro decidiu-se a investir a entrada de São Marcos; um patacho menor foi adiante, mostrando o caminho, e a armada surgiu fora do alcance da artilharia inimiga. Jerônimo de Albuquerque marchou por terra com forças; um posto foi guarnecido com oito peças de artilharia, cento e cinquenta soldados, duzentos frecheiros; cem homens com seis peças guardariam a entrada da barra. A 3 foi intimado La Ravardière a entregar a colônia e a fortaleza, com toda a artilharia e munições existentes dentro e fora dela, com todos os navios grandes e pequenos, sem por tudo receber indenização alguma. Obrigava-se Alexandre de Moura a dar condução para a França; os franceses se obrigariam a partir apenas recebessem os navios e deixassem reféns. E este favor se lhe faz, concluía, pelas alianças que hoje há entre os senhores reis Católico e Cristianíssimo.

A fortaleza foi entregue; em duas naus sem artilharia, mandadas separadamente, partiram os franceses para a pátria; La Ravardière teve de acompanhar o vencedor a Pernambuco. Anos mais tarde andava em Lisboa, requerendo mercês e alegando serviços, por haver largado o Maranhão com a sua fortaleza e artilharia. Assim, o mesmo ano de 1615 assistiu à derrocada final dos franceses depois de quase um século de resistência: em Cabo Frio, por mão de Constantino Menelau, no Maranhão pelo antigo capitão-mor de Pernambuco.

Trazia Alexandre de Moura instruções para expulsar os franceses do

Pará e ir até o Amazonas. Como no Pará não existisse estabelecimento francês e o Amazonas estivesse desocupado, mandou em seu lugar Francisco Caldeira de Castelo Branco com cento e cinquenta homens, dez peças de artilharia e três embarcações. Além de colher outras vantagens, afastava do Maranhão um elemento perturbador. Em companhia de Castelo Branco seguiu um piloto francês, e o famoso Charles Desvaux "de quem ele, dito capitão-mor, deve fazer uma conta, com a cautela devida". Antônio Vicente Cochado foi como piloto.

Partiram no dia de Natal, correndo a costa, fazendo sondagens, dando fundo todas as noites, tomando as conhecenças da terra, numa extensão de cento e cinquenta léguas. Entraram na barra pela ponta de Saparará, e seguiram por entre ilhas, bem acolhidos pelo gentio disposto em seu favor, graças à derrota dos franceses; muitos dos naturais usavam cabelo comprido e de longe pareciam mulheres; encontraram notícias imprecisas de flamengos e ingleses que frequentavam aquelas regiões.

A 35 léguas do mar, na margem direita do Pará, Francisco Caldeira de Castelo Branco fundou a fortaleza, e chamou-a Presepe. Estava dado o primeiro passo para a ocupação do Amazonas.

Agora um rápido lancear do país, aí pelos anos de 1618, quando escrevia autor do Diálogo das Grandezas do Brasil, e Fr. Vicente do Salvador preparava-se para redigir sua história.

Os estabelecimentos fundados por portugueses começavam no Pará quase sob o Equador e terminavam em Cananeia além do trópico. Entre uma e outra capitania havia longos espaços desertos, de dezenas de léguas de extensão. A população de língua europeia cabia folgadamente em cinco algarismos.

A camada ínfima da população era formada por escravos, filhos da terra, africanos ou seus descendentes. Aqueles aparecem menos numerosos pela pouca densidade originária da população indígena, pelos grandes êxodos que os afastaram da costa, pelas constantes epidemias que os dizimaram, pelos embaraços, nem sempre inúteis, opostos ao seu escravizamento.

Acima deste rebanho sem terra e sem liberdade, seguiram-se os portugueses de nascimento ou de origem, sem terra, porém livres: feitores, mestres de açúcar, oficiais mecânicos, vivendo do seus salários ou do feitio de obras encomendadas; em geral o mecânico sabia vários ofícios, pois um só não garantia a subsistência, e ia trabalhar pelas fazendas quando a simplicidade das ferramentas o permitia ou os proprietários possuíam a ferramenta em casa.

Entre os proprietários rurais ocupavam lugar modesto os lavradores de mantimento e os criadores de gado: a criação avultava somente a uma e outra margem do baixo São Francisco: seu grande desenvolvimento se operou mais tarde, quando se separou da lavoura e invadiu os campos e as catingas do interior.

Coroava esta hierarquia o senhor de engenho. Havia engenhos movidos por água e por bois; servidos por carros ou por barcos; situados à beira-mar ou mais apartados, não muito, porque as dificuldades de comunicações apenas permitiam arcos de limitados raios. O engenho real devia possuir grandes canaviais, lenha abundante, boiada capaz ou barcos e barqueiros suficientes, escravatura, aparelhos diversos, moendas, cobres, fôrmas, casas de purgar, pessoal adestrado para o preparo do açúcar, pois a matéria prima passava por diversos processos antes de ser entregue ao consumo: alguns possuiam igreja, capelão melhor remunerado que os vigários, e às vezes incumbido de ensinar rudimentos de leitura à meninada. O senhor de engenho opulento remetia a safra diretamente para o Reino, e recebia o pagamento do além-mar em fazendas finas, vinhos, farinha de trigo, em suma, coisas de gozo ou de luxo.

A casa da gente rica representava uma economia autônoma: o nec est quod putes illum quidquam emere, omnia domi nascuntur, de Petrônio, não podia ser praticado ao pé da letra, mas correspondia até certo ponto à realidade. Para os escravos fiava-se e tecia-se a roupa; a roupa da família era feita no meio dela; da alimentação, fornecida por peixe de água doce ou salgada, mariscos apanhados nos mangues ou caça, estavam encarregados os escravos; a criação miúda de voláteis, ovelhas, cabritos e porcos evitava as surpresas de hóspedes da última hora: não havia açougues ou mercados:

> as casas dos ricos (ainda que seja á custa alheia, pois muitos devem o que têm) andam providas de todo o necessário, pois têm escravos pescadores e caçadores, que lhes trazem a carne e o peixe, pipas de vinho e azeite que compram por junto, nas vilas muitas vezes se não acha isto de venda.

A mercatura representava-se por embarcadiços vindos do Reino com carregamentos que tratavam de liquidar, de modo a voltar no mesmo navio, ou de mascates que iam pelos lugares mais afastados, a vender miudezas. Nas transações dominava a permuta ou empréstimos de gêneros; transações a dinheiro não se conheciam ou eram raríssimas, e como ninguém sabia aproximadamente de suas posses, o endividamento era geral.

Na economia naturista, já foi observado, por um economista recente, nunca se produzem demais os gêneros consumidos em casa; se há superabundância de algum, guarda-se, dá-se ou deixa-se estragar; daí, a hospitalidade, as festas pantagruélicas e também o jogo. Talvez nas paradas achasse seu melhor emprego o pouco dinheiro girante; o resto ia em festas eclesiásticas ou profanas.

A ausência de capitais restringia muito as satisfações da vida coletiva: não havia fontes, nem pontes, nem estradas; se por alguma circunstância favorável, construía-se alguma, à falta de conservação estragava-se ou ficava de todo arruinada. Como não havia dinheiro, os impostos eram levados à praça, e o contratador pagava-se em gêneros. Só as casas de misericórdia eram até certo ponto devidas à ação incorporada. As sedes das capitanias, mesmo as mais prósperas, reduziam-se a meros lugarejos; a gente abastada possuía prédios nas vilas, mas só os ocupava no tempo das festas; a população permanente constava de funcionários, mecânicos, regulares ou gente de vida pouco edificante.

Ajunte-se a isto a natural desafeição pela terra, fácil de compreender se nos transportarmos às condições dos primeiros colonos, abafados pela mata virgem, picados por insetos, envenenados por ofídios, expostos às feras, ameaçados pelos índios, indefesos contra os piratas, que começaram a surgir apenas souberam de alguma coisa digna de roubar. Mesmo se sobejassem meios, não havia pendor a meter mãos a obras destinadas aos vindouros; tratava-se de ganhar fortuna o mais depressa possível para ir desfrutá-la no além mar. Informa-nos Gandavo que os velhos acostumados ao país não queriam sair mais. Seriam estes seus primeiros entusiastas.

Desafeição igual à sentida pela terra nutriam entre si os diversos componentes da população. Examinando superficialmente o povo, discriminaram-se logo três raças irredutíveis, oriunda cada qual de continente diverso, cuja aproximação nada favorecia. Tão pouco próprios a despertar simpatia e benevolência, antolhavam-se os mestiços, mesclados em proporção instável quanto à receita da pele e dosagem do sangue, medidas naqueles tempos, quando o fenômeno estranho e novo, em toda a energia do estado nascente, tendia a observação ao requinte e superexcitava os sentidos, medidas e pesadas com uma precisão de que não podemos mais formar ideia remota, nós afeitos ao fato consumado desde o berço, indiferentes às peles de qualquer aviação e às dinamizações do sangue em qualquer ordinal.

A desafeição entre as três raças e respectivos mestiços lavrava dentro de cada raça. O negro ladino e crioulo olhava com desprezo o parceiro boçal, alheio à língua dos senhores. O índio catequizado, reduzido e vestido, e o índio selvagem ainda livre e nu, mesmo quando pertencentes à mesma tribo, deviam sentir-se profundamente separados. O português vindo da terra, o reinol, julgava-se muito superior ao português nascido nestas paragens alongadas e bárbaras; o português nascido no Brasil, o mazombo, sentia e reconhecia sua inferioridade.

Em suma, dominavam forças dissolventes, centrífugas, no organismo social; apenas se percebiam as diferenças; não havia consciência de unidade, mas de multiplicidade. Só muito devagar foi cedendo esta dispersão geral, pelos meados do século XVII. Reinóis e mazombos, negros boçais e negros ladinos, mamalucos, mulatos, caboclos, caribocas, todas as denominações, enfim, sentiram-se mais próximos uns de outros, apesar de todas as diferenças flagrantes e irredutíveis, do que do invasor holandês: daí uma guerra começada em 1624, e levada ao fim, sem desfalecimentos, durante trinta anos. Em São Vicente, no Rio, na Bahia, e em outros lugares, por meios diferentes, chegou-se ao mesmo resultado.

Sobre o modo de administração de toda esta gente informa-nos a folha geral do estado, organizada em 1617. Subiam todas as despesas públicas a cinquenta e quatro contos, cento e trinta e oito mil, duzentos e noventa e oito réis, repartidos pelas quatro rubricas de igreja, justiça, milícia e fazenda.

Constituía todo o país uma só diocese; o Bispo assistia na Bahia com o Cabido; dois administradores, um para as capitanias do Norte e estabelecido na Paraíba, outra para as capitanias do Sul e residindo no Espírito Santo, seguiam-se em hierarquia; cada capitania formava uma freguesia, com seu vigário e coadjuntor, exceto a de S. Vicente, que contava as vigararias de Itanhaém, São Vicente, Santos e São Paulo; a de Espírito Santo, com as de Vitória e E. Santo; a da Bahia com as de Vila-Velha, Santo Amaro, S. Iago, Peruaçu, Paripe, Matoim, N. S. do Socorro, Sergipe do Conde, Taparica, Passé, Pirajá, Cotegipe, Tamari e Sergipe del Rei; a de Pernambuco com as de Olinda, São Pedro, Recife, S. Lourenço, Igaraçu, S. Antônio, Várzea, Moribeca, S. Amaro, Pojuca, Serinhaém e Porto Calvo; a de Itamaracá, com a da ilha e a da Goiana. A todo este pessoal o governo pagava ordenado e ordinária para a celebração do culto; para isso o rei arrecadava o dízimo, como grão-mestre da Ordem de Cristo.

Havia colégio de jesuítas, conventos Capuchos, Carmelitas ou Beneditinos na Bahia, Rio, Espírito Santo, Pernambuco, e todos recebiam auxílios sob diversas formas, em gêneros ou dinheiro. Quase todas as capitanias sustentavam casas de misericórdia, que o governo socorria.

À frente da justiça estava a Relação instalada na Bahia com um numeroso pessoal de desembargadores, ouvidor-geral, etc.; nas capitanias reais parece que a jurisdição de primeira instância cabia aos juízes ordinários, renovados anualmente; as dos donatários possuíam ouvidores que muitas vezes eram os próprios capitães-mores: pouco informa a este respeito a folha geral.

Encabeçava o corpo da fazenda o provedor-mor, estabelecido na capital, a quem estavam subordinados em cada capitania o provedor e escrivão da fazenda, o almoxarife e o porteiro das alfândegas.

Ao lado das capitanias de donatários, São Vicente, S. Amaro, Espírito Santo, Porto Seguro, Ilhéus, Pernambuco e Itamaracá, havia as capitanias reais do Rio, Bahia, Sergipe, Paraíba, Rio Grande, Ceará, Maranhão, Pará.

Chefe da milícia e em geral da administração era o Governador Geral com assento na Bahia. A milícia era representada pela tropa paga, e pelas ordenanças, espécie de guarda nacional.

E agora vistas as vantagens do domínio espanhol na eliminação completa dos franceses e na rapidez da marcha para o Amazonas, vejamos o reverso da medalha, nas guerras flamengas dele originadas.

GUERRAS FLAMENGAS

As relações entre Portugal e Flandres, iniciadas desde a idade média, continuaram ainda depois de descoberto o caminho marítimo das Índias e achado e colonizado o Brasil. Iam os flamengos a Lisboa adquirir as drogas e gêneros exóticos, apenas desembarcados, e retalhavam-nos pela vasta clientela do Norte e Ocidente da Europa, poupando canseiras e garantindo lucros imediatos aos portugueses; estes, além do dinheiro de contado, proviam-se, graças aos seus fiéis fregueses, de cereais, peixe salgado, objetos de metal, aparelhos náuticos, fazendas finas.

Modificou-se esta situação vantajosa para ambas as partes quando a monarquia espanhola abarcou a península inteira e os inimigos de Castela passaram a ser os de Portugal. Em 1585, Filipe II mandou confiscar os navios flamengos ancorados em seus portos, aprisionando-lhes as tripulações. O mesmo se fez em 1590, 1595 e 1599.

Dificilmente se conceberia mais terrível golpe contra um povo que do comércio marítimo auferia o melhor de suas riquezas, base de uma independência comprada a poder de sangue. Depois de tanto heroísmo teria de sujeitar-se ao domínio do Meio-Dia? Para escapar a estes apuros brotaram os mais desencontrados alvitres: procurar pelo Norte da Ásia outro caminho marítimo para a China e Índia; transferir a atividade comercial para o Mediterrâneo; apossar-se do estreito de Magalhães. Tudo isto se tentou, de tudo se tirou resultado negativo. Por que não se afrontaria o cabo da Boa Esperança, a buscar os gêneros do Oriente nos próprios lugares de sua procedência?

Em 1595, mercadores de Amsterdam arriscaram a primeira viagem ao oceano Índico, viagem demorada, de pouco proveito imediato, mas fecundíssima em consequências, pois logrou a certeza da fragilidade do domínio peninsular naquelas regiões alongadas. Da mesma cidade partiram outros navios em maio de 1598, terceira expedição em abril, quarta em dezembro de 1599. Em várias províncias surgem negociantes arrojados, improvisam-se companhias opulentas, ávidas de despojos e aventuras no amplo teatro que agora se abria. A emulação salutar ameaçava degenerar em rivalidade perniciosa. Homens sagazes anteviram o perigo; intervieram os Estados Gerais, e por meio de concessões e privilégios conciliaram as pretensões divergentes, fundando a Companhia das Índias Orientais no começo de 1602.

A trégua de doze anos, assentada em 1609 entre os Países Baixos e a Espanha, em nada interrompeu a carreira aventurosa da Companhia, que com poucos anos de existência se impôs aos príncipes indígenas, repeliu os ingleses, derrocou a aparatosa fábrica luso-hispânica, monopolizou o trato das especiarias, distribuiu dividendos enormes, prestou serviços inestimáveis ao governo das Províncias Unidas.

Na constância do armistício sazonou a ideia de uma companhia das Índias ocidentais, análoga à outra nos intuitos e na organização, que obteve foral a 3 de junho de 1621. Seu capital seria de sete milhões, cento e tantos mil florins; o privilégio duraria vinte e quatro anos; constaria de cinco câmaras, representando os acionistas de Amsterdam, Zelândia, cidades do Maas, o distrito do Norte e a Frísia; os diretores, em número de dezenove, funcionariam alternadamente em Amsterdam e Middelburg. A esfera privilegiada seria, na África, do trópico de Câncer ao cabo da Boa Esperança; ao Ocidente, desde Terra-Nova, no Atlântico, até o estreito de Anian no Pacífico.

Os Estados Gerais concederam-lhe faculdade de construir fortes na região outorgada, contrair tratados com os príncipes e povos indígenas, nomear autoridades e funcionários; obrigaram-se a subvencioná-la, para ficar com direito a certa parte dos dividendos; forneceriam soldados e naus de guerra em condições especificadas. Em suma, deixando de parte diferenças patentes, a Companhia das Índias Ocidentais filiou-se ao sistema dos donatários iniciados por d. João III.

A Companhia deixou sinais de sua passagem no território africano, nas costas dos Estados Unidos, nas Antilhas, no Brasil, no Chile. A nós só importam os feitos ocorridos em nossa terra.

Sua criação foi acolhida com frieza na Holanda; ainda em 1622 não estava subscrito um quinto sequer do capital que só ficou integralizado depois de obtidas vantagens suplementares, entre outras, o monopólio de exportação do sal brasileiro, em 1624.

Desde 1623 começou a preparar uma expedição contra a Bahia. Vinte e três navios e três iates com quinhentas bocas de fogo, tripulados por mil e seiscentos marinheiros, foram aos poucos se reunindo em S. Vicente do Cabo-Verde nos fins deste e no começo do seguinte ano. A 26 de março partiram rumo de SW, a 4 de maio descobriram costa do Brasil, a 8 surgiram diante da baía de Todos-os-Santos e foram vistos de terra.

Governava a cidade do Salvador e o Brasil em geral Diogo de Mendonça Furtado. Tinham-lhe chegado notícias do perigo iminente e procurara prevenir-se.

Sobejavam-lhe coragem e boa vontade, faltava-lhe tudo o mais: as fortalezas já arruinadas umas, outras por acabar, a barra larga e franca, acessível sem prático às maiores embarcações a qualquer hora do dia e da noite, a guarnição reduzida e imbele, a população trépida, prestes a fugir mal avistava qualquer vela suspeita, não encerravam elementos de resistência eficaz. Acresciam dissenções entre o governador e o bispo e, como de costume, entre uma e outra metade do povo, sempre ávido de questões entre os potentados.

A 9 de maio a armada enfiou a barra e dirigiu o ataque por terra e por mar. Na ponta de S. Antônio, à entrada, desembarcaram mil e duzentos soldados e duzentos marinheiros: e à sua aproximação a força dos colonos postada retirou-se às carreiras, semeando o pânico. Dos fortes houve alguns disparos, alguns navios pareceram dispostos a resistir; quando o inimigo se aproximou, recorreu-se ao incêndio para evitar fossem cair-lhe às mãos os ricos carregamentos de açúcar, pau-brasil, fumo e peles. Mesmo assim, muitos foram salvos.

À noite, bispo, eclesiástico, os moradores que puderam abandonaram a cidade. Ao amanhecer, além de escravos e gente baixa sem nada a perder, encontravam-se apenas o governador e alguns fiéis na cidade deserta. Com facilidade os invasores prenderam-nos e mais tarde mandaram-nos para a Holanda. Os fugitivos acomodaram-se como puderam em engenhos próximos, aldeias de índios, debaixo de árvores, ao céu aberto. Quantas privações passaram e como foi difícil sustentar e conter esta multidão, pode-se bem imaginar. Ainda depois de reunidos em arraial e estabelecida certa ordem, a empresa nada tinha de fácil.

As vias de sucessão, então abertas, nomeavam para substituto do governador a Matias de Albuquerque Coelho. Estava em Pernambuco, capitania hereditária de seu irmão, em cujo nome governava, a mais de cem léguas de distância. Antes que recebesse a notícia e tomasse qualquer providência, perder-se-ia tempo, um tempo precioso. Elegeu-se, pois, capitão-mor interino o desembargador Antão de Mesquita; dentro em pouco, por motivos pouco conhecidos ainda, ficou sendo governador de fato o bispo dom Marcos Teixeira.

Uma só coisa havia a fazer com os recursos da terra: cercar o invasor dentro da cidade, impedindo que penetrasse pelas cercanias para renovar provisões, impossibilitando as adesões das classes baixas, indiferentes à mudança do senhor, pois o cativeiro prosseguiria invariável. A falta de armamentos apropriados, a escassez e por fim a carência completa de pólvora limitaram as operações à arma branca; à flecha, ao combate singular, à tocaia; as companhias de emboscadas, em número de trinta, composta cada uma de poucas dezenas de combatentes, pelo subitâneo da aparição nos lugares mais diversos, mantiveram o inimigo sobressaltado; a multiplicidade dos assaltos, quase sempre coroados de êxito, alimentava a coragem e fortaleceu o espírito patriótico.

Entretanto chegava a Pernambuco a notícia de ser tomada a cidade. Matias de Albuquerque, informa um contemporâneo, nem de dia, nem de noite, se poupava ao trabalho. Não quis nunca andar em rede, como no Brasil se costuma, senão a cavalo ou em barcos, e quando nestes entrava não se assentava, mas em pé ia ele próprio governando. Tinha grande memória e conhecimento dos homens, ainda que uma só vez os visse, e ainda dos navios que uma vez vinham àquele porto. Esta atividade fervorosa, unida a uma energia indomável, ver-se-á melhor no decurso da narrativa.

Por sua ordem partiu logo Francisco Nunes Marinho em dois caravelões, com pólvora, munições de fogo e de boca e trinta soldados. Trataram-no mal as tormentas; de vergas e mastros quebrados, arribou a Sergipe; mas já em começos de setembro juntava-se à gente do arraial. Sob o seu governo as guerrilhas avançaram para o interior da Bahia até Itapagipe, para o lado da barra até a ponta de Santo Antônio; novas e mais fortes trincheiras foram levantadas. Dois barcos, um no Itapoã, e outro no morro de S. Paulo, vigiavam o mar, avisando os navios portugueses que evitassem o porto, para não serem aprisionados como já o haviam sido outros.

Pequenos socorros do Reino iam chegando a Pernambuco e Matias de Albuquerque reforçava-os, e encaminhava-os sem perda de tempo.

Graças a ele, d. Francisco de Moura, vindo com o título de capitão-mor do recôncavo, conduzindo três caravelas, partiu de Recife depois de demora de oito dias, levando seis caravelões, oitenta mil cruzados de provimentos novos. A 3 de dezembro troava a artilharia no acampamento, e os holandeses, curiosos da novidade, só então souberam como ao bispo, poucos dias antes de falecer, sucedera Francisco de Moura, antigo governador do Cabo Verde.

Na cidade conquistada as coisas corriam mal para o inimigo. Johannes van Dorth, governador pela Companhia, foi morto numa emboscada. Albert Schout, seu sucessor, tratou das fortificações, mas em festas e banquetes apanhou uma enfermidade, que em poucos dias o levou. Willem Schout, seu irmão, mostrou-se alheio às responsabilidades do cargo.

Contudo a situação poderia manter-se indefinidamente, máxime dominando o oceano a armada da Companhia; tratava-se de saber quem receberia primeiros socorros de além-mar. Por uma felicidade nunca mais repetida foram os nossos. A corte espanhola, geralmente desatenta e inerte, desta vez sentiu a gravidade do golpe; o rei, ou antes Olivares, seu ministro onipotente, percebeu a ameaça implícita contra o México e o Peru; cartas régias do próprio punho, procissões, novenas, excitaram o espírito público; a nobreza da Espanha e a de Portugal alistaram-se com entusiasmo na cruzada contra o hereje rebelde; fidalgos e prelados fizeram largos donativos, fretaram navios, custearam companhias; as armadas de Portugal, do Oceano, do Estreito, de Biscaia, das Quatro-Vilas, de Nápoles, somaram cinquenta e dois navios de guerra; mais de doze mil homens d'armas embarcaram para o Novo Mundo. Comandante geral de todas as forças era d. Fadrique de Toledo.

A armada chegou à Bahia sábado da aleluia, 29 de março de 1625, no mesmo dia que aí aportara Tomé de Sousa, o fundador da cidade, setenta e seis anos antes. Formou em meia-lua, da ponta de Santo Antônio à de Itapagipe, fechando a saída aos navios holandeses ancorados.

A tropa desembarcou em Santo Antônio e tomou logo posição em São Bento, Palmeiras, Carmo e outros morros. A 2 de abril travou-se o primeiro combate, seguido de outros. O cerco apertou-se por terra e por mar. Os sitiados foram obrigados a render-se. A 30 de abril assinava-se a capitulação. A 1 de maio abriram-se as portas e entrou o exército vencedor. A 26 apareceu na barra o socorro holandês, trinta e quatro naus, comandadas por Boudewyin Hendrikszoon. Ambas as armadas evitaram porém travar novos combates e os holandeses foram piratear em outras regiões mais indefesas.

Nos anos seguintes a Companhia mandou diversos navios que estiveram no Brasil e em outras partes da África e da América, devastando e saqueando. Seu triunfo mais completo foi a tomada da frota espanhola, junto à costa de Cuba, por Pieter Heyn, em setembro de 1628. De uma só vez entraram-lhe para os cofres mais de quatorze milhões, o duplo do capital inicial; os dividendos subiram a 50%. Com as finanças restauradas, preparou nova expedição ao Brasil; agora preferiu Pernambuco para ponto de investida.

A 26 de dezembro de 1629 zarpou de S. Vicente uma armada de cinquenta e dois navios e iates, e treze chalupas, poderosamente artilhados, com três mil setecentos e oitenta marinheiros, três mil e quinhentos soldados; a 3 de fevereiro de 1630 avistou o Brasil; a 13 chegou em frente a Olinda; no dia seguinte abriu o ataque.

Comandava a capitania Matias de Albuquerque, neto do velho Duarte Coelho, irmão do quarto donatário. Com as notícias da próxima invasão, partira de Lisboa a 12 de agosto de 1629, trazendo vinte e sete soldados e alguma munição em uma caravela. Chegou ao Recife a 18 de outubro, e entregou-se com todo o devotamento à obra desesperada.

As fortalezas estavam arruinadas como na Bahia. Se a barra do Recife não oferecia as comodidades da baía de Todos-os-Santos e não custaria cegá-la, em compensação dava fácil desembarque desde Pau-Amarelo ao Norte, até Candelária ao Sul, na extensão de sete léguas. Poder-se-ia ao menos contar com o sangue frio da população?

O inimigo dividiu a ofensiva por três pontos. O grosso da armada, comandada pelo almirante Loncq, investiu a barra, e estacou por achá-la obstruída. Outro troço dirigiu-se diretamente para Olinda. Com três mil homens o coronel Diedrich van Weerdenburgh aproou primeiro para o rio Tapado, depois para o Pau-Amarelo, mais ao Norte, onde desembarcou na tarde de 15 de fevereiro. Na manhã seguinte, formado em três colunas, marchou para o Sul; as pequenas resistências esporádicas da nossa gente cederam à tropa numerosa e às embarcações de que saltara, que navegavam a pequena distância, apoiando-lhes os movimentos.

À entrada da vila alguns militares sacrificaram-se nobremente. O troço da armada mandado de véspera contra ela apossou-se das trincheiras da praia. Quando anoiteceu, o pavilhão batavo flutuava sobre a antiga Marim.

A população abandonou a vila e procurou abrigo nos matos e nos engenhos. A soldadesca invasora entregou-se ao saque e à embriaguez. Matias de Albuquerque mandou tocar fogo nos navios e nos armazéns para ao menos arrancar das garras da Companhia o fruto do trabalho amargamente suado. A povoação de Recife, iluminada pelos clarões de incêndio, converteu-se um montão de ruínas. Defendiam-na ainda dois fortes: um no istmo que vai para Olinda, outro no próprio recife. Reforçou-os o general com gente e munições, e mais de um ataque foi repelido com vantagem; mas a 2 de março o de S. Jorge, velho, capaz só de resistir a ataques de índios, capitulou, e o de São Francisco da barra seguiu-lhe o exemplo. Só então a armada holandesa entrou no porto.

Durante este tempo Matias de Albuquerque trazia sempre inquieto o inimigo. Entregue aos próprios recursos não lograria desalojá-lo, mas tirava-lhe o sossego, diminuia-lhe a confiança, reduzia-lhe o número, impedia-lhe as comunicações com a gente da terra e nesta substituía o soçobro do primeiro momento pelo desejo de lutar e desprezo de morrer: a dominação holandesa era um fato; não era, nunca seria um fato consumado.

A 4 de março o general escolheu uma eminência quase a uma légua do Recife e de Olinda, próximo do rio Capibaribe e ainda mais do riacho Parnamirim, ponto de boa água e lenha. Com vinte pessoas começou a fortificação, plantando quatro peças. Deu à obra o nome de arraial do Bom-Jesus. Pouco a pouco foram chegando aderentes: aventureiros, senhores de engenho sós ou seguidos de escravos, índios aldeados. Entre estes entra logo a aparecer com um brilho que irá sempre crescendo Antônio Camarão, chefe petiguar de vinte e oito anos de idade, o mais fiel e preciso dos auxiliares. Dez dias mais tarde o arraial já repelia com grandes perdas um assalto do inimigo. Será esta a sua história perene durante os cinco anos seguintes.

Como contar os sucessos desta guerra sem precedentes? Os conflitos feriam-se diários, houve dias de mais de um. Holandeses que procuravam faxina ou frutos, destacamentos que pelo istmo saíam de um para outro ponto, caíam em emboscadas que surdiam a cada passo. Trincheiras tomadas a peito descoberto, socorros mandados por terra aos pontos mais afastados, em concorrência com os navios e não raro vencendo-os na rapidez; passagens de rios no momento da maré, para atacar o centro das fortificações inimigas; fome, nudez, falta de pólvora, de médicos e botica, tudo isso de tão comum passava despercebido. Estando, havia quase dois anos, assente na vila de Olinda e povoação do Recife, ainda o invasor não podia, nem o deixava nosso general por si e seus capitães, colher uma só vaca, informa Duarte de Albuquerque. E acrescenta: "Solamente comian de lo que les embiava Olanda; com que bien licitamente se puede decir que sobre estar de tanto tiempo em tierra, aun navegavan, pues no tenian otros bastimentos mas de los salados".

As notícias transmitidas à península não provocaram o alvoroço da tomada da Bahia. Vieram socorros em pequena quantidade, a grandes intervalos e nem sempre aproveitáveis, porque a Companhia dominava no mar, e ora se apossava das caravelas mandadas para Pernambuco, ora as obrigava a vararem em terra, perdendo os carregamentos ou deixando-os a grande distância dos lugares onde faziam falta. Encapava-se esta desídia na corte sob um profundo maquiavelismo: a melhor guerra contra a Companhia das Índias Ocidentais, alegavam estes calculistas insondáveis, consistiam obrigá-la a despesas que com o tempo arrastariam seu descalabro econômico!

Só em 1631 partiu de Lisboa o famoso d. Antônio de Oquendo com uma armada de vinte navios, a 5 de maio. Trazia socorros para Paraíba, Pernambuco e Bahia, e na volta deveria comboiar as embarcações carregadas de açúcar para o Reino. Procurou primeiramente a Bahia, como se quisesse dar tempo de prepararem-se aos holandeses. Estes, apenas souberam da sua vinda, despediram com o mesmo destino uma armada mandada por Adrian Pater.

Deu-se o encontro nas alturas dos Ilhéus, quando Oquendo demandava já Pernambuco, a 12 de setembro; atos de heroísmo houve de parte a parte; o almirante batavo sepultou-se nas ondas com a capitânea; o resultado ficou indeciso, isto é, a Companhia das Índias continuou dominando o mar. Com Oquendo vieram e continuaram no Brasil Duarte de Albuquerque, donatário de Pernambuco, admirável historiador desta guerra, desde o desembarque do Pau-Amarelo até o assalto da Bahia por Nassau (1630-1638), e João Vicente de San Felice, conde de Bagnoli, que já aqui estivera com d. Fadrique de Toledo. Depois do combate dos Ilhéus, o inimigo incendiou Olinda, desesperado de fortificá-la eficazmente, e concentrou-se no Recife.

Até aqui sairam frustrados todos os esforços da Companhia para romper o círculo de ferro em que a envolvera Matias de Albuquerque; apenas fundara na ilha de Itamaracá o forte de Orange. Começa agora a sorrir-lhe a sorte. A 20 de abril de 32 passou para seu lado Domingos Fernandes Calabar, mulato natural de Porto Calvo, aonde tinha mãe e alguns parentes. Segundo se pode concluir das poucas e suspeitas notícias encontradas a seu respeito nos escritos contemporâneos, Calabar exercia a profissão de contrabandista, nem de outro modo se podem explicar os roubos feitos à fazenda real de que o acusam os nossos, pois não deviam ter andado dinheiros públicos por suas mãos; para professar o contrabando assinalavam-no a audácia, a presença de espírito, a fertilidade de invenções, o profundo conhecimento das localidades. Era o único homem capaz de se medir com Matias de Albuquerque, e como tinha sobre este a vantagem de dispor do mar, desfechou-lhe os golpes mais certeiros. Qual móvel o levou a abandonar os compatriotas, nunca se saberá; talvez a ambição, ou a esperança de fazer mais rápida carreira entre estranhos, tornando-se pela singularidade de seus talentos indispensável aos novos patrões ou, talvez, o desânimo, a convicção da vitória certa e fácil do invasor.

Entre os feitos mais notáveis inspirados por Calabar contam-se o ataque ao Igaraçu, várias incursões ao rio Formoso, a ocupação de Afogados, séria ameaça ao arraial de Bom-Jesus, entradas por Alagoas, a tomada de Itamaracá e Rio Grande. Estes últimos sucessos deixavam bem iniciada a conquista da Paraíba, agora mera questão de tempo. Em fins de fevereiro de 1634, uma armada para lá se dirigiu, e durante dois dias não cessaram combates; tratava-se, porém, de simples diversão: a verdadeira mira era, como se verificou logo no começo de março, o cabo de Santo Agostinho. Neste porto desembarcavam os socorros vindos da Bahia; ali embarcavam os frutos da terra destinados ao comércio; apossar-se dele era senão impossibilitar de todo, pelo menos paralisar qualquer resistência ulterior.

O inimigo dividiu o ataque em três armadas, uma de treze, outra de onze navios, outra composta de lanchas com mil homens encabeçados por Calabar.

Graças a seu conhecimento da localidade, os holandeses entraram no porto e fortificaram-se no pontal. Um ataque violento dirigido contra eles, e começado sob os melhores auspícios, fracassou devido ao pânico. O arraial passava agora ao segundo plano: heroísmo sobraria sempre ali; o cabo de Santo Agostinho reclamava a efervescência do general. Com os auxílios recebidos de fresco, o inimigo dirigiu-se depois para a Paraíba, sob o comando de Sigismundo von Schkoppe. Governava a praça Antônio de Albuquerque, filho do conquistador do Maranhão, que bem mostrou não desmerecera o sangue paterno. Foi-lhe, porém, impossível impedir o desembarque do inimigo a 4 de dezembro. Os socorros, idos por terra, de Pernambuco, chegaram tarde. Os fortes foram capitulando; véspera de Natal a cidade estava em poder da Companhia. Antônio de Albuquerque ainda tentou fundar um arraial à semelhança do de Bom-Jesus; não encontrou companheiros; os que não se quiseram sujeitar ao domínio estrangeiro emigraram com ele para Pernambuco, e foram batalhar com Matias.

No fim de cinco anos o invasor mandava desde o Rio Grande até o Recife; agora resistiam-lhe apenas o arraial e o forte de Nazaré, no cabo de S. Agostinho. Arciszewski desde Paraíba marchou por terra a apertar o cerco do arraial; Sigismundo von Schkoppe seguiu do Recife para Guararapes a apertar o cerco de Nazaré. Matias de Albuquerque, deixando-o entregue a soldados de confiança, transferiu-se a Serinhaém, para de lá organizar e mandar os socorros. Por terra, por mar, em caravelas, em jangadas, pelos caminhos mais defesos socorreu os companheiros enquanto pode; mas a resistência tem limites. "Afinal faltou o que tudo rende, que é o sustento, e não já de rocins, que isto seria regalo, mas de couros, cachorros e gatos e ratos", escreve Duarte de Albuquerque.

> E quando disto houvesse o necessário, já não havia pólvora nem outra munição. Não é de admirar, pois, que se perdesse, não por certo; o admirável é que em tal estado o sustentasse o governador André Marin com seus capitais três meses e três dias.

À rendição do arraial em 3 de junho seguiu-se a do forte de Nazaré a 2 de julho de 1635.

> Al salir nuestra gente cayeron algunos soldados muertos de que parece los sustentava vivos el no moverse.

Bagnoli tinha-se retirado antes para Alagoas, e Matias de Albuquerque foi reunir-se a ele com duzentos soldados de linha, menos de cem de emboscada e alguns índios. A 3 abalou de Serinhaém este êxodo dos que não desesperavam.

> Iam sessenta índios com seus capitães Antônio Cardoso e João de Almeida, ambos bem valentes, descobrindo adiante os caminhos e bosques, por serem nisto tão práticos, como quem havia nascido neles. Seguiam-nos os capitães d. Fernando de la Riba Aguero, Afonso de Albuquerque, d. Pedro Taveira Souto Mayor, Francisco Rabelo, Luiz de Magalhães, Leonardo de Albuquerque.
> Logo sucediam os moradores que se iam retirando, e levavam duzentos carros. Atrás destes os capitães Martim Ferreira, João de Magalhães, d. Pedro Marinho, Manuel de Sousa e Abreu, Rodrigo Fernandes, d. Gaspar de Valcáçar e Paulo Vernola. Era retaguarda o capitão-mor dos índios Antônio Filipe Camarão, com oitenta dos seus, armados de mosquetes e arcabuzes.

Confiavam-se a índios os postos de maior perigo! Precisam de outra justificativa os esforços de Nóbrega?

O caminho mais praticável passava em Porto Calvo, ocupado pelo inimigo. Matias de Albuquerque, para facilitar a passagem, teria de atacá-lo; sua resolução tornou-se inflexível quando soube da chegada de Calabar com um reforço de duzentos soldados. Mandou adiante a gente imbele. O combate começou a 12 de julho e continuou nos dias seguintes. A 19 o inimigo propôs capitular. Os sitiantes, sem os índios, eram apenas cento e quarenta; o inimigo, além de Picard, chefe holandês, e numerosos oficiais, contava trezentos e sessenta homens. Foram desarmados e logo mandados aos pequenos troços para Alagoas, a fim de não conhecerem a insignificância da força atacante e romperem o pacto à última hora. De todos Matias de Albuquerque reservou para a justiça real o Domingos Fernandes Calabar. No dia 22, "strangulatusque, jugulo defectionem expiavit, et dissectos artus infidelitatis ac miseriae suae testes ad spectaculum reliquit".

Desde muito anunciava-se a chegada de nova e mais forte frota espanhola com socorros. Matias de Albuquerque deixara em diversos pontos do litoral pessoas fiéis incumbidas de darem notícias da terra aos navegantes e fornecerem-lhes indicações sobre o ponto mais convenientes para o desembarque. Devia partir em março, depois em maio, só partiu em 7 de setembro. Reunidos em Cabo Verde os navios espanhóis e portugueses, comandados aqueles por d. Lope de Hoces y Córdoba, estes por d. Rodrigo Lobo, decidiram aproar a Pernambuco.

A 26 de novembro avistaram Olinda, e logo em frente ao Recife surtas nove naus do inimigo, carregadas de açúcar, pau-brasil, tabaco, algodão e gengibre, de partida para a Holanda, cada uma com cinco ou seis homens apenas a bordo. Resolveu-se atacá-las mas o almirante espanhol, a pretexto de suas naus serem maior calado, deu contra-ordem. Nem ao menos se deteve um pouco à espera de algum mensageiro de terra.

Sigismundo ante o aparelho bélico julgou-se perdido, mas a viração soprava de Nordeste, as águas corriam para o Sul, e era agradável entregar-se às seduções da corrente. No cabo de S. Agostinho um jangadeiro desfraldando a vela pode comunicar o recado: deitassem a gente no rio Serinhaém, mandassem um navio buscar Matias de Albuquerque! As duas armadas entregaram a solução ao vento e às águas; ao anoitecer de 28 ancoravam em Alagoas.

Vinham a bordo Pedro da Silva, nomeado sucessor de Diogo Luís de Oliveira no governo geral do Brasil, Luis de Rojas y Borja, sucessor de Matias de Albuquerque. Devia este recolher-se ao Reino; Duarte de Albuquerque continuaria no governo político da sua capitania; a Diogo Luís de Oliveira cometia-se a reconquista de Curaçau, antes de voltar para o Reino.

Matias informou largamente a Rojas y Borja do estado de cousas. Em suma, a situação não era desesperada; urgia desandar o caminho percorrido, voltar para o Norte, inquietar, expulsar o inimigo. Calaram estes conselhos: d. Luis pôs-se a caminho de Pernambuco e apossou-se de Porto Calvo, ocupado pelo inimigo apenas os nosso prosseguiram para o Sul, depois da execução de Calabar. Teria forças para continuar as tradições e estaria à altura do seu heroico antecessor? Na batalha de Mata Redonda (18 de janeiro), um mosquetaço na perna derrubou-o do cavalo, outro no peito levou-lhe a vida, aos cinquenta anos de idade. Pelas vias de sucessão assumiu o comando supremo o conde de Bagnoli, velho militar muito difícil de se julgar com justiça. Nossos escritores tratam-no sempre com menosprezo, cobrem-no de apodos, negam-lhe até a virtude elementar da coragem individual. Constitui uma exceção apenas Duarte de Albuquerque, sempre discreto e circunspecto, mas sente-se que não expõe todo o seu pensamento. De Bagnoli, se alguma linha já foi publicada relativa ao período holandês, anda perdida em alguma coleção escura: não sabemos como se defenderia dos acusadores. Em todo caso uma honra lhe cabe: nunca desesperou.

Bagnoli assinalou seu comando pelo emprego de companhistas, aventureiros, destemidos, que iam até as barbas do inimigo, aprisionando, degolando gente, jarreteando gado, se não podiam conduzi-lo, queimando os canaviais, os açúcares, o pau-brasil, os engenhos. Alguns avançaram até as fronteiras da Paraíba. Era sempre o pensamento de Matias de Albuquerque: a conquista nunca seria fato consumado. Algum tempo Bagnoli pensou em mover-se para o Norte e fortificou ligeiramente o passo do rio Una, seis léguas ao Sul de Serinhaém. Talvez contribuísse a animá-lo nesta iniciativa tão estranha à sua maneira habitual a presença de Duarte de Albuquerque. Com este avanço os holandeses abandonaram Paripuera e Barra Grande.

Tomado o arraial de Bom-Jesus, ocupada a fortaleza de Nazaré, a Companhia das Índias Ocidentais achou a ocasião própria para nomear um governador geral, como lhe permitia seu regimento.

Escolheu João Maurício, conde de Nassau-Siegen, membro da família de Orange, e confiou-lhe interinamente o cargo por cinco anos. A 27 de janeiro de 1637 aportou Nassau a Pernambuco, onde deveria permanecer um octênio. Em sua companhia ou logo depois vieram consideráveis reforços. Tratou sem demora de retomar Porto Calvo. Do Recife partiram ao mesmo tempo trinta navios com dois mil infantes mandados por Arciszewski, que a 12 de fevereiro fundearam em Barra Grande, e o próprio Nassau com Sigismundo, levando três mil soldados e quinhentos índios, que incólumes passaram o rio Una, já desguarnecido por Bagnoli.

Reunidos apresentaram-se a 17 diante do povoado; a 18 travaram um combate de que a nossa gente não saiu com o melhor partido; a 20 subiram lanchas pelo rio das Pedras, conduzindo artilharia e material; com o canhoneio, respondido sempre galhardamente, baquearam os parapeitos do forte de Porto Calvo, misturando terra nos mantimentos; a 5 de março a falta de víveres obrigou Miguel Giberton, comandante da praça, a render-se.

Na noite de 18 de fevereiro, depois de mandar Alonso Ximénez com parte da força pelo caminho da praia, escoltando a gente que se queria retirar para Alagoas, Bagnoli tomou o mesmo destino pelo interior. A 25 chegava à vila de Madalena, onde não julgou prudente demorar. A 10 de março continuou a marcha e a 17 chegava à vila de S. Francisco, recentemente erigida pelo donatário na margem esquerda do rio, a meia distância entre a barra e a região encachoeirada. Duarte de Albuquerque aconselhou-lhe fortificar-se no rio Piaguí, para resistir ao inimigo, caso avançasse por terra; tão pouca atenção prestou a este como antes ao conselho de fortificar eficazmente o passo da Una. Em ambos os casos o inimigo não deparou tropeços.

A 18 Bagnoli fez os terços napolitano e castelhano atravessarem o rio para a capitania de Sergipe; a 19 passou parte do terço de Portugal, a 26 passou o resto; a 27 chegaram os holandeses à vila e acharam-na vazia. Com a confusão, muitos dos retirantes ficaram prisioneiros, salvaram-se outros perdendo todos os haveres. No local abandonado por Bagnoli resolveu Nassau construir um forte chamado Maurício: lá existe hoje a cidade de Penedo. Sigismundo foi incumbido da construção e do comando. Nassau voltou para Pernambuco.

A 31 de março Bagnoli chegou a S. Cristóvão. Por sua ordem diversos companhistas avançaram para Alagoas, ora acima, ora abaixo do forte, fazendo suas costumadas façanhas. Trouxeram também a notícia de uma invasão planejada no forte Maurício contra Sergipe, no intento de arrebanhar as numerosas manadas de gado, e vingar-se dos audazes que não deixaram os holandeses sossegados em suas novas conquistas. De fato, a 17 de novembro Sigismundo chegou a S. Cristóvão, já deserta, a 25 de dezembro queimou a cidade e retirou-se para o outro lado do rio.

A 14 de novembro, sabendo da entrada do inimigo pelo território sergipano, Bagnoli prosseguiu para a Bahia, com grande pesar e indignação dos emigrados de Paraíba e Pernambuco, que haviam começado suas roças; a 24 alcançou a Torre de Garcia d'Ávilla, onde recebeu ordem do governador geral para se deter. Com alguns companheiros encaminhou-se a 15 de dezembro para a cidade do Salvador a avistar-se com Pedro da Silva, governador geral do Estado. Receoso de próximo ataque dos holandeses contra a capital do Brasil, vinha lembrar a conveniência de estabelecer-se com sua gente na antiga povoação de Pereira, onde poderia com suas forças auxiliar a resistência.

Nem Pedro da Silva, nem o povo acreditaram na iminência de tal perigo, ninguém queria a soldadesca na vizinhança. Concordou-se que permaneceriam na Torre e, contrariado embora, Bagnoli submeteu-se. Em breve, porém, seus companhistas trouxeram notícia que Nassau preparava uma expedição destinada a tomar a Bahia e, apesar de pactuado, marchou para Vila-Velha a 14 de março de 1638.

Prisioneiros feitos por Sebastião do Souto, chegados ao acampamento em 8 de abril, dissiparam as últimas dúvidas. A 16 numa forte armada Nassau entrava de fato pela baía de Todos-os-Santos, com três mil e quatrocentos soldados europeus e mil índios, e desembarcou em Itapagipe.

Nos dias seguintes apossou-se de alguns fortes, construiu trincheiras e baluartes, despejou artilharia contra partes da cidade. A continuação correspondeu mal a tão brilhante estreia: as tropas de Bagnoli e a guarnição, deixadas de parte rivalidades mesquinhas, bateram-se com entusiasmo; a população, a princípio tumultuária e desconfiada, acreditou por fim na bravura e capacidade dos defensores; embarcações veleiras traziam sem cessar farinha de Camamu; entrou abundante gado de Itapicuru e do Real; emboscadas repetidas faziam prisioneiros pelos quais se ficava a par de todos os passos do inimigo; realizaram-se sortidas felizes. Na noite de 25 para 26 de maio Maurício de Nassau encerrou as seis semanas de carnificina, embarcando furtivamente para o Recife, não com tanta festa como se prometia, nem com tanto contentamento como desejava.

A vitória foi conhecida na península quando se preparava uma forte armada restauradora, composta de trinta e três navios, comandada por d. Fernando Mascarenhas, conde da Torre. Partiu de Lisboa a 7 de setembro; depois de danosa demora no pestilencial clima do Cabo Verde, passou à vista de Recife em 23 de janeiro de 1639, sem, tão pouco como as duas que a precederam, ousar atacá-lo, e seguiu para a Bahia. Nassau aproveitou o aviso, e no prazo de quase um ano pelo almirante português proporcionado, melhorou as fortificações, organizou um serviço de informações rápidas e aparelhou uma esquadra.

Só a 19 de novembro a armada restauradora partiu da Bahia em demanda do Norte, já então elevada a oitenta e seis embarcações com onze a doze mil homens. A situação de Nassau era aproximadamente a de Matias de Albuquerque dez anos antes, com a grande vantagem de possuir a força naval que faltava àquele.

O conde da Torre poderia desembarcar nas proximidades de Santo Agostinho ou Serinhaém; preferiu abordar o Pau-Amarelo. Não lho permitiu a vigilância do inimigo. Apareceu depois a armada holandesa; entre a ponta de Pedras, o ponto mais oriental do continente americano, e Canhaú, na costa do Rio Grande, renhiram-se combates a 12, 13, 14 e 17 de janeiro de 1640. Apenas cerca de mil soldados nossos lograram tomar terra na ponta do Touro, donde Luiz Barbalho, por entre inimigos e pelo sertão, novo Xenofonte, levou-os heròicamente à Bahia. Já o precedera por via marítima com os destroços que pode salvar o conde da Torre, acompanhado do velho Bagnoli, que não tardou a falecer. O resto da esquadra dispersara-se em várias direções.

Os flamengos sofreram grandes perdas; alguns de seus oficiais portaram-se covardemente e foram executados; mas a vitória coube às suas armas e sua posição consolidou-a mais do que nunca.

Podemos deixar em silêncio vários feitos navais dos holandeses e numerosas incursões dos companhistas ocorridos em seguida; outro sucesso reclama de preferência a atenção. A 1 de dezembro de 1640 Portugal declarou-se independente da Espanha, aclamou rei o duque de Bragança, tratou pactos de amizade com os adversários da monarquia espanhola. A 12 de junho de 1641 concluiu com a Holanda um tratado de aliança ofensiva e defensiva na Europa, e nas colônias uma trégua de dez anos, que devia vigorar para os domínios da Companhia das Índias Orientais um ano depois da ratificação do tratado, e nos da companhia das Indias Ocidentais apenas a notícia de haver sido ratificado fosse transmitida oficialmente. Esta cláusula pouco lisa deve ter sido lembrada pelos portugueses, na esperança de melhorarem a situação durante o interstício; de outro modo não se explica terem demorado a ratificação até 18 de novembro. Em fevereiro de 1642 os Estados Gerais ordenaram às duas companhias cumprissem fielmente o pactuado.

Governava na Bahia, como primeiro vice-rei do Brasil, d. Jorge de Mascarenhas, marquês de Montalvão, quando chegou a notícia dos sucessos de Portugal. Suas medidas previdentes inutilizaram a pequena guarnição espanhola; todos os magnatas aderiram à independência de Portugal e à aclamação do Bragança, e o resto do país acompanhou-os, mesmo a capitania de S. Vicente, onde havia muitas famílias de estirpe castelhana.

O vice-rei comunicou a novidade a Maurício de Nassau, que a recebeu contente e celebrou-a com festas. O inimigo tradicional era o espanhol; tudo de contrário a este resultava em proveito das Províncias Unidas. As relações melhoraram ainda com a notícia do tratado de 12 de junho; como, porém, a ratificação se demorasse, Maurício ampliou os domínios da Companhia no Maranhão e na África.

Os últimos anos do seu governo cabem em poucas palavras. Da obra do administrador nada sobrevive; seus palácios e jardins consumiram-se na voragem de fogo e sangue dos anos seguintes; suas coleções artísticas enriqueceram vários estabelecimentos da Europa e estão estudando-as os americanistas; os livros de Barlaeus, Piso, Markgraf, devidos a seu mecenato, atingiram uma altura a que nenhuma obra portuguesa ou brasileira se pode comparar, nos tempos coloniais; parece mesmo terem sido pouco lidos no Brasil apesar de escritos em latim, na língua universal da época, tão insignificantes vestígios encontramos deles.

A cidade Mauriceia não guardou seu nome, mas prosperou e conserva sua memória. Com o título de desforra, legado, vingança ou coisa semelhante, de Maurício de Nassau, poderia um amante de fantasias históricas interpretar a guerra dos Mascates adiante narrada, e não precisaria de esforço maior do que o empregado para transformar Domingos Fernandes Calabar em patriota e vidente. A origem principesca de Maurício lisonjeou os colonos e tornou-lhes mais repugnantes os outros governadores, simples burgueses, meros dependentes da Companhia. Ele próprio preveniu disto os sucessores, ao entregar-lhes o mando.

Frei Manuel Calado, que o conheceu e frequentou, apresenta-o como fidalgo de raça, capaz de sentir uma injustiça e repará-la, amante de festas e esplendores, inclinado a farsas nem sempre do gosto mais delicado, admirador das belezas tropicais, isento da preocupação de voltar as terras mais civilizadas. Em limpeza de mãos ficou infinitamente abaixo de Matias de Albuquerque: está provado o seu conluio em contrabandos com Gaspar Dias Ferreira que, como era natural, logrou-o no ajuste das contas, feito em Holanda quando o príncipe já não governava.

À partida de Maurício de Nassau, em maio de 1644, seguem-se dez anos profundamente agitados.

Dos emigrados com Matias de Albuquerque alguns tinham voltado para as antigas propriedades e procuravam reconstituir sua antiga abastança. O regime holandês era duro, as extorsões contínuas; mesmo se

Nassau fosse o justiceiro, em que pretendem transfigurá-lo, não tinha braço bastante longo e bastante forte para amparar todas as vítimas.

Os invasores desarmaram a população rural, preferindo deixá-la entregue às devastações inclementes de companhistas a ter de se preocupar algum dia com qualquer tentativa de insurreição.

Como poderia reagir?

O foco do irredentismo, entretanto, lavrava na Bahia.

Norteiros emigrados e reduzidos à miséria, baianos, cujos engenhos devastaram tantas vezes as expedições marítimas dos flamengos, alimentavam profundo rancor contra os seus malfeitores; padres e frades espoliados e expulsos irritavam a consciência religiosa. O sucessor de Montalvão, Antônio Teles da Silva, tão abrasado católico que quis fundar e dotar à sua custa um Santo Ofício para o Brasil, a exemplo de Goa, onde estivera, não podia suportar hereges na vizinhança.

Ainda no tempo de Nassau a religião católica gozava de tolerância embora limitada e instável. Com sua partida, protestantes e judeus ultrajavam a toda hora as crenças da população indígena. Por isso o primeiro título assumido pelos chefes dos insurgentes foi o de governadores da liberdade divina: em linguagem moderna tanto valeria dizer da liberdade de consciência.

Da Bahia devia partir a iniciativa contra o flamengo, pois só de lá podiam sair o armamento, os oficiais, a gente de guerra, em torno da qual se adensassem os pernambucanos bisonhos; precisava-se, entretanto, de um chefe em Pernambuco, para o esforço não ficar perdido nos primórdios.

Um só homem havia ali capaz de assumir esta responsabilidade, se quisesse: João Fernandes Vieira. Natural da ilha da Madeira, passara aos onze anos para aquela capitania, batera-se ao lado de Matias de Albuquerque, e foi um dos prisioneiros do arraial de Bom-Jesus, em junho de 1635. Preferiu ficar com os holandeses, depois da rendição, e a sorte protegeu-o. Adquiriu a maior fortuna da terra. Os compatriotas respeitavam-no, e ele os ajudava e protegia liberal e generosamente. Conciliou igualmente as graças dos invasores. Por que artes explica-o no seu testamento:

> Também me são devedores [os flamengos] de mais de cem mil cruzados, que no decurso de oito ou nove anos lhes dei por remir minha vexação e por segurar a vida de suas tiranias, de peitas e dádivas a todos os governadores e seus ministros e com grandiosos banquetes que ordinàriamente lhes dava pelos trazer contentes.

À primeira vista ninguém menos próprio para o papel de herói e libertador. Entretanto Vidal de Negreiros, paraibano que começou a se distinguir com Matias de Albuquerque, e oficial da guarnição da Bahia, sondou o espírito de Vieira e achou-o disposto à empresa. Notou, porém, a falta de munições, de armamento, de gente entendida em guerra para o levante não degenerar em manifestação estéril; para suprir todas estas faltas precisava-se de tempo e de socorros estranhos. De fato foi-se fazendo tudo com as maiores precauções possíveis. Apesar de todas as cautelas, os holandeses tiveram notícias vagas dos preparativos, admira até, que as tivessem tão tarde, quando o segredo andava por tantas bocas, e mandaram duas embaixadas a Antônio Teles, queixando-se dos baianos que fomentavam a revolução nas possessões dos recém-aliados.

Um dos embaixadores, d. von Hoogstraten, comprometeu-se a trair os patrões, entregando o forte de Nazaré de seu comando quando lhe fosse exigido.

Por ocasião da segunda embaixada, Camarão e seus índios, Henrique Dias e seus negros, de acordo com o governador da Bahia, a convite de Vieira tinham passado para o lado de Pernambuco. Peguem-nos e castiguem-nos como merecem, intimava Antônio Teles aos agentes da Companhia das Índias Ocidentais, desde que não pode mais negar a sua ausência. E quando a gente de Vieira começou a se agitar, mandou embarcados dois terços da força paga sob o mando do velho Martim Soares Moreno e do ardente Vidal de Negreiros, a pretexto de conterem os rebeldes. Os dois mestres de campo a 28 de julho de 1645 desembarcaram próximo de Serinhaém; logo a 4 de agosto rendeu-se-lhes o forte holandês ali situado; a 3 de setembro Hoogstraten entregou-lhes o forte de Pontal, como tratara.

Para se ajuizar da importância deste ponto basta lembrar que Matias de Albuquerque nunca mais assistiu no arraial de Bom Jesus depois de tomado o Pontal. Assim a restauração começava por onde findara a conquista. O êxito dos terços baianos seria maior se o flamengo não destruísse a esquadrilha de Serrão de Paiva em que tinham vindo até Serinhaém e se Salvador Correia colaborasse com sua armada, como lhe foi mandado, para fechar o ataque do Recife por terra e por mar.

Desde junho, antes de chegado o reforço da Bahia, a insurreição rebentara em Pernambuco. Com pouca gente, sem armamentos, sem munição, Vieira devia empenhar-se sobretudo em não se encontrar com o inimigo. Isto conseguiu graças às medidas cautelosas anteriormente tomadas, ao requintado serviço de espionagem, apoiado no conhecimento das localidades. Só a 3 de agosto houve o primeiro combate no Monte das

Tabocas, e a vitória ficou de nosso lado. Aos que censuram as hesitações de Vieira, suas delongas à espera de Camarão e Henrique Dias, sua insistência por socorros da Bahia, basta lembrar um fato: na batalha das Tabocas muita gente combateu ainda de pau tostado e foice por falta de espingarda.

Uma das vantagens da vitória foi proporcionar armas de fogo e munições tiradas aos inimigos mortos. A tomada da Casa-Forte em 16 de agosto propagou o incêndio. Com a rendição de Serinhaém e do Pontal a Martim Soares e André Vidal, insurgiu-se o Sul até o rio de S. Francisco e a situação voltou ao que era em começos de 1635. As forças baianas, mandadas a pretexto de pacificá-los, reuniam-se sem rebuço aos insurgentes.

Formou-se logo um arraial à margem direita do Capibaribe, e deram-lhe o nome de arraial Novo do Bom Jesus. Daqui partiram ataques incessantes contra a gente do Recife. Uma fortaleza no continente, a força do Asseca, sobretudo, causava-lhe grandes estragos. Lembrou-se Sigismundo de repetir a tática pela qual isolara o antigo arraial do forte de Nazaré e obrigara os dois a se renderem. Desta vez o plano mangrou: a batalha dos Guararapes (19 de abril de 1648) terminou em derrota completa dos invasores, que deixaram o campo juncado de mortos e despojos. Uma compensação tiveram valiosa: a devastadora força de Asseca passou para seu poder e em seu poder persistiu até o fim da guerra.

Poucos dias antes da batalha dos Guararapes assumira o comando supremo dos pernambucanos o general Francisco Barreto de Menezes, mandado do Reino a este fim. O estado em que achou as cousas descreve assim um historiador destes feitos, arauto enfático de Vieira: "Sem armas e soldados venceu [Vieira] o inimigo que o buscava com soldados e armas na batalha das Tabocas. Depois unido com o mestre de campo André Vidal de Negreiros ganharam a vitória ao flamengo no engenho de d. Ana Pais, e nove fortalezas, com outros redutos e casas fortes; perto de oitenta peças de artilharia de diversos calibres, a maior parte de bronze; armas, munições e petrechos de guerra em tanta quantidade quanta bastou para sustentar a guerra viva em cinco anos contínuos".

À primeira seguiu-se a segunda batalha dos Guararapes, em 19 de fevereiro de 1649, com o mesmo resultado contrário aos flamengos. Depois dela não houve mais combates notáveis por terra nem por mar. A Companhia estava exausta, apesar dos largos subsídios dados pelos Estados Gerais. Dentro em pouco estes não puderam mais auxiliá-la, envolvidos em guerra contra a Inglaterra. Em compensação Portugal organizara uma companhia de comércio que apareceu na costa pernambucana por dezembro de 1653. Os patriotas puseram-se de acordo com ela, como outrora a gente da Bahia com a armada de d. Fadrique de Toledo; o almirante português desembarcou no rio Tapado, o primeiro ponto em que Weerdenburgh tentara o desembarque, e em Olinda combinou com os chefes pernambucanos a marcha a seguir.

Um a um foram caindo os fortes holandeses; a 26 de janeiro de 1654 assinava-se a capitulação da Taborda, e terminava esta guerra, levada quase sem interrupções durante trinta anos.

O desfecho fora previsto e publicado anos antes por Pierre Moreau, natural de Charolais, na Borgonha, que passara algum tempo entre os holandeses, em Pernambuco. Suas palavras patenteiam algumas das mais profundas causas do insucesso final da Companhia das Índias Ocidentais.

"Não há aparência", publicava em 1651,

> de que os holandeses possam nunca se restabelecer e restaurar no Brasil como eram antes, mesmo se sua frota derrotasse a dos portugueses; mesmo se lhes enviassem outro socorro semelhante ao último, apenas perderiam homens e esgotariam seus tesouros, sem nada adiantar; porque o território que lhes resta desde o Ceará até a cidade de Olinda está inteiramente perdido e sem habitantes, as casas, povoados, aldeias ou vilas, as próprias fruteiras queimadas e arruinadas, portanto seu estado inútil e sem proveito; e embora sejam senhores das fortalezas do Rio Grande e Paraíba, as únicas que resistem com o Recife, para pouco prestam e delas não podem tirar socorros; os que se animam a reconstruir tijupás para cultivar a terra ou se aventuram a alguma distância são surpreendidos e mortos quando menos pensam pelos corsos ordinários dos portugueses, dos Tapuias e dos brasis bravos (desunis) que não têm dó de ninguém.
>
> Os portugueses têm bloqueado o Recife, por terra, de todos os lados, por meio da cidade de Olinda, do cabo de S. Agostinho, das fortalezas construídas em redor; são absolutos por toda a campanha fértil e abundante, e de todas as praças fortes, portos, abras e passagens desde o Recife até a outra extremidade do Brasil além do Rio de Janeiro. Todo o país que possuem é muito bem povoado, com gente de guerra numerosa, sabem subsistir e vivem do que a terra produz com abundância, dispensam facilmente as produções da Europa, coisa impossível aos holandeses, que aliás têm apenas soldados arrebanhados de diversas nações, comprados antes que escolhidos, de cuja fidelidade não podem estar seguros, impróprios aos costumes e ao ar estranho do país, ignorantes dos desvios e das emboscadas dos lugares. Ao passo que os portugueses em sua maioria ali nasceram, dele são originários desde a quarta geração, são robustos, um mesmo

povo, dos mesmos costumes e complexões, que se sustentam entre si, não deixam de valorizar e tirar proveito da terra, sabem-lhe até os mínimos recantos, e basta-lhes esperarem os inimigos nas passagens para derrotá-los.

Em outros termos, Holanda e Olinda representavam o mercantilismo e o nacionalismo. Venceu o espírito nacional. Reinóis como Francisco Barreto, ilhéus como Vieira, masombos como André Vidal, índios como Camarão, negros como Henrique Dias, mamalucos, mulatos, caribocas, mestiços de todos os matizes combaterem unânimes pela liberdade divina.

Sob a pressão externa operou-se uma solda, superficial, imperfeita, mas um princípio de solda, entre os diversos elementos étnicos.

Vencedores dos flamengos, que tinham vencido os espanhóis, algum tempo senhores de Portugal, os combatentes de Pernambuco sentiam-se um povo, e um povo de heróis. Nesta convicção os confirmaram os testemunhos do reconhecimento oficial, os encarecimentos dos historiadores, como Manuel Calado e Rafael de Jesus, cujas obras foram logo publicadas, Diogo Lopes de Santiago, inédito até nossos dias, os sobreviventes das lutas, os herdeiros das tradições ligeiramente alteradas com o tempo. Um documento de 1703 resume tais sentimentos nos seguintes termos:

> Entre todas as nações do orbe são os portugueses os que se têm empenhado nas empresas mais árduas e conseguido os maiores triunfos, tendo pelo mais heroico brasão a fidelidade e íntimo afeto com que não só veneram mas adoram aos seus príncipes naturais: e sendo isto assim parece que em Pernambuco se souberam sinalar com maior ventagem, pois quando mais oprimidos, mais sujeitos e mais desamparados, sem favor e sem humana ajuda, desprezando aquele trato que a continuação de tantos anos pudera por familiar ter facilitado, e mais sabendo grangear os ânimos com liberal mão os holandeses, desprezando tudo com soberano impulso, intentaram e conseguiram a mais ilustre ação e digna de imortal fama, não só porque com invicto sofrimento suportaram o duro peso de toda a guerra, até se extinguir de todo a hostilidade, mas ostentando-se ainda mais generosos, nem um privilégio procuraram impetrar por serviço tão relevante, havendo despendido por consegui-lo todos os seus bens e ficando pobres; e assim sem mais prêmio que o interesse do glorioso nome de leais vassalos, fidelíssimos ao seu rei e amantíssimos de sua pátria, recuperada e isenta de alheio domínio lha restituíram como usurpada, sendo uma tão nobre parte da sua real coroa, a custa do caro preço de tantas vidas

e de tanto sangue vertido, recuperando, o que é o mais, o culto ao sagrado que tão profanamente viram da heresia infestado tantos anos.

Passado o primeiro momento de entusiasmo, os reinóis quiseram reassumir a sua atitude de superioridade e proteção. Data daí a irreparável e irreprimível separação entre pernambucanos e portugueses.

O SERTÃO

A invasão flamenga constitui mero episódio da ocupação da costa. Deixa-a na sombra a todos os respeitos o povoamento do sertão, iniciado em épocas diversas, de pontos apartados, até formar-se uma corrente interior, mais volumosa e mais fertilizante que o tênue fio litorâneo.

~

Podemos começar pela capitania de São Vicente. O estabelecimento de Piratininga, desde a era de 1530, na borda do campo, significa uma vitória ganha sem combate sobre a mata, que reclamou alhures o esforço de várias gerações. Deste avanço procede o desenvolvimento peculiar de São Paulo.

O Tietê corria perto; bastava seguir-lhe o curso para alcançar a bacia do Prata. Transpunha-se uma garganta fácil e encontrava-se o Paraíba, encaixado entre a serra do Mar e a da Mantiqueira, apontando o caminho do Norte. Para o Sul estendiam-se vastos descampados, interrompidos por capões e até manchas de florestas, consideráveis às vezes, mais incapazes de sustarem o movimento expansivo por sua descontinuidade. A Este apenas uma vereda quase intransitável levava à beira-mar, vereda fácil de obstruir, obstruída mais de uma vez, tornando a população sertaneja independente das autoridades da marinha, pois um punhado de homens bastava para arrostar um exército, e abrir novas picadas, domando as asperezas da serra, rompendo as massas de vegetação, arrostando a hostilidade dos habitantes, pediria esforços quase sobre-humanos.

Sob aquela latitude, naquela altitude, fora possível uma lavoura semieuropeia, de alguns, senão todos os cereais e frutos da península. Ao contrário o meio agiu como evaporador: os paulistas lançaram-se a bandeirantes.

Bandeiras eram partidas de homens empregados em prender e escravizar o gentio indígena. O nome provém talvez do costume tupiniquim, referido por Anchieta, de levantar-se uma bandeira em sinal de guerra. Dirigia a expedição um chefe supremo, com os mais amplos poderes, senhor da vida e morte de seus subordinados. Abaixo dele com certa graduação marchavam pessoas que concorriam para as despesas ou davam gente.

Figura obrigada era o capelão.

> Meu capelão saiu para fora estando eu para sair para a campanha", escrevia Domingos Jorge Velho em novembro de 1692, "mandei-o buscar; não quis vir; de necessidade busquei o inimigo; sem ele morreram-me três homens brancos sem confissão, cousa que mais tenho sentido nesta vida; peço-lhe pelo amor de Deus me mande um clérigo em falta de um frade, pois se não pode andar na campanha e sendo com tanto risco de vida sem capelão". Montoya fala nestes "lobos vestidos de pieles de ovejas, unos hipocritones, los cuales tienen por oficio mientras los demás andan robando y despojando las iglesias y atando indios, matando y despedazando niños, ellos, mostrando largos rosarios que traen al cuello, lléganse á los padres [jesuítas espanhóis] pidenles confesion... y mientras están hablando de estas cosas van pasando las cuentas del Rosario muy aprisa.

Escravos serviam de carregadores. Compunha-se a carga de pólvora, bala, machados e outras ferramentas, cordas para amarrar os cativos, às vezes sementes, às vezes sal e mantimentos. Poucos mantimentos. Costumavam partir de madrugada, pousavam antes de entardecer, o resto do dia passavam caçando, pescando, procurando mel silvestre, extraindo palmito, colhendo frutos; as pobres roças dos índios forneciam-lhes os suplementos necessários, e destruí-las era um dos meios mais próprios para sujeitar os donos.

Se encontravam algum rio e prestava para a navegação, improvisavam canoas ligeiras, fáceis de varar nos saltos, aliviar nos baixios ou conduzir à sirga. Por terra aproveitavam as trilhas dos índios; em falta delas seguiam córregos e riachos, passando de uma para outra banda conforme lhes convinha, e ainda hoje lembram as denominações de Passa-Dois, Passa-Dez, Passa-Vinte, Passa-Trinta; balizavam-se pelas alturas, em busca de gargantas, evitavam naturalmente as matas, e de preferência caminhavam pelos espigões. Alguns ficaram tanto tempo no sertão que "volviendo a sus casas hallaron hijos nuevos, de los que teniendolos ya a ellos por muertos, se habian casado com sus mujeres, llevando tambien ellos los hijos que habian engedrado en los montes", informa-nos Montoya. Os jesuítas chamam à gente de S. Paulo mamalucos, isto é, filhos de cunhãs índias, denominação evidentemente exata, pois mulheres brancas não chegavam para aquelas brenhas.

Faltaram documentos para escrever a história das bandeiras, aliás sempre a mesma: homens munidos de armas de fogo atacam selvagens que se defendem com arco e frecha; à primeira investida morrem muitos dos assaltados e logo desmaia-lhes a coragem; os restantes, amarrados, são conduzidos ao povoado e distribuídos segundo as condições em que se organizou a bandeira. Nesta monotonia trágica os Caiapós introduziram mais tarde uma novidade: "a de nos cercar de fogo quando nos acham nos campos, a fim de que impedida a fuga nos abrasemos: este risco evitam já alguns lançando-lhe contrafogo, ou arrancando o capim para que não se lhe comuniquem as suas chamas; outros se untam com mel de pau, embrulhados em folhas ou cobertos de carvão, por troncos verdes ou paus queimados".

À parte geográfica das expedições corresponde mais ou menos o seguinte esquema: Os bandeirantes deixando o Tietê alcançaram o Paraíba do Sul pela garganta de São Miguel, desceram-no até Guapacaré, atual Lorena, e dali passaram a Mantiqueira, aproximadamente por onde hoje transpõe a E. F. Rio e Minas. Viajando em rumo de Jundiaí e Mogi, deixaram à esquerda o salto do Urupungá, chegaram pelo Paranaíba a Goiás. De Sorocaba partia a linha de penetração que levava ao trecho superior dos afluentes orientais do Paraná e do Uruguai. Pelos rios que desembocam entre os saltos do Urubupungá e Guaiará, transferiram-se da bacia do Paraná para a do Paraguai, chegaram a Cuiabá e a Mato-Grosso. Com o tempo a linha do Paraíba ligou o planalto do Paraná ao do S. Francisco e do Parnaíba, as de Goiás e Mato-Grosso ligaram o planalto amazônico ao rio-mar pelo Madeira, pelo Tapajós e pelo Tocantins. As bandeiras no século XVI devastaram sobretudo o Tietê, cujos numerosos Tupiniquins depressa desapareceram, e o alto Paraíba, chamado rio dos Surubis em Piratininga, segundo informa Glimmer; com o tempo foram-se alongando os raios do despovoamento e depredação, característico essencial e inseparável das bandeiras.

O movimento paulista para o sertão ocidental chocou-se com o movimento paraguaio à procura do mar: Ciudad Real, no Piqueri, próximo do salto das Sete Quedas, Vila Rica, no Ivaí, datam da segunda metade do século XVI, antes do Brasil cair sob o domínio da Espanha. Com estes colonos a gente de São Paulo cultivou a princípio boas relações; nas caçadas humanas foram às vezes sócios aliados. Além disso a viagem por terra do Paraguai para a costa fazia-se mais facilmente procurando Piratininga, do que repetindo a incômoda travessia de Cabeza de Vaca. A harmonia entrava assim no interesse de ambas as partes. Só mais tarde houve conflitos e as duas povoações desapareceram.

Por 1610, jesuítas castelhanos partidos de Asunción começaram a missionar na margem oriental do Paraná. Fundaram Loreto e San Ignacio, no Paranapanema, e em compasso acelerado mais onze reduções no Tibagi, no Ivaí, no Corumbataí, no Iguaçu. Transposto o Uruguai, assentaram outras dez entre o Ijuí e o Ibicuí, outras seis nas terras dos Tape, em diversos tributários da lagoa dos Patos. De San Cristóbal e Jesús María, no rio Pardo, poucas léguas os separavam agora do mar.

Esta catequese grandiosa não consistia simplesmente em verter as orações da cartilha para a língua geral, fazê-las repetir pela multidão ignara, submetendo-a à observância maquinal do culto externo.

> Reduções, escreve um dos jesuítas contemporâneos que mais concorreram para avultarem, chamamos aos povoados dos índios, que vivendo à sua antiga usança, em matos, serras e vales, em escondidos arroios, em três, quatro ou seis casas apenas, separados, uma, duas, três e mais léguas uns de outros, os reduziu a diligência dos padres a povoações grandes e a vida política e humana, a beneficiar algodão com que se vistam, porque comumente viviam em nudez, ainda sem cobrir o que a natureza ocultava.

Não se imagina presa mais tentadora para caçadores de escravos. Por que aventurar-se a terras desvairadas, entre gente boçal e rara, falando línguas travadas e incompreensíveis, se perto demoravam aldeamentos numerosos, iniciados na arte da paz, afeitos ao jugo da autoridade, doutrinados no abanheen?

Houve alguns salteios contra as reduções desde o seu começo, mas a energia e o sangue frio dos jesuítas contiveram os arreganhos dos mamalucos, que se retiraram proferindo ameaças. Para pô-las em prática precisavam, porém, da convivência da gente de Asunción. Isto conseguiram em fins de 1628, e muito concorreu para assegurá-la Luís Cespedes Xeria, governador do Paraguai, casado em família fluminense, senhor de engenho no Rio. Fez por terra a viagem para seu governo; esteve em Loreto do Pirapó e Santo Ignacio de Ipãumbuçu, admirou as igrejas, "hermosísimas iglesias, que no las he visto mejores en las Indias que he corrido del Perú y Chile", e fez sinal aos bandeirantes para avançarem.

A primeira das reduções invadidas, a de S. Antônio, demorava na margem direita do Ivaí; invadiram depois San Miguel, Jesús María, San Pablo, San Francisco Xavier, no Tibagi; as outras, ainda mais depressa do que as agremiara uma inspiração ideal, foram sucessivamente destruídas pela fúria devastadora. Restavam apenas as de Loreto e San Ignacio, na Paranapanema; os jesuítas resolveram transplantá-las para abaixo do salto das Sete Quedas, entre o Paraná e o Uruguai, doloroso êxodo cuja narrativa ainda hoje penaliza. Depois de devastadas as missões de Guairá, os mamalucos passaram às do Uruguai e dos Tape. A entrada em Jesús María, no rio Pardo, já em águas da lagoa dos Patos, qual a descreve Montoya, dará ideia resumida dos processos empregados nestas expedições.

No dia de São Francisco Xavier (3 de dezembro de 1637), estando celebrando a festa com missa e sermão, cento e quarenta paulistas com cento e cinquenta tupis, todos muito bem armados de escopetas, vestido de escupis, que são ao modo de dalmáticas estofadas de algodão, com que vestido o soldado de pés à cabeça peleja seguro das setas, a som de caixa, bandeira tendida e ordem militar, entraram pelo povoado, e sem aguardar razões, acometendo a igreja, disparando seus mosquetes. Pelejaram seis horas, desde as oito da manhã até as duas da tarde.

Visto pelo inimigo o valor dos cercados e que os mortos seus eram muitos, determinou queimar a igreja, aonde se acolhera a gente. Por três vezes tocaram-lhe fogo que foi apagado, mas à quarta começou a palha a arder, e os refugiados viram-se obrigados a sair. Abriram um postigo e saindo por ele a modo de rebanho de ovelhas que sai do curral para o pasto, com espadas, machetes e alfanjes lhes derribavam cabeças, truncavam braços, desjarretavam pernas, atravessaram corpos. Provavam os aços de seus alfanjes em rachar os meninos em duas partes, abrir-lhes as cabeças e despedaçar-lhes os membros.

Compensará tais horrores a consideração de que por favor dos bandeirantes pertencem agora ao Brasil as terras devastadas?

Apenas vagamente se conhece o caminho seguido nas bandeiras contra Guairá, Uruguai e Tape. Certamente Sorocaba, último povoado, representava papel importante. Em canoas ou balsas feitas no planalto desciam os rios, e uma ou outra que garrava servia de aviso do perigo iminente às reduções; eram, pois, viagens mistas. À volta, as jornadas deviam ser inteiramente por terra; de outro modo não poderiam trazer as chusmas de prisioneiros de coleira, amarrados uns aos outros.

Que destino davam a esta gente? Diz-nos Montoya que eram empregados em transportar nas costas para a marinha carne de vaca e porco; naturalmente carregariam sal na volta; outros passavam para o Rio, onde havia interessados nestas piratarias; outros finalmente juntavam-se nas fazendas dos administradores. Em campanha "las mujeres que en este, y otros pueblos (que destruyeron) de buen parecer, casadas, solteras o gentiles, el dueño las encerraba consigo en un aposento, com quien pasaba las noches al modo que un cabron en un curral de cabras".

O número considerável dos escravizados nas reduções jesuíticas manifesta-se na frequência de Carijós, chamavam em São Paulo aos Guaranis. Estes índios, devidamente amestrados, serviam também para as conquistas de outros; eram o grosso das forças dos bandeirantes, cujo papel se limitava ao de oficiais.

Os sucessos dos Tape provaram mais uma vez não haver remédio em Asunción, Rio ou Bahia. Os missionários esperavam ser mais felizes no além-mar e embarcaram Antonio Ruiz de Montoya para Madrid, Francisco Dias Taño para Roma. Conseguiu este bulas e censuras fulminantes, trouxe aquele as ordens mais precisas e encarecidas para as autoridades coloniais. Tudo perdido. Conhecidas as letras pontifícias no Rio, alborotou-se a população, e a bula ficou suspensa. A irritação propagou-se pela marinha e intensificou-se em serra acima. Defendidos por seu caminho inexpugnável, os paulistas expulsaram os jesuítas que só voltaram anos depois, à força de negociações e concessões. Implantou-se, portanto, o sistema seguido nas terras espanholas de encomendas ou administração dos índios; algumas encomendas por testamento couberam finalmente à Companhia de Jesus. Imagina-se mal neste figurino oportunista a consciência heróica de Manuel da Nóbrega.

Montoya conseguiu licença para aparelhar os índios com armas de fogo e adestrá-los na arte militar. Em breve os bandeirantes perderam a superioridade: derrotados, procuraram conquistas mais fáceis, na serra de Maracaju, no alto Paraguai, entre os Chiquitos, e por fim entre o gentio de corso, de língua travada. Esta caçada não rendia tanto, as bandeiras foram perdendo parte dos primeiros atrativos e decairam. Das reduções destruídas nunca mais se restabeleceram novamente fundados sete povos, mais tarde incorporados ao Brasil, como veremos.

Melhores serviços prestaram os paulistas na Bahia e ao Norte do rio S.

Francisco. Em torno do Paraguaçu reuniram-se tribos ousadas e valentes, aparentadas aos Aimorés convertidos no princípio do século, que invadiram o distrito de Capanema, trucidaram os moradores e vaqueiros do Aporá, e avançaram até Itapororocas. Pouco fizeram expedições baianas mandadas contra eles, e houve a ideia de chamar gente de São Paulo. Acudindo ao convite Domingos Barbosa Calheiros embarcou em Santos; na Bahia se dirigiu para Jacobinas, mas deixou-se iludir por Paiaiás domesticados, e nada fez de útil. Acompanhando-o na jornada mais de duzentos homens brancos, raros tornaram do sertão.

Com este malogro não admira se repetissem as incursões de Tapuias, a ponto de a 4 de março de 1669 ser-lhes declarada guerra e outra vez convidados paulistas para fazê-la. em agosto de 1671 chegou a gente embarcada, com cuja condução a câmara do Salvador despendeu mais de dez contos de réis. Eram dois os chefes principais, Brás Rodrigues de Arzão e Estêvão Ribeiro Baião Parente. Fizeram de Cachoeira base das operações que duraram anos. Brás Rodrigues retirou-se depois de tomar, na margem esquerda do Paraguaçu, a aldeia do Camisão. Estêvão Ribeiro guerreou sobretudo na margem direita, onde conquistou a aldeia de Massacará. Em paga dos serviços foi-lhe dado o senhorio de uma vila chamada de João Amaro, nome de seu filho. A vila, depois de vendida com as suas terras a um ricaço da Bahia, extinguiu-se; o epônimo ainda é lembrado nos catingais baianos.

A estas expedições marítimas sucederam outras por via terrestre. Talvez a mais antiga fosse a de Domingos de Freitas de Azevedo, de quem apenas consta haver sido derrotado no rio S. Francisco. Facilitaram estas entradas a abundância de matas no trecho superior do rio, as suas condições de navegabilidade dentro do planalto, o emprego de canoas. Paulistas houve que fizeram canoas e desceram para vendê-las próximo do trecho encachoeirado, onde a escassez da vegetação tornava preciosa a mercadoria. Das expedições feitas pelo interior conhecemos a de Domingos Jorge Velho, Matias Cardoso de Almeida, Morais Navarro, todos empregados em combater os Paiacus, Janduís, Icós, nas ribeiras do Açu e do Jaguaribe. Domingos Jorge auxiliou a debelação dos Palmares, mocambo de negros localizado nos sertões de Pernambuco e Alagoas, que já existia antes da invasão flamenga e zombara de numerosas e repetidas tropas contra ele mandadas. Ficou assim livre todo o território entre as matas do cabo de Santo Agostinho e Porto Calvo.

Muitos dos paulistas empregados nas guerras do Norte não tornaram mais a S. Paulo, e preferiram a vida de grandes proprietários nas terras adquiridas por suas armas: de bandeirantes, isto é despovoadores, passaram a conquistadores, formando estabelecimentos fixos. Ainda antes do descobrimento das minas sabemos que nas ribeiras do rio das Velhas e do S. Francisco havia mais de cem famílias paulistas, entregues à criação de gado.

Conhecemos mal, para ajuizar dela, a vida levada em São Paulo pelos bandeirantes recolhidos aos lares, pela gente rica e poderosa. O seguinte trecho de Pedro Taques só em parte supre a lacuna, pois refere-se a época posterior às minas, o que altera em muito a situação:

> Na casa de Guilherme Pompeu de Almeida, celebrava-se anualmente a festa de 8 de dezembro com um oitavário de festa de missas cantadas, sacramento exposto e sermão a vários santos de sua especial devoção e se concluía o oitavário com um aniversário pelas almas do purgatório, com ofício de nove lições, missa cantada e sermão para excitar a devoção dos fiéis ouvintes. De São Paulo concorria a maior parte da nobreza com os religiosos de maior autoridade das quatro comunidades, Companhia de Jesus, Carmo, São Bento e São Francisco, e os clérigos de maior graduação. Era a casa do Dr. Guilherme Pompeu naqueles dias uma populosa vila ou corte pela assistência e concurso dos hóspedes. Para a grandeza do tratamento da casa deste herói paulista, basta saber-se que fazia paramentar cem camas, cada uma com cortinado próprio, lençóis finos de bretanha, guarnecidos de rendas, e com uma bacia de prata debaixo de cada uma das ditas cem camas, sem pedir-se nada emprestado. Tinha, na entrada de sua fazenda da Araçariguama, um pórtico, do qual até as casas mediava um plano de 500 passos, todo murado, cujo terreno servia de pátio à igreja ou capela da Conceição.

> Neste portão ficavam todos os criados dos hóspedes, que ali se apeavam, largando esporas e outros trastes com que vinham de cavalo, e tudo ficava entregue a criados, escravos, que para este político ministério os tinha bem disciplinados.
> Entrava o hóspede, ou fosse um, ou muitos em número, e nunca mais nos dias que se demoravam, ainda que fossem de uma semana ou de um mês, não tinham nenhum dos hóspedes notícia alguma dos seus escravos, cavalos e trastes. Quando porém qualquer dos hóspedes se despedia, ou fosse um, quinze ou muitos ao mesmo tempo, chegando ao portão cada um achava o seu cavalo com os mesmo jaezes, em que tinha vindo montado, as mesmas esporas, e os seus trastes todos, sem que a multidão da gente produzisse a menor confusão na advertência daqueles criados, que para isto estavam destinados. Os cavalos recolhiam-se às cavalariças,

onde tinham todo o bom penso de herva e milho, que é o que se dá diariamente no Brasil aos cavalos, principalmente na capitania de São Paulo... Esta advertência era uma das ações de que os hóspedes se aturdiam, por observarem que nunca jamais, entre a multidão de várias pessoas que diàriamente concorriam a visitar e obsequiar dias e dias ao Dr. Guilherme Pompeu de Almeida, se experimentava a menor falta, nem ainda uma só troca de trastes a trastes. Foi tão profusa a mesa do Dr. Guilherme Pompeu, que nela as iguarias de várias viandas se praticava com tal advertência, que se acabada a mesa, passadas algumas horas, chegassem hóspedes não houvesse para banqueteá-los a menor falta.

Por esta razão estava a ucharia sempre pronta. A abundância de trigo nesta casa foi tanta que todos os dias se fazia pão, de sorte que para o seguinte já não servia o que tinha sobrado do antecedente; o vinho era primoroso de uma grande vinha que com acerto se cultivava e suposto o consumo era sem miséria, sempre o vinho sobrava de ano a ano.

A vida do povo comum dizia mal com estes esplendores: a canjica, alimento da maioria da população, dispensava sal, porque este ingrediente não chegava para todos.

Os paulistas não se limitaram a passar de bandeirantes a conquistadores. Houve sempre alguma mineração em Iguape e Paranaguá: em maior número ainda, entregaram-se a pesquisas minerais a partir da era de 1670, depois que o monarca português apelou para seu brios. Antes da grande dispersão provocada pelos descobertos auríferos, a população grupava-se nas margens do Tietê e nas do Paraíba. Na ribeira do Tietê, Mogi das Cruzes, Parnaíba, Itu, Sorocaba; na do Paraíba, Jacareí, Taubaté, Guaratinguetá precedem os descobertos. A maior densidade provàvelmente notava-se no Paraíba, cujo vale estreitado à direita pela serra do Mar, à esquerda pela da Mantiqueira, produzia o efeito de condensador. Entretanto, a abundância de vilas não importa forçosamente população considerável. Em terras de donatários deviam facilitar as fundações o orgulho de poder juntar ao próprio nome o título de senhor de tais e tais vilas e o interesse de nomear tabeliães, etc.

Já neste tempo, Piratininga não se impunha como entrada única do planalto: formaram-se grupos conjugados do sertão e da marinha: Parati e Taubaté; S. Vicente, Santos, São Paulo, Mogi e quiçá Jacareí que, pelo menos mais tarde, possuiu ligação direta com o litoral; Iguape, Paranaguá, São Francisco e Curitiba: esta última, aparentemente destinada a situação preponderante, atraiu pouca população, e medrou precàriamente enquanto não lhe deu vida o comércio de trânsito, principalmente de muares, procedentes do Sul.

Um escritor anônimo dizia a respeito dos paulistas pouco depois de 1690:

> Sua Majestade podia se valer dos homens de São Paulo, fazendo-lhes honras e mercês, que as honras e os interesses facilitam os homens a todo o perigo, porque são homens capazes para penetrar todos os sertões, por onde andam continuamente sem mais sustento que caças do mato, bichos, cobras, lagartos, frutas bravas e raízes de vários paus, e não lhes é molesto andarem pelos sertões anos e anos, pelo hábito que têm feito daquela vida. E suposto que estes paulistas, por alguns casos sucedidos de uns para com outros, sejam tidos por insolentes, ninguém lhes pode negar que o sertão todo que temos povoado neste Brasil eles o conquistaram do gentio bravo que tinha destruído e assolado as vilas de Cairu, Boipeba, Camamu, Jaguaripe, Maragogipe e Peruaçu no tempo do governador Afonso Furtado de Mendonça, o que não puderam fazer os mais governadores antecedentes por mais diligências que fizeram para isso.
>
> Também se lhes não pode negar que foram os conquistadores dos Palmares de Pernambuco, e também se podem desenganar que sem os paulistas com seu gentio nunca se há de conquistar o gentio bravo que se tem levantado no Ceará, no Rio Grande e no sertão da Paraíba e Pernambuco, porque o gentio bravo por serras, por penhas, por matos, por catinga só com o gentio manso se há de conquistar e não com algum outro poder, e dos paulistas se deve valer Sua Majestade para a conquista de suas terras.

~

Alexandre de Moura deixou Jerônimo de Albuquerque por capitão-mor do Maranhão; da capitania subordinada de Cumá encarregou Martim Soares Moreno; a do Pará, confiada a Francisco Caldeira de Castelo Branco, ficaria independente, para evitar novos atritos entre os recentes rivais. Capitão de entradas elegeu Bento Maciel Parente, reinol criado em Pernambuco, que estivera nas guerras da Paraíba e Rio Grande, andara na jornada de salitre na Bahia, acompanhara d. Francisco de Sousa a São Vicente, e lá assistira um triênio empenhado em minas e bandeiras, outro de sargento-mor em cinco vilas do Sul.

Faltavam a Jerônimo de Albuquerque alguns requisitos para governar bem, na opinião insuspeita de Gaspar de Sousa; acusações lhe fizeram, bem graves se forem verdadeiras; algumas das recomendações de

Alexandre de Moura parece ter descurado; mostrou-se mais próprio aos rompantes da guerra que às artes da paz. Faleceu em fevereiro de 1618 legando o cargo a seu filho Antônio de Albuquerque, assessorado por Bento Maciel e Diogo da Costa Machado. O jovem de vinte e dois anos desprezou os limites postos pelo pai à sua autoridade; quando, havendo preso aquele, o governador geral impôs-lhe a assistência do segundo, preferiu retirar-se para o reino. Substituiu-o no mando desde abril de 1619 Diogo Machado; de suas mãos recebeu-o Antônio Muniz Barreiros em maio de 1622, e ocupou-o até agosto de 1626.

Durante esta primeira década, Bento Maciel fez diversas entradas aos rios Mearim e Pindaré, seguindo os exemplos e processos dos bandeirantes e construiu um forte no Itapicuru, bastante acima da barra. Outras entradas fez Francisco de Azevedo, o primeiro a penetrar nos sertões de Turi e Gurupi. O gentio de Cumá insurgiu-se apenas Martim Soares saiu para o Reino, urgido por antigas enfermidades. Sob seu sucessor Matias, irmão de Antônio de Albuquerque, a guarnição portuguesa foi quase toda trucidada, e o levante estendeu-se quase à ponta de Saparará. A devastação nos índios foi enorme; os jesuítas Manuel Gomes e Diogo Nunes, convictos da inutilidade de seus esforços em favor dos indígenas, procuraram as Índias Ocidentais; Fr. Cristóvão de Lisboa, chefe dos capuchos, viu desrespeitadas as leis mais explícitas e até as censuras.

No governo de Diogo da Costa Machado chegaram a São Luís algumas centenas de açorianos, engajados para povoadores. Nada encontraram feito para recebê-los, e padeceram as maiores privações e misérias. A imigração, iniciada sob fagueiras esperanças, não recobrou o alento originário com o livro de propaganda de Simão Estaço da Silveira.

No empenho de criar engenhos, o governo geral contratou a construção de dois ou três com Antônio Barreiros; a nomeação do filho para capitão-mor do Maranhão visava facilitar a execução do trato. Um engenho construiu Bento Maciel. A terra prestava-se bem à cultura da cana; braços podiam fornecer os índios sujeitos às administrações usadas nas colônias espanholas e transplantadas por Bento Maciel; a dificuldade grande pendia dos transportes. Ficava próximo Pernambuco, o maior mercado do país, mas só se navegava para lá durante certa parte do ano, nas monções; a viagem terrestre pela costa, feita na estação das águas, para escapar aos tormentos sofridos por Pedro Coelho quando tentou colonizar o Ceará, apenas poderia servir à passagem de escravos. Parece ter servido efetivamente: fala um contemporâneo na "grande quantidade de patacões que os moradores do Maranhão houveram pelo comércio com os de Pernambuco, enviando-lhes de quando em quando escravos."

Além da cana plantava-se algodão e fumo; o fio e o pano de algodão correram como moeda. Os navios partiam para o reino em agosto ou setembro.

As dificuldades de comunicações marítimas entre o Maranhão e o resto do Brasil sugeriram a ideia de criar ali um estado independente. Isto se ordenou em 1621. Começava no Ceará, próximo do cabo de São Roque, e ia à fronteira setentrional, ainda indefinida, do Pará. Francisco Coelho de Carvalho, primeiro governador, aportou a Pernambuco ao tempo da invasão holandesa na Bahia. Deteve-o ali Matias de Albuquerque; depois, sob vários pretextos, foi se deixando ficar; só em agosto de 1626 chegou a seu destino, levando Manuel de Sousa de Sá, capitão-mor do Pará, declarado agora dependente do Estado do Maranhão.

Na capitania do Pará, Francisco Caldeira de Castelo Branco, recebido amigavelmente pelo gentio, apanhara o primeiro pretexto para guerreá-lo. A imensidade das águas inspirou-lhe a adaptação de um suplício mediável, que devia parecer novo e terrível aos rudes filhos da natureza: amarrava o condenado a diversas canoas, mandava remar em sentidos opostos, até os membros despregarem do tronco. Seu gênio rixento, já revelado em presença dos franceses, malquistou-o com os compatriotas; cansados de aturá-lo, depuseram-no, meteram-no a ferros, e substituiram-no por Baltasar Rodrigues em novembro de 1618. Nem assim arrefeceu a sanha dos índios; o movimento de Cumá soldou-se ao do Pará. Teve-se de reclamar auxílio de Pernambuco; vieram socorros sob as ordens de Jerônimo Fragoso, nomeado capitão-mor por d. Luís de Sousa, governador geral, com ordem, logo cumprida, de mandar presos Castelo Branco, Rodrigues e outros cabecilhas. Castelo Branco morreu na prisão do Limoeiro, em Lisboa.

Bento Maciel, que fora a Pernambuco depois das questões com Antônio de Albuquerque, voltou com gente nova recrutada nas duas capitanias vizinhas, e repetiu com maior fúria suas costumadas façanhas. De Tapuitapera até dentro do Amazonas tamanhas foram suas devastações que Jerônimo Fragoso intimou-lhe cessasse as hostilidades; ele, porém, desrespeitou a intimação porque, sendo o comandante da guerra por investidura do governador geral, não estava subordinado ao capitão-mor do Pará. Fragoso faleceu logo; houve diversos pretendentes à sucessão; por fim saiu nomeado Bento Maciel, que abriu um caminho terrestre para o Maranhão, ligando talvez o rio Capim ao Pindaré, como se tentou mais tarde, e governou quatro anos, até chegar Manuel de Sousa de Sá, em 1627.

Francisco Caldeira fora logo à chegada informado de viagens e fortalezas de ingleses e flamengos nas plagas amazônicas. No próprio ano da fundação de Belém, Pedro Teixeira aprisionou uma nau holandesa, cuja artilharia serviu a reforçar a do Presepe. Os ingleses preferiam a foz do rio e seu estabelecimento mais ocidental assentava no Cajari; os flamengos avançaram até o Xingu. Diversas expedições, em que se distinguiram Pedro Teixeira, Pedro da Costa Favela, Feliciano Coelho, Jácome Raimundo de Noronha tomaram navios, fizeram muitos prisioneiros e arrasaram um a um todos os fortes. No assalto ao forte inglês de Filipe, gaba-se Noronha de haver tomado quatro peças de artilharia grossas e roqueiras e muitas armas, com a morte de oitenta e três estrangeiros, o aprisionamento de treze, a destruição de todos os gentios confederados, "com que ficaram tão aterrorizados que nunca mais tiveram pazes com os estrangeiros".

A falta de índios amigos, fornecedores de fumo, algodão, urucu (anoto, em língua cariba) e outras drogas, bastaria a dissuadir os entrepolos de novos cometimentos. Veio ainda mais dificultá-los a fortaleza de Gurupá, estabelecida no local de um antigo forte holandês, no começo do delta amazônico, excelente posto de observação para todos os movimentos da margem esquerda, obra avançada e complemento precioso do forte de Presepe na margem direita. O último estabelecimento holandês de que temos notícia tomou-o Sebastião de Lucena em 1646, no Maiacaré, junto ao cabo do Norte; os ingleses já havia anos não apareciam. Ficou assim firmada a soberania de Portugal desde o cabo do Norte até a ponta de Saparará, e desassombrado de inimigos todo o baixo Amazonas.

No tempo de Francisco Coelho, foi dividido o Estado do Maranhão em várias capitanias hereditárias: as de Tapuitapera e Cametá couberam a um irmão e ao filho do governador, a de Caeté ou Gurupi a Álvaro de Sousa, filho de Gaspar de Sousa, que tantos serviços prestara à conquista; para si a metrópole reservou no Maranhão o território entre o Parnaíba e o Pindaré, no Pará as terras de Maracanã ao Tocantins. Mais tarde Bento Maciel obteve a capitania do cabo do Norte limitada pelos rios Vicente Pinzon ou Oiapoque, Amazonas e Paru, e Antônio de Sousa de Macedo a da ilha Marajó.

A penetração no Amazonas prosseguia lentamente: pela margem setentrional tratara-se apenas de eliminar os entrelopos; ao Sul a aldeia Maturu, na margem direita do Xingu, também chamado Parnaíba, durante algum tempo permaneceu o posto mais ocidental; ante as flechas envenenadas do gentio do Tapajós estacaram as entradas. A marcha precipitou-se a partir de 1637 com a chegada de dois leigos franciscanos vindos do pé dos Andes. Jácome de Noronha, que com certo atropelo de formas sucedera no governo por falecimento de Francisco Coelho de Carvalho, resolveu abrir relações com as dependências cisandinas de Castela. Pedro Teixeira, incumbido desta missão, partiu a 17 de outubro águas a riba do rio-mar, em 15 de agosto de 1638 alcançou o Paiamino, afluente do Napo, e seguiu para Quito. Depois de receber as ordens do vicerei do Peru, regressou e chegou ao Pará em 12 de dezembro do ano seguinte. Já de volta, a 16 de março de 1639, na barra do Aguarico, tomou posse em nome da coroa de Portugal das terras que para o Oriente se estendiam até beira-mar. Bento Maciel, então governador do estado, recompensou estes e outros serviços durante mais de quatro lustros prestados por seu companheiro de armas, concedendo-lhe por três vidas a encomendação de trezentos casais de índios.

Mal suspeitava então o velho capitão de entradas os perigos que se avizinhavam. Desde de 1637, Gedeon Morris, flamengo preso em combate no Amazonas e lá conservado prisioneiro durante oito anos, lograra repatriar-se e chamava a atenção da câmara de Zelândia para a conquista do Maranhão. Tal conquista, alegava, traria a aquisição de mais de quatrocentas léguas de costa, ocupadas apenas por mil e quatrocentos a mil e quinhentos portugueses, e quarenta mil índios; os índios estavam sujeitos mais por medo que por afeição, os portugueses com as forças disseminadas, os soldados descontentes e rebeldes pelo desgoverno e falta de pagamento, os fortes pouco defensáveis; os índios considerariam os flamengos como libertadores. A Companhia das Índias Ocidentais se apossaria de belos açúcares, fumos, algodão, laranjas, anil, tintas, óleos e bálsamos, gengibres, gomas e várias sortes de excelentes madeiras. Poderia vender escravos para Pernambuco "como os portugueses faziam outrora, antes de começar a guerra naquela capitania, e este era o seu maior negócio".

Quando Morris expunha estas ideias em Middelburg, ocorria na colônia um fato próprio a facilitar-lhes a execução. Atendendo a repetidos chamados do gentio cearense, a Companhia mandou uma expedição que desembarcou no Mocuripe, e após brava mas inútil resistência da guarnição apossou-se do forte fundado por Martim Soares Moreno. Havia agora um ponto de apoio para as operações apregoadas como tão proveitosas: Gedeon Morris foi nomeado comandante do Ceará, onde descobriu as salinas do Ipanema, como que a preparar a avançada.

A notícia da viagem de Pedro Teixeira, apenas divulgada, ainda mais confirmou-o em suas traças e aspirações. A todas as vantagens apresentadas, a conquista do Maranhão juntava ainda a da contiguidade com as terras do Peru, e seria portanto o mais terrível golpe contra as possessões espanholas, insistia novamente Gedeon. Não foi compreendido. Nassau e as autoridades superiores preocupavam-se antes com a conquista de Buenos Aires e do Chile, procurando longe o que lhes acenava de tão perto. Só mais tarde atenderam a suas incitações; em novembro de 1641 apresentou-se uma esquadra holandesa na baía de São Marcos.

Vigorava o estado esquisito criado pela política hesitante de d. João IV. Não havia guerra, pois fora decidida na Europa uma aliança ofensiva e defensiva entre Portugal e Holanda; não havia paz nas colônias, porque faltava a ratificação do tratado. Iludido ou decrépito ou aterrado, Bento Maciel entregou-se sem combater e a Companhia das Índias mais uma vez alargou seus domínios. Morris, que tomou parte na operação, ficou descontente com o modo de proceder de Nassau. Por que depois de tomada a ilha não passavam logo ao Pará? Por que não expulsavam os portugueses ricos deixando apenas os mais pobres como feitores? Onde se viu em todo o Brasil um português, quatro meses apenas depois de tomada a terra, embarcar por sua conta cem caixas de açúcar, como fez o provedor-mor Inácio do Rêgo, que se passou para as Índias? Que valia a posse do Maranhão sem a incorporação do Amazonas?

Enquanto dominaram, os flamengos houveram-se com a cobiça e a venalidade já correntes em Pernambuco. Entretanto, a população calava-se e parecia mesmo disposta a não reagir, se não fossem Antônio Muniz Barreiros, o antigo capitão-mor, e os jesuítas Benedito Amadeu e Lopo do Couto, este chegado em companhia de um coadjutor desde 1624. Impeliram a estes chefes insurgentes sobretudo considerações religiosas: o holandês era o herege e a fé católica perigava. O movimento começou no Itapicuru, libertado em poucos dias, e passou à ilha. Aqui a resistência foi maior: vieram socorros de Pernambuco para o flamengo, também os nossos receberam-nos do Pará, mas a falta de armas e munições obrigou-os a passarem para a capitania de Tapuitapera, no continente. Mais tarde, chegados recursos da Bahia, acometeram novamente a obra libertadora. A Teixeira de Melo, sucessor de Barreiros, morto em consequência de ferimentos, coube a glória de restaurar S. Luís em 1643. O exemplo do Maranhão propagou-se a Ceará, onde os índios trucidaram os holandeses, que entretanto voltaram mais tarde e se mantiveram até 1654. Também produziu impressão em Pernambuco, e alentou os anhelos patrióticos ainda desconexos, apontando um exemplo a seguir.

Nos anos seguintes o fato mais notável foi a introdução dos jesuítas. A Alexandre de Moura acompanharam dois, mas retiraram-se, reconhecendo a inutilidade de seus esforços na defesa dos índios. Luís Figueira, vindo com Antônio Barreiros, logrou apagar as prevenções dos colonos, limitando e encobrindo a sua ação, e depois de algum tempo recolheu-se à Europa. Lopo do Couto, além de isolado e portanto impotente, soube conquistar as simpatias no ardor da reconquista, de que foi a alma. Figueira, que desde 1638 preparava uma missão no além mar, afinal com muitos sócios partiu do reino mais Pedro de Albuquerque, nomeado sucessor de Bento Maciel. Por estarem ainda os holandeses senhores de S. Luís, passaram ao Pará; junto à baía do Sol, Figueira e a maior parte dos companheiros afogaram-se ou foram mortos pelos índios, em junho de 643. Os sobreviventes pouco puderam fazer no Maranhão para onde se transportaram apenas as condições o permitiram; logo trucidaram-nos selvagens de Itapecuru. Em 1649 não havia mais um só padre da Companhia de Jesus em todo o Estado.

Entretanto, na Europa movia-se o padre Antônio Vieira, grande valido de dom João IV e um dos maiores escritores da língua. Pupilo de Fernão Cardim, colhera dos lábios deste amigo de Anchieta a história das primeiras missões, e a carreira de missionário formara uma das primeiras aspirações de sua alma ambiciosa. Mandado para o Reino quando se divulgou na Bahia a notícia da independência de Portugal, passara dez anos em terras europeias por vontade da Companhia ou insistência do rei, triunfando na tribuna sagrada, ajudando as mais espinhosas negociações diplomáticas, engenhando combinações financeiras como a da Companhia do Comércio, tão útil na guerra pela libertação de Pernambuco, influindo nos conselhos da coroa, dando ideias e defendendo as próprias ou alheias, estas principalmente, com uma abundância de expressões, uma sutileza de raciocínios, um bisantinismo de argumentos, uma fertilidade de distinções verdadeiramente admiráveis. Um dia apareceu-lhe o vácuo de todas estas pompas, invadiu-o a saudade da primeira infância e da segunda pátria e aspirou missionar no Maranhão.

Em setembro de 1652 partiram adiante nove missionários, trazendo por superior o padre Francisco Veloso: dois destes continuaram a viagem para o Pará, onde fundaram casa. Em seguida à primeira leva embarcou no Tejo o padre Vieira acompanhado de outros três jesuítas, que a 16 de janeiro de 1653, véspera de S. Antão, fundearam diante da capital do estado. Afinal chegavam defensores aos índios. Para que narrar esta história? Com os índios só havia duas políticas racionais: ou deixá-los aprisionar à vontade como então se fazia, ou proibir expressamente toda e qualquer escravidão. Nem uma das duas observaram quer o governo, quer os próprios jesuítas. Daí lutas contra os colonos cubiçosos, contra os governadores venais, contra padres e frades simoníacos, contra os legisladores incoerentes e a legislação instável, viagens pelo sertão e rios, travessias do oceano, sermões cáusticos, papéis sediciosos, expulsões e exprobrações, em suma uma série de tumultos trágicos ou burlescos. Mais interessa que tais historietas apresentar o organismo do estado cerca de 1662, tal qual o desseca o valente escritor em uma página memorável, ainda palpitante no pálido resumo aqui feito.

Os alicerces assentaram sobre sangue, com sangue se foi amassando e ligando o edifício e as pedras se desfazem, separam e arruínam. As terras se esterilizam; as plantações de mandioca não bastam para garantir o sustento; tem-se de buscar longe as madeiras e as terras de tabaco; minguaram a caça e a pesca; as povoações são muito distantes uma das outras e o trabalho de remar consome as forças da indiada. Não há açougue, nem ribeira, nem horta, nem tenda para vender as cousas usuais para o comer ordinário, nem ainda um arratel de açúcar, com se fazer na terra. No Pará, onde todos os caminhos são por água, não há uma canoa de aluguel. Para um homem ter o pão da terra há de ter roça, e para comer carne há de ter caçador, e para comer peixe pescador e para vestir roupa lavada lavadeira, e para ir à missa ou qualquer parte canoas e remeiros: os moradores de tal cabedal têm a mais de tudo isto costureiras, fiandeiras, rendeiras, teares e outros instrumentos e ofícios de mais fábrica, com que cada família vem a ser uma república.

Os povoadores primeiros foram gente pobre: soldados idos de Pernambuco, mal pagos a ponto de raros poderem calçar sapatos e meias; ilhéus nobres, mas gente necessitada, impelida à emigração pela procura de meios não existentes no arquipélago; soldados rotos e despedidos tomados na guerra e abandonados nas costas pelos holandeses; finalmente degradados.

Não guarda proporção com a população o número de frades: o Pará, com oitenta moradores, tem quatro conventos e sai dos moradores a paga de missas, ofícios e enterros, servem grande número de confrarias com grandes e involuntários gastos nas suas festas, porque em serem perguntados, se ouvem apregoar dos púlpitos e não basta o que grangeiam num ano para satisfazer os empenhos desta forçada devoção. Apenas a Companhia de Jesus não pesa sobre a gente, porque a renda concedida pela fazenda real a põe a coberto das necessidades.

As drogas do estado baixaram de preço, e mal bastam para pagar os fretes, em compensação os gêneros vindos da Europa vendem-se por preços excessivos. Dominam a ociosidade, a preguiça e o luxo: grassa o alcoolismo; só na cidade do Pará gastam anualmente quinze mil cruzados em aguardente da terra, sem falar na que vai do reino. Os governadores e oficiais de fazenda pagam-se em primeiro lugar, pouco deixando para os vigários e soldados; confiam os melhores ofícios aos criados; prendem, processam, recrutam, atravessam os gêneros.

Finalmente os índios, por sua natural fraqueza e pelo ócio, descanso e liberdade em que se criam, não são capazes de aturar por muito tempo o trabalho em que os portugueses os fazem servir, principalmente das canas, engenhos e tabacos, sendo muitos os que por esta causa continuamente estão morrendo; e como nas suas vidas consiste toda a riqueza e remédios dos moradores, é mui ordinário virem a cair em pouco tempo em grande pobreza os que se tinham por mais ricos e afazendados, porque a fazenda não consiste nas terras que são comuns senão nos frutos da indústria com que cada um as fabrica e de que são os únicos instrumentos os braços dos índios. — Até aqui Antônio Vieira, com esta vívida descrição da economia naturista.

Excetuando a de Bartolomeu Barreiros de Ataíde ao rio de Ouro, isto é, às terras de que Pedro Teixeira tomara posse em nome da coroa de Portugal, e a de João Betencourt Muniz contra os Anibás do Jari, as expedições tinham de preferência procurado a margem direita do Amazonas. Em 1663 Antônio Arnau Vilela dirigiu-se à outra margem e foi pouco feliz numa entrada do rio Urubu; a vingá-lo saiu Pedro da Costa Favela, que matou setecentos, aprisionou quatrocentos índios dos Guaneenas e Caboquenas, queimou trezentas aldeias. Atrás destes vieram outros, atraídos pela densidade da indiada. Logo em seguida começou a ser frequentado o rio Negro e finalmente o Branco. A fortaleza da barra do rio Negro, nas proximidades da atual cidade de Manaus, ponto de partida para este movimento de penetração, foi fundada logo depois.

No ano de 1693 foram determinados os territórios em que cada uma das ordens poderia estabelecer missões: aos jesuítas concedeu-se a margem meridional do Amazonas; aos franciscanos as terras do cabo do Norte até o rio Urubu; aos carmelitas coube o rio Negro.

Entrementes os jesuítas espanhóis no seu ardor de catequizar foram descendo o Solimões, como os do Paraguai procuraram o Paranapanema, Ivaí, Igyaçu e Uruguai. Samuel Fritz, natural da Boêmia, atraiu ao grêmio da igreja diversas tribos de línguas travadas, e os Cambebas ou Omagoas da língua geral, missionando até o Juruá ou talvez mais a Este. Motivos de saúde levaram-no ao Pará em setembro de 1689, onde sob vários pretextos o detiveram cerca de dois anos. Na volta, apesar de suas excusas, deram-lhe uma escolta para acompanhá-lo às reduções e, lá chegado, o oficial comandante protestou pertencerem a Portugal as terras que se estendiam até o rio Napo. Enquanto o apóstolo dos Mainas se dirigia a Lima, no intuito de avisar da próxima usurpação ao vice-rei do Peru, que não quis tomar providências, desde 1695 se discutia no Pará e em Lisboa a ideia de aumentar o domínio português por aqueles lados. Forneceu ensejo próprio o caso da sucessão da Espanha. Inácio Corrêa de Oliveira expulsou os jesuítas castelhanos do Solimões. Assim a guerra entre as duas coroas produziu ao Norte os mesmos efeitos que de sua união resultaram em Guairá, Uruguai e Tape. A estas invasões e às seguintes uniram-se os frades do Carmo, dignos confrades dos capuchos das bandeiras meridionais. Nestas missões aprenderam os invasores o emprego do caucho.

As entradas pelos afluentes da margem direita iam também continuando: em 1669 Gonçalo Pires e Manuel Brandão descobrem cravo, canela e castanha no Tocantins; em 1716 João de Barros Guerra derrota os Torás no Madeira; em 1720 marcha uma expedição contra os Juínas do Juruá; em 1724 Francisco de Melo Palheta sobe o Madeira até as aldeias espanholas. Com o descobrimento das minas, procura-se chegar a elas pelos afluentes meridionais. Mais de uma das tentativas foi bem sucedida e o Maranhão reclamou como pertencentes a seu distrito as minas de S. Félix e da Natividade, ribeirinhas do Tocantins. Desde a terceira década do século XVIII descem ao Amazonas mineiros de Goiás e Mato Grosso. Destas descidas a mais fértil em consequências foi a de Manuel Félix de Lima, que em 1742 navegou o Sararé, Guaporé, Mamoré, Madeira e alcançou o Maranhão. Quando o governador de Mato Grosso assentou a capital na margem do Guaporé apenas tirou a consequência do achamento deste caminho, que com o tempo se tornou o mais frequentado.

Lentamente a população ia crescendo, embora epidemias frequentes inutilizassem em poucos meses o progresso de anos. Como sinais evidentes de melhores condições, basta citar a fundação de um pesqueiro real em 1692 na ilha de Marajó, por Antônio de Albuquerque Coelho, e o desenvolvimento assumido pela criação de gado na mesma ilha, a partir dos primeiros anos do século seguinte. Na Páscoa de 1726 começou a funcionar um açougue em Belém. Quando La Condamine passou por Belém em 1743 a única moeda corrente eram grãos de cacau; desde maio de 1749 principiou a correr dinheiro amoedado de ouro, prata e cobre.

Em 1751, o Pará, a que agora estava subordinado o Maranhão, contava 9 freguesias e seis ermidas paroquiais, sete fortalezas, vinte e quatro engenhos de açúcar, quarenta e duas engenhocas de aguardente, sessenta e três aldeias de índios missionados. Muitas medidas concertou o governo para desenvolver a agricultura, mas só o conseguiu nas cercanias de Belém. O café, levado de Caiena por Francisco de Melo Palheta, pareceu despertar o torpor da população. Pouco tempo durou a experiência; preferiu-se a apanha de produtos florestais, cravo, canela, cacau, salsa, mais rendosos e criados à lei da natureza.

Os anos seguintes à partida de Antônio Vieira para a Europa em 1661 assinalam-se pela legislação caótica a respeito de aldeias, jurisdição espiritual e temporal, descimentos, salários e escravidão dos índios. Em 1680 uma lei proibiu que os índios fossem escravizados, única solução lógica e justa, se houvesse gente bastante honesta e bastante enérgica para fazê-la respeitada.

Para mitigar as queixas dos colonos criou-se uma companhia de comércio com o privilégio de vender certos gêneros de primeira necessidade, que compraria toda a produção do estado e forneceria escravos africanos, mais fortes e mais próprios para a pesada labuta agrícola.

Pouca repugnância provocou no Pará, cujos interesses, em partes divergentes, a distância resguardava; no Maranhão produziu grande alboroto. Foram expulsos os jesuítas, deposto e preso o capitão-mor, mandados procuradores à Corte para apresentar as queixas do povo e impetrar o perdão régio. Manuel Bequimão, reinol de origem teutônica, primeira figura da assuada, pôs-se à frente da governança. O movimento iniciado com tamanha valentia ficou estacionário; nem a fronteira capitania de Tapuitapera aderiu; dos aderentes da primeira hora, muitos foram-se esgueirando.

Nota-se agora o caso repetido tantas vezes em nossa história: depois do triunfo, obtido antes por desídia ou pusilanimidade do atacado que por habilidade ou fortaleza do atacante, e só depois do triunfo comprado tão barato, compreende-se que o fato importa consequências, e começa-se a indagação de quais poderão ser. Desta mandrice intelectual ou miopia política não se eximiu Bequimão. Quando apareceu na barra Gomes Freire de Andrada, nomeado governador do Estado e acompanhado de força armada para se fazer obedecido, veio-lhe a veleidade de opor-se ao desembarque. Nada previra, nada preparara, agora era tarde. O governador empossou-se do poder sem oposição.

Restava a esperança de ter trazido o perdão régio; mesmo este não veio. Prestes instaurou-se o processo, e saíram condenados à morte Manuel Bequimão, Jorge de Sampaio e Deiró. Este padeceu o suplício em efígie; os outros subiram ao patíbulo. Com os figurantes o governador mostrou benevolência: de bondoso e benévolo deixou tradição entre os governados. Por seu conselho aboliram-se a companhia e o estanco; a questão índia prosseguiu com os avanços, recuos e sobressaltos do costume.

Durante seu governo preocupou-o a questão máxima do Estado: achar comunicações com o Brasil, independente do capricho das monções, sobranceira à linha dos vaus à beira-mar.

Poucos anos antes Vital Maciel Parente, filho do velho prisioneiro dos flamengos, depois de derrotar ao Tremembés, desafrontando o caminho da praia para o Ceará, navegara muitas léguas pelo Parnaíba e reconhecera a direção meridional de seu curso. Deve manar daí a ideia da proximidade senão identidade entre o Parnaíba ou Paraguaçu e o São Francisco. Assim a questão apresentava-se com certa nitidez: a Bahia representava o objetivo e o Parnaíba o rumo a seguir.

João Velho do Vale incumbido de resolver o problema levou-o a bom termo; escreveu a mesma narrativa do descobrimento, entregue mais tarde a Gomes Freire, no Reino, livro hoje extraviado ou perdido, e muito importante para a etnografia e história pátria, a julgar pelas indicações ligeiras, fornecidas por Fr. Domingos Teixeira, biógrafo do governador:

> Depois de dar em larga relação notícia exata dos sertões que penetrou, rios, e nações várias que os habitam, sinalando pelos graus as alturas do polo, mais gasto do trabalho, que dos anos, veio a acabar [João Velho do Vale] em benefício da pátria, com serviços maiores que a gratidão. Descansam suas cinzas em jazigo humilde na cidade de São Salvador, onde veio consumar com último termo seus trabalhos com mais honra que interesse.

Vale fez duas viagens. Na primeira chegou à serra de Ibiapaba, onde deixou três estradas; da segunda alcançou a Bahia, naturalmente partindo da mesma serra, o que indica traçado bastante oriental, talvez pelas ribeiras do Poti e contravertentes do rio São Francisco, Cabrobó, Ibó e Jeremoabo.

É impossível decidir se a esta ou a outra estrada se refere uma carta de Antônio Albuquerque, sucessor de Gomes Freire, escrita em julho de 1694 e entregue na Bahia a d. João de Lencastro, governador geral, em 19 de abril do ano seguinte. Dois dias depois chegava à mesma cidade o sargento-mor Francisco dos Santos com quatro soldados e vinte índios, que tinham acabado de descobrir o caminho, trazendo uma carta de Antônio de Albuquerque datada de 15 de dezembro. Para retribuir a fineza e ver se podia encurtar o caminho, o governador geral mandou o capitão André Lopes ao Maranhão, com carta para Antônio de Albuquerque datada de 21 de maio. André Lopes alcançou a capital do Estado em novembro mas teve de esperar pela volta de Antônio de Albuquerque, ido ao Pará. Com resposta de 15 de março de 1696 estava na Bahia em 22 de setembro.

O trecho mais difícil a vencer ficava no Maranhão pròpriamente dito: nos rios Piauí e Canindé, nas ribeiras do Ceará, a uma e outra margem do São Francisco já abundavam fazendas de gado e deviam existir numerosas vias de comunicação. Com o gado desta procedência povoaram-se os sertões de Pastos Bons, cujas transações durante algum tempo se fizeram só com a Bahia, exatamente como as de Pernambuco a montante de Paulo Afonso.

Mais tarde o padre Malagrida levou a catequese até o rio Codó; seu sucessor João Ferreira fundou as Aldeias Altas, hoje Caxias. Conhecida a pequena distância neste trecho entre o Itapecuru e o Parnaíba começou a ser preferida esta passagem. Já em 1747 dela se servia d. Manuel da Cruz, trasladado do sólio do Maranhão para o de Mariana.

Maranhão começou a decair desde ou antes do governo de Gomes Freire, e explica-se o fato pelo abandono da agricultura, devido a produtos florestais semelhantes aos do Pará. Ao cravo, à canela, à castanha sucumbiram os engenhos.

"Erigiram cerca de cinquenta engenhos", escrevia um contemporâneo em 1703,

> que fabricaram enquanto se não descobriu o cravo e cacau, total ruína daqueles homens, como causa de ócio com que todos deixaram perder a fábrica de tabaco e açúcar em que se iam aumentando... Terrível é a dificuldade que têm os senhores de engenho em acomodar a conveniência de seus lavradores, em quem também é impraticável o querer lavrar canas; uns e outros confessam esta pela melhor conveniência, clamando que por falta dela estão miseráveis e que quando dela usavam viviam prósperos; porém, não há remédio em ajustarem-se; os lavradores com justa causa queixosos e teimosos com notável sem-razão; os senhores de engenho tiranos de suas próprias consciências: esta desunião é capaz de impedir as fábrica dos engenhos e não é o menos outro erro a que aqueles homens estão amarrados, querendo fabricar tudo o que gastam, como são lenhas, cinzas, azeites, farinhas, tabuados e canoas, em cuja fábrica divertindo a gente dos engenhos lhes não fica lugar de fabricar açúcar.

Informando este papel, acrescentava Antônio de Albuquerque: como estejam só com o sentido no sertão, feitos hidrópicos do gentio que só apetecem e procuram por único remédio, não tratam de se disporem a outro algum meneio.

Em 1751 a capitania contava oito freguesias, cinco engenhos de açúcar, duzentas e três fazendas a criar gado, das quais quarenta e quatro em Pastos Bons e trinta e cinco em Aldeias Altas.

As questões de limites com a Espanha, não menos que a importância crescente do Pará, foram causa da metrópole declarar-lhe subordinado o Maranhão e transferir para a bacia do Amazonas a capital do Estado. Breve, porém, graças à cultura do algodão e do arroz, à introdução de escravos africanos e à intervenção de nova companhia de comércio, abriu-se uma era de prosperidade relativa, muito inferior entretanto a seus imensos recursos naturais.

∾

Os engenhos de açúcar, as roças de fumo e mantimentos cabiam dentro de uma área traçada pelo custo de transporte dos produtos. Além de certo raio vegetava-se indefinitivamente, a prosperidade real nunca bafejaria o proprietário. Com a economia naturista, o equívoco podia prolongar-se por muito tempo, mas por fim patenteava-se que só próximo do mar ou no pequeno trecho dos rios navegáveis graças à ausência de corredeiras e saltos, a labuta agrícola encontrava remuneração satisfatória. Queixam-se os primeiros cronistas de andarem os contemporâneos arranhando a areia das costas como caranguejos, em vez de atirarem-se ao interior. Fazê-lo seria fácil em São Paulo, onde a caçada humana e desumana atraía e ocupava a atividade geral, na Amazônia toda cortada de rios caudalosos e desimpedidos, com preciosos produtos vegetais, extraídos sem cultura. Na outras zonas interiores o problema pedia solução diversa.

A solução foi o gado vacum.

O gado vacum dispensava a proximidade da praia, pois como as vítimas dos bandeirantes a si próprio transportava das maiores distâncias, e ainda com mais comodidade; dava-se bem nas regiões impróprias ao cultivo da cana, quer pela ingratidão do solo, quer pela pobreza das matas sem as quais as fornalhas não podiam laborar; pedia pessoal diminuto, sem traquejamento especial, consideração de alta valia num país de população rala; quase abolia capitais, capital fixo e circulante a um tempo, multiplicando-se sem interstício, fornecia alimentação constante, superior aos mariscos, aos peixes e outros bichos de terra e água, usados na marinha. De tudo pagava-se apenas em sal; forneciam suficiente sal os numerosos barreiros dos sertões.

A criação de gado primeiro se desenvolveu nas cercanias das cidade do Salvador; a conquista de Sergipe estendeu-se à margem direita do São Francisco. Na outra margem veio dar menos forte e menos acelerado o movimento idêntico partido de Pernambuco. Ao romper a guerra holandesa estavam inçadas de gado as duas bandas do rio em seu curso inferior. Nem por outro motivo as incorporou Maurício de Nassau ao território da Companhia das Índias Ocidentais, e os patriotas da liberdade divina com tanto afinco as defenderam.

Foi o gado acompanhando o curso do São Francisco. O povoado maior, a Bahia, atraiu todo o da margem meridional, que para lá ia por um caminho paralelo à praia, limitado pela linha dos vaus.

Mais tarde, à medida que a criação se afastou do litoral, outros caminhos se tornaram necessários. Um dos mais antigos passava por Pombal no Itapecuru, Jeremoabo no Vasabarris, e atingindo o São Francisco acima da região encachoeirada, chamou o gado da outra margem. Esta, pertencente a Pernambuco por todos os títulos, ficou de fato baiana, foi povoado por baianos, e como o chapadão do São Francisco se estreita depois da grande volta, onde ao contrário atinge sua maior expansão o do Parnaíba, consumou-se aqui a passagem de um para o outro, e encontraram-se os baianos com a gente vinda do Maranhão. O riacho do Terra Nova e o do Brígida facilitaram a marcha para o Ceará. Pelo do Pontal e pela serra dos Dois Irmãos passaram os caminhos do Piauí. Nem o Parnaíba teve poder para conter a onda invasora: Pastos Bons foi povoado por baianos, e até meados do século XVIII teve comunicações exclusivamente com a Bahia.

Na margem pernambucana do rio S. Francisco possuía duzentas e sessenta léguas de testada a casa da Torre, fundada por Garcia d'Ávilla, protegido de Tomé de Sousa, a qual entre o S. Francisco e o Parnaíba senhoreava mais oitenta léguas. Para adquirir estas propriedades imensas, gastou apenas papel e tinta em requerimentos de sesmarias. Como seus gados não davam para encher tamanhas extensões, arrendava sítios, geralmente de uma légua, à razão de 10$ por ano, no princípio do século XVIII. Um de tais rendeiros, Domingos Afonso, por alcunha o Sertão, partindo de um dos muitos sobrados existentes no São Francisco, aos quais se dá este nome por causa de vagamente semelharem um edifício, fundou numerosas e importantes fazendas nos rios Piauí e Canindé, legadas por sua morte à Companhia de Jesus, a quem a coroa as confiscou em proveito próprio, por ocasião de suprimir a Ordem.

Por esta margem do São Francisco existiam numerosas tribos indígenas, a maioria pertencente ao tronco cariri, algumas caribas como os Pimenteiras, e até tupis como os Amoipiras. Com elas houve guerras, ou por não quererem ceder pacificamente as suas terras, ou por pretenderem desfrutar os gados contra a vontade dos donos. Estes conflitos foram menos sanguinolentos que os antigos: a criação de gado não precisava de tantos braços como a lavoura, nem reclamava o mesmo esforço, nem provocava a mesma repugnância; além disso abundavam terras devolutas para onde os índios podiam emigrar. Entretanto, muitos foram escravizados, refugiaram-se outros em aldeias dirigidas por missionários, acostaram-se outros à sombra de homens poderosos, cujas lutas esposaram e cujos ódios serviram.

Resistiram bastante os índios do Pajeú, mas em tempo de d. João de Lencastro e por sua ordem Manuel de Araujo de Carvalho atacou-os. Simultaneamente penetrava da Paraíba Teodósio de Oliveira Ledo. Graças aos esforços dos dois, ficaram pacificados os sertões de Pajeú, Piancó e Piranhas. Parte deles abriu comunicações com Pernambuco, para onde mandava seus gados. Pajeú, apesar da proximidade, só fez isto em começos do século XIX; até então gravitava para a Bahia.

Ao compasso do afastamento do gado, novas passagens e novos caminhos iam sendo trilhados. Basta citar o de Jacobinas e a passagem do Juazeiro, pelo qual pautou-se uma estrada de ferro. Com o crescimento de Cachoeira e o impulso do plantio de fumo, abriu-se um ramal importante em busca do baixo Paraguaçu.

A margem baiana do São Francisco criou gado em não menor quantidade, embora no terreno cortado de serras e nas matas litorâneas ou ribeirinhas se conservasse numerosa população indígena, sempre disposta a salteios. As bandeiras de Arzão e Estêvão Parente e outras enfraqueceram, mas não extinguiram a resistência do gentio, e anos depois guerreavam-se ainda nas cabeceiras do rio de Contas, Pardo, etc. O grande proprietário desta banda chamava-se Antônio Guedes de Brito, com cento e sessenta léguas, contadas do morro do Chapéu até águas do rio das Velhas. Merecem também ser mencionados João Peixoto Viegas, que incorporou as terras do alto do Paraguaçu; Matias Cardoso e Fiqueira, conquistadores paulistas, estabelecidos em situações muito próprias a favorecerem o tráfego com S. Paulo. Os caminhos destes lados entroncaram primeiramente nos que pela margem esquerda do S. Francisco demandavam o chapadão do Parnaíba; só mais tarde o Paraguaçu foi procurado desde o curso superior e seguido até Cacheira, perto da barra.

Os primeiros ocupadores do sertão passaram vida bem apertada; não eram os donos das sesmarias, mas escravos ou prepostos. Carne e leite havia em abundância, mas isto apenas. A farinha, único alimento em que o povo tem confiança, faltou-lhes a princípio por julgarem imprópria a terra à plantação da mandioca, não por defeito do solo, pela falta de chuva durante a maior parte do ano. O milho, a não ser verde, afugentava pelo penoso do preparo naqueles distritos estranhos ao uso do monjolo. As frutas mais silvestres, as qualidades de mel menos saborosas eram devoradas com avidez. Pode-se apanhar muitos fatos da vida daqueles sertanejos dizendo que atravessaram a época do couro. De couro era a porta das cabanas, o rude leito aplicado ao chão duro, e mais tarde a cama para os partos; de couro todas as cordas, a borracha para carregar água, o mocó ou alforge para levar comida, a maca para guardar roupa, a mochila para milhar cavalo, a peia para prendê-lo em viagem, as bainhas de faca, as broacas e surrões, a roupa de entrar no mato, os banguês para cortume ou para apurar sal; para os açudes, o material de aterro era levado em couros puxados por juntas de bois que calcavam a terra com seu peso; em couro pisava-se tabaco para o nariz.

Adquirida a terra para uma fazenda, o trabalho primeiro era acostumar o gado ao novo pasto, o que exigia algum tempo e bastante gente; depois ficava tudo entregue ao vaqueiro. A este cabia amansar e ferrar os bezerros, curá-los das bicheiras, queimar os campos alternadamente na estação apropriada, extinguir onças, cobras e morcegos, conhecer as malhadas escolhidas pelo gado para ruminar gregàriamente, abrir cacimbas e bebedouros. Para cumprir bem com seu ofício vaqueiral, escreve um observador, deixa poucas noites de dormir nos campos, ou a menos as madrugadas não o acham em casa, especialmente de inverno, sem atender às maiores trovoadas, porque nesta ocasião costuma nascer a maior parte de bezerros e pode nas malhadas observar o gado antes de espalhar-se ao romper do dia, como costumam, marcar as vacas que estão próximas a ser mães e trazê-las quase como à vista, para que parindo não escondam os filhos de forma que fiquem bravos ou morram de varejeiras.

Depois de quatro ou cinco anos de serviço, começava o vaqueiro a ser pago; de quatro crias cabia-lhe uma; podia assim fundar fazenda por sua conta. Desde começos do século XVIII, as sesmarias tinham sido limitadas ao máximo de três léguas separadas por uma devoluta. A gente dos sertões da Bahia, Pernambuco, Ceará, informa o autor anônimo do admirável Roteiro do Maranhão a Goiás, tem pelo exercício nas fazendas de gado tal inclinação que procura com empenhos ser nela ocupada, consistindo toda a sua maior felicidade em merecer algum dia o nome de vaqueiro. Vaqueiro, criador ou homem de fazenda, são títulos honoríficos entre eles.

As boiadas procuravam os maiores centros de população, isto é, as capitais da Bahia e Pernambuco.

Sobre as que iam para a Bahia escreve o seguinte André João Antonil, anagrama do benemérito jesuíta João Antônio Andreoni:

Constam as boiadas que ordinariamente vêm para a Bahia, de cem, cento e cinquenta, duzentas e trezentas cabeças de gado; e desta quase cada semana chegam algumas a Capoame, lugar distante da cidade oito léguas, aonde tem pasto e aonde os marchantes as compram: e em alguns tempos do ano há semanas em que cada dia chegam boiadas. Os que as trazem são brancos, mulatos e pretos, e também índios que com este trabalho procuram ter algum lucro. Guiam-se indo uns adiante cantando, para serem desta sorte seguidos do gado; e outros vêm atrás das reses tangendo-as e tendo cuidado que não saiam do caminho e se amontem. As jornadas são de quatro, cinco e seis léguas, conforme a comodidade dos pastos aonde hão de parar. Porém, aonde há falta de água, seguem o caminho de quinze, e vinte léguas, marchando de dia e de noite, com pouco descanso, até que achem paragem aonde possam parar. Nas passagens de alguns rios, um dos que guiam a boiada, pondo uma armação de boi na cabeça e nadando, mostra às reses o vau por onde hão de passar.

Por maior cuidado na condução das boiadas, transviavam-se algumas reses, outras por fracas ficavam incapazes de continuar a marcha. Contando com isso, alguns moradores se estabeleceram nos caminhos e por pouco preço compravam este gado depreciado que mais tarde cediam em boas condições. Além disso, faziam uma pequena lavoura, cujas sobras vendiam aos transeuntes; alguns, graças aos conhecimentos locais, melhoraram e encurtaram as estradas; fizeram açudes, plantaram canas, proporcionaram ao sertanejo uma de suas alegrias, a rapadura. No rio S. Francisco, desde a barra do Salitre até São Romão, descobriram-se jazidas de sal na detenção de três graus geográficos, que preparado com algum trabalho provou excelente. Graças a estas circunstâncias, formou-se no trajeto do gado uma população relativamente densa, tão densa como só houve igual depois de descobertas as minas, nas cercanias do Rio.

Perdeu assim os terrores a viagem do sertão, e cerca de 1690 havia antes motivos a aconselhá-la. Um contemporâneo muito bem informado fala no preço altíssimo dos gêneros estrangeiros, na depreciação dos frutos da terra, na menor feracidade do solo em consequência do cansaço, nas limitações impostas à cultura do tabaco, "gênero fabricado por pretos, por brancos, por forros, por cativos, por ricos, por pobres, de que todos em sua qualidade se alimentavam e vestiam", nos excessos do contrato do sal, na prepotência da magistratura, na dificuldade de cobrar dívidas, no desenvolvimento anormal da mão-morta.

Das fazendas, terras, lavouras e propriedades possuídas das religiões nem Sua Majestade tem tributos, nem subsídios, nem ainda dízimos, nem as misericórdias, nem os hospitais, nem as sés, matrizes e mais igrejas, nem as confrarias e irmandades, nem as pobres órfãs e viúvas têm esmola alguma; só são úteis às religiões que as possuem e não a outra pessoa alguma... Anualmente vão indo às religiões muitas propriedades, terras e fazendas, ou por compra, ou por deixa, ou por herança, ou por demanda de pretensões de sessenta, setenta, oitenta, noventa e cem anos, as quais em poder dos vassalos seculares eram sujeitas a dízimos, tributos e mais pensões e incorporadas em religiões logo ficam isentas, e o pior é que aquele tanto ou quanto que pagavam de fintas, tributos subsídios e outros impostos, tornam a cair sobre os miseráveis seculares.

Desvanecidos os terrores da viagem ao sertão, alguns homens mais resolutos levaram família para as fazendas, temporária ou definitivamente e as condições de vida melhoraram; casas sólidas, espaçosas, de alpendre hospitaleiro, currais de mourões por cima dos quais se podia passear, bolandeiras para o preparo da farinha, teares modestos para o fabrico de redes ou pano grosseiro, açudes, engenhocas para preparar a rapadura, capelas e até capelães, cavalos de estimação, negros africanos, não como fator econômico, mas como elemento de magnificência e fausto, apresentaram-se gradualmente como sinais de abastança.

Se a Bahia ocupava os sertões de dentro, escoavam-se para Pernambuco os sertões de fora, começando de Borborema e alcançando o Ceará, onde confluíam a corrente baiana e pernambucana. A estrada que partia da ribeira do Acaracu atravessava a do Jaguaribe, procurava o alto Piranhas e por Pombal, Patos, Campina Grande, bifurcava-se para o Paraíba e Capibaribe, avantajava-se a todas nesta região. Também no alto Piranhas confluíram o movimento baiano e o movimento pernambucano, como já fica indicado.

Sobre a extensão de terras ocupada pelo gado vacum oferece-nos dados positivos o maravilhoso Antonil-Andreoni:

Estende-se o sertão da Bahia até a barra do rio de S. Francisco, oitenta léguas por costa; e indo para o rio acima até a barra que chamam de Água-Grande, fica distante a Bahia da dita barra cento e quinze léguas; de Santunse cento e trinta léguas; de Rodelas, por dentro, oitenta léguas; das Jacobinas, noventa, e do Tucano cinquenta... Os currais da parte da Bahia estão postos na borda do rio de São Francisco, na do rio das Velhas, na do rio das Rãs, na do rio Verde, na do rio Paramirim, na do rio Jacuípe, na do rio Ipojuca, na do rio Inhambupe, na do rio Itapicuru, na do rio Real, na do rio Vasabarris, na do rio Sergipe e de outros rios, em os quais, por informação tomada de vários, que correram este sertão, estão atualmente mais de quinhentos currais...

E posto que sejam muitos os currais da parte da Bahia chegam a muito maior número os de Pernambuco, cujo sertão se estende pela costa, desde a cidade de Olinda até o rio São Francisco, oitenta léguas; e continuando da barra do rio de São Francisco até a barra do rio Iguaçu, contam-se duzentas léguas. De Olinda para Oeste até o Piagui, freguesia de Nossa Senhora da Vitória, cento e sessenta léguas, e pela parte do Norte estende-se de Olinda até o Ceará-mirim, oitenta léguas, e daí até o Açu trinta e cinco, e até o Ceará Grande, oitenta; e por todas vem estender-se desde Olinda até esta parte, quase duzentas léguas...

Os currais desta parte hão de passar de oitocentos; e de todos estes vão boiadas para o Recife e Olinda e suas vilas e para o fornecimento das fábricas dos engenhos desde o rio de São Francisco até o rio Grande: tirando os que acima estão nomeados desde o Piagui, até a barra de Iguaçu e de Paranaguá e rio Preto; porque as boiadas destes rios vão quase todas para a Bahia, por lhes ficar melhor caminho pelas Jacobinas, por onde passam e descansam...

As [cabeças de gado] da parte da Bahia se tem por certo que passam de meio milhão, e mais de oitocentas mil hão de ser as da parte de Pernambuco, ainda que destas se aproveitam mais os da Bahia, para onde vão muitas boiadas, que os pernambucanos.

Muito tempo viveu esta gente entregue a si mesmo, sem figura de ordem nem de organização. Como eram católicos e a igreja à frequência dos sacramentos, naturalmente qualquer vigário ou algum mais animoso, mais zeloso ou mais cúpido saía de tempos em tempos a desobrigar as ovelhas remotas. Depois da instalação do arcebispado da Bahia, criaram-se freguesias no sertão, enormes, de oitenta, cem léguas e mais. Ali era cobrado o imposto meio civil meio eclesiástico do dízimo. Os dizimeiros que o arremataram, depois de ter feito a experiência, preferiram deixar a outros o trabalho da arrecadação: um dos fazendeiros ou qualquer pessoa capaz do interior em seu nome ia pelos vizinhos recolher os bezerros dizimados, pois a paga realizava-se em gênero; depois de alguns anos, três ou quatro conforme a convenção, prestava contas: cabia-lhe pelo trabalho um quarto do gado, exatamente como aos vaqueiros.

A carta régia de 20 de janeiro de 1699, primeiro esforço para introduzir alguma ordem naquela massa amorfa, mandou criar nas freguesias do sertão juízes à semelhança dos de vintena, que saíam dos mais poderosos da terra, e em cada freguesia um capitão-mor e cabos de milícia obrigados a socorrer e ajudar os juízes. A resistência contra estes se equiparava à resistência contra os juízes de fora, e ficariam sequestrados os bens do réu até sentença final; as penas pecuniárias deveriam ser preferidas por não se poder facilmente executar as corporais. Ouvidores, corregedores eram obrigados a uma visita trienal. Se tais ordens foram cumpridas e nos arquivos de além-mar existirem relatórios das correções, nem um documento poderá nos ajudar tanto no estudo e conhecimento da vida sertaneja.

Os capitães-mores deixaram fama de violentos, arbitrários e cruéis; não eram, porém, incontratáveis e maior ou menor sempre encontraram oposição. Reinava respeito natural pela propriedade; ladrão era e ainda é hoje o mais afrontoso dos epítetos; a vida humana não inspirava o mesmo acatamento. Questões de terra, melindres de família, uma descortesia mesmo involuntária, coisas às vezes de insignificância inapreciável desfechavam em sangue. Por desgraça não se dava o encontro em campo aberto: por trás de um pau, por uma porta ou janela aberta descuidosamente, na passagem de algum lugar ermo ou sombrio lascava o tiro assassino, às vezes marcando o começo de longa série de assassinatos e vendetas. Com a economia naturista dominante, custava pouco ajuntar valentões e facinorosos, desafiando as autoridades e as leis. Para apossar-se destes régulos só havia dois recursos: a astúcia ou o auxílio de vizinhos. Além do sentimento de orgulho inspirado pela riqueza, pelo afastamento de autoridades eficazes, pela impunidade, a criação de gado teve um efeito, que repercutiu longamente. Graças a ela foi possível descobrir mina. Desde 1618 o autor dos Diálogos das Grandezas do Brasil dizia que o problema da mineração não consistia em encontrar metais, — estes existiam não restava dúvida, pois o Oriente é mais nobre que o Ocidente e portanto o Brasil mais opulento que o Peru; o problema verdadeiro consistia na dificuldade de alimentar os mineiros. E expunha um plano:

> O primeiro que se devia fazer antes de bulir nelas, depois de estarem certos que eram de proveito, houvera de plantarem-se muitos mantimentos ao redor do sítio onde elas estão e como os houvesse em abundância tratar-se-ia da lavoura das minas; mas isto se faz pelo contrário, porque sem terem mantimento entenderam em tirar o ouro e como as minas estão muito pelo sertão os que vão levam de carreto o mantimento necessário e como se lhe acaba tornam-se e deixam a lavoura que tinham começado. E esta cuido que é a verdadeira causa de darem as ditas minas pouco de si.

O plano decorria da natureza das coisas e Fernão Dias Pais, sem nunca ter lido os Diálogos das Grandezas do Brasil, conservados inéditos até muito poucos anos, obedeceu-lhe na famosa jornadas das esmeraldas; seria suficiente enquanto os mineiros se limitassem a bandos mais ou menos numerosos, e a alimentação vegetal pudesse ser suprida com a caça e a pesca; depois do alborôto provocado pelos descobertos era indispensável recurso menos aleatório, e impunha-se a necessidade de gado vacum e de muito gado.

Não podia ir de S. Paulo: em março de 1700 o capitão-mor Pedro Taques de Almeida confessava a d. João de Lencastro, governador geral:

> destas vilas não é possível fazer-se [a remessa das boiadas], porque sendo vinte já perecem os povos, nem se vende peso de carne, e valendo uma rês dois mil réis prometem os mineiros oito, pelo que interessam nas minas, porque o preço geral até o presente foi cinquenta oitavas e em alguma necessidade cem.

O recurso só podia partir da bacia do rio S. Francisco.

Pelo dito rio ou pelo seu caminho, expõe um documento pouco posterior a 1705, lhe entram os gados de que se sustenta o grande povo que está nas minas, de tal sorte que de nem uma outra parte lhe vão nem lhe podem ir os ditos gados, porque não os há nos sertões de São Paulo nem nos do Rio de Janeiro. Da mesma sorte se provêm pelo dito caminho de cavalos para suas viagens, de sal feito de terra no rio S. Francisco, de farinhas e outras cousas, todas precisas para o trato e sustento da vida.

O rio S. Francisco, acrescenta, desde a sua barra que faz no mar junto à vila de Penedo, em igual distância de oitenta léguas da Bahia e Pernambuco, de uma e outra parte, assim do que pertence à jurisdição de Pernambuco como à da Bahia (para os quais serve de divisão o dito rio) tem às suas beiras várias povoações, umas mais chegadas, outras mais distantes do dito rio; e na mesma forma se vão continuando por ele acima, por espaço de mais de seiscentas léguas, até se ajuntarem na barra que nele faz o rio das Velhas, em cuja altura se acham hoje as últimas fazendas de gados de uma e outra banda do dito rio de S. Francisco, sem ter da dita barra até esta altura parte despovoada nem deserta em a qual seja necessário dormir ou alvergarem no campo os viandantes, querendo recolher-se na casa dos vaqueiros, como ordinàriamente fazem, pelo bom acolhimento que nelas acham.

Assim, como o alto Paraíba do Sul, mas em proporções muito mais grandiosas, também o rio de S. Francisco serviu de condensador da população.

À vista disto poder-se-ia esperar muitas vilas nestas regiões tão povoadas. Puro engano: só foram criadas no século XVIII, mais uma prova da diferença entre as capitanias del-rei e as de donatários na apreciação das municipalidades.

As câmaras do sertão não divergiam das do litoral, isto é, possuíam direito de petição, podiam taxar os gêneros de produção local, davam os juízes ordinários, mas eram antes de tudo corporações meramente administrativas.

Dos assentos da câmara do Icó no Ceará, instalada em 1738, constam posturas relativas ao plantio de mandioca para farinha e de carrapateira para o fabrico de azeite, à proibição de exportar farinha por causa da carestia, aos salários que deviam cobrar alfaiates, sapateiros e outros oficiais, à morte de periquitos, etc.

Nada confirma a onipotência das câmaras municipais descoberta por João Francisco Lisboa, e repetida à porfia por quem não se deu ao trabalho de recorrer às fontes.

À preocupação de minas cederam já Cristóvão Jaques e Martim Afonso. Nas suas capitanias esperavam encontrá-las João de Barros e sócios. Duarte Coelho contava descobri-las no rio de S. Francisco, e só deixou de ir pesquisá-las pessoalmente por circunstâncias alheias à sua vontade. Em Porto Seguro correram notícias de ouro uns quarenta anos depois da viagem de Pedr'Álvares. Luís de Melo da Silva embarcou-se à sua procura para as terras do Amazonas.

Tomé de Sousa dispôs uma expedição que transpôs a serra do Espinhaço. Sob seus sucessores volveram outros com pedras preciosas, especialmente esmeraldas. Pareceram por fim tais e tantos os vestígios de haveres a uma inteligência perspícua como a de Gabriel Soares, que abandonou o próspero engenho de Jeriquiriçá e perdeu anos com requerimentos junto às cortes de Lisboa e de Madrid para prestar à pátria o serviço de revelar-lhe as riquezas ocultas.

> Dos metais de que o mundo faz mais conta, que é ouro e prata, — escreve no último capítulo de seu monumental Tratado, — fazemos aqui tão pouca que os guardamos para o remate e fim desta história, havendo-se de dizer deles primeiro, pois esta terra da Bahia tem dele tanto quanto se pode

imaginar; do que pode vir a Espanha cada ano maiores carregações do que nunca vieram das Índias Ocidentais, se Sua Majestade for disso servido.

A tentativa em que se meteu não provou a verdade destes assertos, mas perpetuou-lhe o nome. A ele prende-se a tradição de grandes viagens ao interior e de inexauríveis minas de prata. Melchior Dias, seu parente, ofereceu mostrar o metal branco em quantidade igual à do ferro em Biscaia. Após muitas negaças, intimado a cumprir a promessa, levou o governador geral do Brasil com alguns mineiros às serras de Itabaiana. As experiências feitas com azougue deram nada, com fogo deram fumo, informa testemunha de vista. Apesar de tudo continuou inabalável a crença nos tesouros ocultos de Melchior e na riqueza argentífera. Ainda no último quartel do século XVII procurava-se, esperava-se prata.

Partilhando das crenças de Gabriel Soares, d. Francisco de Sousa mandou do Espírito Santo às esmeraldas e de S. Vicente a Sabarabuçu. Quando veio-lhe substituto dirigiu-se para Madrid, onde conseguiu a separação do Estado em dois governos, em 1608; coube-lhe o do Sul com a superintendência exclusiva das minas em toda a colônia. Nestes trabalhos perdeu a vida em São Paulo; a esperança conservou sempre e soube comunicá-la a outros.

A incumbência dada a d. Francisco passou por sua morte a Salvador Correia e a alguns de seus descendentes, que durante quatro gerações pesquisaram ouro, prata, esmeraldas nos pontos mais diversos. Salvador neto adquiriu por fim certo cepticismo a propósito de metais; antes de qualquer outro convenceu-se da não existência de prata: "em sua consciência o declara que de Itabaiana para o Sul, quarenta léguas do mar, não há minas de prata, porquanto nestas partes andou ele conselheiro e fez todas as experiências para a descobrir, e é diferente terreno do de Potosi", concluía no Conselho Ultramarino em 3 de maio de 1677. De Potosi podia falar com pertinência, pois fora até os Andes.

Por que se generalizou e persistiu esta crença com tanta pertinácia? Porque se acreditava na identidade estrutural do Ocidente e do Oriente da América; porque tomaram a malacacheta por prata, como Salvador afirma de Melchior Dias; porque nas ideias do tempo o Oriente era mais nobre que o Ocidente, e não podia faltar aqui o que abundava lá: "por boa razão de filosofia esta região deve ter mais e melhores minas que a do Peru", lê-se em documento escrito cerca de 1610, "por ficar mais oriental que ela e mais disposta para a criação de metais". Talvez influíssem também o nome do rio da Prata legado pelos primeiros navegadores e os informes confusos dos indígenas.

O ouro, não procurado ou procurado com menor afinco, aparecia entretanto às pequenas quantidades na capitania de S. Vicente. Desde o tempo de Mem de Sá encontraram alguns grãos Brás Cubas, provedor da fazenda, e Luís Martins, mineiro ido de Portugal.

Foram igualmente felizes outros. A crer na tradição houve descobertos riquíssimos; Afonso Sardinha, dizia-se, deixara oitenta mil cruzados de ouro em pó. Há de entrar exagero nesta conta, ou pelo menos muito ogó haveria no monte. Se tanto abundasse o metal, a população teria afluído aos bandos e os paulistas não levariam tanto tempo vida de bandeirantes.

Antonil-Andreoni parece mais próximo da verdade, quando diz a respeito destas primitivas lavras "que de um outeiro alto distante três léguas da vila de S. Paulo, a que chamam Jaraguá, se tirou quantidade de ouro que passava de oitavas a libras. Em Parnaíba, também junto da mesma vila no serro Ibituruna, se achou ouro e tirou-se por oitavas. Muito mais e por muitos anos se continuou a tirar em Parnaguá e Curitiba, primeiro por oitavas, depois por libras, que chegaram a alguma arroba posto que com muito trabalho para o ajuntar, sendo o rendimento no catar limitado".

Mais que as libras e oitavas, importam porém o gosto pelas pesquisas auríferas assim mantido e a prática do ouro de lavagem. Esta familiaridade influiu de maneira benéfica sobre o desenvolvimento ulterior da mineração.

D. Pedro II, depois de ver frustradas ou mal correspondidas todas as esperanças concentradas nas minas, resolveu dar um grande passo: dirigiu as mais lisonjeiras cartas à gente principal de São Paulo, confiando-lhe por assim dizer a questão.

Este apelo aos brios paulistas provocou o maior entusiasmo: um rei ainda se reputava então semideus, e uma carta régia honra quase sobre-humana. De chofre aparelharam-se e partiram nos rumos mais opostos numerosas bandeiras, e desde logo se evidenciou que, se o Brasil contivesse haveres minerais, não poderia conservá-los encobertos por mais tempo.

O mais famoso destes bandeirantes, transformado agora em mineiro pelo pedido do rei, chamava-se Fernão Dias Pais. Administrava algumas aldeias de índios Guanãan, desfrutava a casa grande característica da economia naturista e transmontara já o pino da vida. Alistou-se na cruzada do metal, apesar de tudo isto. Dez anos consumiu na porfia, e ao falecer nas matas do rio Doce levou a certeza de haver descoberto as célebres esmeraldas, secularmente esquivas.

Sua morte precedeu de pouco o despontar dos descobertos fenomenais. Garcia Rodrigues Pais era seu filho, uma filha sua esposara Manuel da Borba Gato, ambos astros de primeira grandeza nestes cometimentos.

De Minas Gerais o nome indica a fartura, a onipresença dos haveres. Quem os descobriu primitivamente é impossível apurar, tanto se contradizem as versões; o fato ocorreu pouco depois de 1690. Segundo Antonil-Andreoni, um mulato de Curitiba encontrou no riacho chamado Tripuí uns granitos cor de aço, que vendeu em Taubaté a Miguel de Sousa por meia pataca a oitava; levados ao Rio reconheceu-se neles ouro finíssimo. Foi este o primeiro descoberto.

Seguiram-se o de Antônio Dias, a meia légua de Ouro Preto, o de João de Faria, o de Bueno e de Bento Rodrigues pouco mais distantes, os do ribeirão do Carmo e do Ibupiranga, todos nas cercanias de Ouro Preto e Mariana; parte da bacia do alto rio Doce foi escavada, justificando o nome de minas gerais primeiramente aplicado a este distrito.

Outros centros foram o rio das Mortes nas proximidades de São João e São José de El-Rei, caminho de São Paulo; o rio das Velhas, revelado por Manuel da Borba Gato, caminho da Bahia; Caeté e, ainda e sempre no alto rio Doce e na cordilheira do Espinhaço, o serro do Frio. Novas minas foram descobertas em Pitangui, Paracatu e alhures; já pertencem à segunda corrente e dispensam enumeração especial.

Dos caminhos primitivos um partia de S. Paulo, acompanhava o Paraíba, transpunha a Mantiqueira, cortava as águas do rio Grande e além bifurcava para o rio das Velhas ou o Doce, conforme o destino; outro ou saía de Cachoeira na Bahia e subia o rio Paraguaçu, ou tomando outras direções, passava a divisória do São Francisco, margeava-o a maior ou menor distância até o rio das Velhas que perlongava; o caminho do Rio seguia por terra ou por mar até Parati, pela antiga picada dos Guaianá galgava a serra do Facão nas cercanias da atual cidade do Cunha e em Taubaté entroncava na estrada geral de São Paulo. Mais tarde o entroncamento fez-se em Pindamonhangaba.

Artur de Sá, primeira autoridade que visitou os descobertos, tratou com Garcia Rodrigues Pais a abertura de uma linha mais direta de comunicações com a cidade de São Sebastião, a verdadeira capital do Sul. O filho de Fernão Dias deu conta cabal da incumbência. Nas proximidades da hodierna Barbacena reuniam-se os caminhos do rio das Mortes, o do rio das Velhas, e o do rio Doce; começou daí, venceu a Mantiqueira, procurou o Paraibuna, seguiu-o até sua barra no Paraíba e pela serra dos Órgãos chegou à baía do Rio, passando em Cabaru, Marcos da Costa, Couto e Pilar. O trecho entre o Paraíba e a baía já estava ligado em 1725 por outro caminho, devido a Bernardo Soares de Proença, correspondendo em parte ao traçado de E. de F. de Petrópolis a Entre-Rios, em parte acompanhando o rio Inhomirim.

Ainda uma década depois dos primeiros descobertos, custava um boi cem oitavas, a mão de sessenta espigas de milho trinta oitavas, um alqueire de farinha de mandioca quarenta oitavas, uma galinha três ou quatro oitavas, um barrilote de aguardente, carga de um escravo, cem oitavas, um barrilote de vinho, carga de um escravo, duzentas oitavas, um barrilote de azeite duas libras (libra = 128 oitavas).

> Não se pode crer o que padeceram ao princípio os mineiros por falta de mantimentos, achando-se não poucos mortos com uma espiga de milho na mão sem terem outro sustento, informa Antonil-Andreoni. "Porém tanto que se viu a abundância do ouro que se tirava e a largueza com que se pagava tudo o que lá ia, logo se fizeram estalagens e logo começaram os mercadores a mandar às minas o melhor que chega nos navios do Reino e de outras partes, assim de mantimentos como de regalo e de pomposo para se vestirem, além de mil bugiarias de França, que lá também foram dar... E não havendo nas minas outra moeda mais que ouro em pó, o menos que se pedia e dava por qualquer coisa eram oitavas.

Com vender coisas comestíveis, aguardente e garapas muitos em breve tempo acumularam quantidade considerável de ouro, — continua o mesmo autor. Porque como os negros e os índios escondem bastantes oitavas quando catam nos ribeiros e nos dias santos e nas últimas horas do dia tiram ouro para si, a maior parte deste ouro se gasta em comer e beber, e insensìvelmente dá aos vendedores grande lucro, como costuma dar a chuva miúda aos campos, a qual continuando a regá-los sem estrondo, os faz muito férteis. E por isso até os homens de maior cabedal não deixaram de se aproveitar por este caminho dessa mina à flor da terra, tendo negras cozinheiras, mulatas doceiras e crioulos taverneiros ocupados nesta redosíssima lavra, e mandando vir dos portos de mar tudo o que a gula costuma apetecer e buscar.

Sem serem procuradas apareceram as minas de Cuiabá. Pascoal Moreira Cabral e seus companheiros andavam à cata de índios quando encontraram os primeiros grãos de ouro em 1719, em tamanha abundância que extraía-se com as mãos e paus pontudos; tirava-se ouro da terra como nata de leite, na expressão pitoresca de Eschwege. Os bandeirantes viraram mineiros sem pensar e sem querer. A experiência das desordens das minas gerais foi aproveitada, e não houve aqui as terríveis desordens que fizeram tristemente célebre o rio das Mortes.

As notícias desta facilidade única de minerar, levadas ao povoado, agitaram a população, e levianamente se lançou à terrível jornada que começava no Tietê próximo do Itu, prosseguia pelo Paraná até junto das Sete Quedas, varava para as águas do Mbotetéu até sua barra no Paraguai e subindo por este procurava o São Lourenço e o Cuiabá. Muitos naufragaram; morreram outros de inanição ou devorados pelas feras; dos escapos à morte muitos perderam nos saltos e corredeiras as fazendas com que pretendiam negociar; as fazendas salvas chegavam podres a seu destino, porque não toldavam as canoas. E depois de tantos perigos encontravam a mais negra miséria em Cuiabá.

Alguns fatos narrados por Barbosa de Sá, testemunha e cronista desse período, mostram o horror da situação.

Só em 1721 chegou a primeira ferramenta para a mineração. Não havia pescadores e um dourado colhido acaso vendia-se por sete e oito oitavas. Muitos andavam opilados e hidrópicos, todos em geral com pernas e barrigas inchadas, com cores de defuntos; apetecia-se comer terra e muitos o faziam. Em 1723 apareceram os primeiros porcos e galinhas. Em 1725 chegou-se a dar por um frasco de sal meia libra de ouro (256$, a câmbio de 27). O milho, antes de brotado, era comido pelos ratos; depois de nascido caíam-lhe em cima os gafanhotos; se espigava, o sabugo saía sem grãos; o que granava tinha de ser colhido verde para os pássaros o não comerem. As ratazanas eram tantas que um casal de gatos foi vendido por uma libra de ouro, e os filhotes a vinte e trinta oitavas. Em 1729, por falta de fazendas, venderam-se camisas de alguns lençóis que se desfaziam a doze oitavas de ouro; a vara de algodão da terra a três e a quatro oitavas; sal não havia nem para batizado.

A situação melhorou muito lentamente. Em 1725 começou-se a navegação pelo Pardo, Coxim e Taquari, o que facilitava bastante a viagem, principalmente depois de se fazerem roças, criação de gado e até carros para transportar canoas no varadouro de Camapuã, entre o Paraguai e o Paraná.

Em 1728 plantou-se cana:

> logo começaram a moer nas moendinhas que chamamos escaroçador e a estilar em lambiques que formavam de tachos, apareceram logo águas ardentes de cana que vendiam a cinco e seis oitavas de ouro e as frasqueiras a quarenta oitavas. Com isto foi que se começou a lograr saúde, a cessarem enfermidades e terem os homens boas cores que até então

tinham-nas de defuntos, foram a menos as hidropisias e inflamações de barrigas e pernas e a mortandade de escravos que té aí se experimentava enterrando-se cada dia aos montões.

Até então a gente se concentrava nas cercanias de Cuiabá. Em 1734 transpuseram a serra e na região dos Parecis afloraram novas minas. Grandes florestas encontradas ali são a origem do nome de Mato Grosso. Em 1736 descobriu-se caminho por terra de Cuiabá ao Paraguai, e pelas águas do Guaporé a mineração foi se estendendo. Aquele ponto mais remoto ainda do que Cuiabá sofreu iguais misérias; despertou, porém, risonhas esperanças conhecer-se a existência de aldeias de jesuítas espanhóis a distâncias relativamente pequenas. Os primeiros que foram às reduções encontraram bom acolhimento e obtiveram algum gado. Brotou a ideia entabular comércio e logo outros aventureiros realizaram mais de uma expedição sem o fruto apetecido, porque ordens restritas vedaram quaisquer transações com os portugueses. Nas reduções encontraram notícia de estarem na bacia do Madeira.

Poucos anos antes Francisco de Melo Palheta chegara às aldeias do Mamoré, partindo do Pará. Animado por este exemplo, Manuel Félix de Lima em 1742 atirou-se ao rio Guaporé e foi sair em Belém. Mais tarde João de Sousa de Azevedo embarcou no Arinos, foi dar no Tapajós e voltou pelo Madeira. Apesar das dificuldades de navegação ainda hoje não vencidas, a viagem de um e outro rio foi repetida e aqueles sertões de Noroeste ficaram ligados à baixada do Amazonas.

Outra ligação se estabelecera antes com S. Paulo por via terrestre para evitar os índios brabos. Desde a barra do São Lourenço começaram os Paiaguás e Guaicurus a perseguir as pessoas que iam para Cuiabá ou de lá tornavam. Apareciam de súbito em inúmeras canoas, e conhecendo os mínimos acidentes dos pantanais escolhiam os pontos de ataque e sabiam furtar-se aos que perseguiam. Diz-se que obravam incitados pelos castelhanos de Asunción e é muito possível, porque mineiros e bandeirantes não eram vizinhos para se desejar. Em todo o caso o ouro que tomavam encontrava a saída no Paraguai e tanto bastava para estimulá-los em seus salteios.

O primeiro destes sucessos ocorreu em 1725. Diogo de Sousa com muita gente entrava no Xané, no delta do S. Lourenço, quando apareceu o gentio. Foram mortas seiscentas pessoas: salvaram-se apenas um branco e um preto: como troféu e despojo, os Paiaguás levaram vinte canoas. Repetiram-se os ataques nos anos seguintes, ora mais perto, ora mais longe do Taquari, ponto obrigado depois das plantações do Camapuã e da navegação do Pardo. No meio de expedições para tomar vingança dos Bárbaros, surgiu a ideia de abrir caminho para Goiás e o povo concorreu com três mil oitavas para a obra. Realizou-se Antônio Pinto de Azevedo, que já estava de volta a Cuiabá em setembro de 1737, com cavalarias e gados, os primeiros ali introduzidos.

Os descobertos de Cuiabá lembraram a Bartolomeu Bueno da Silva que, uns quarenta anos antes, percorrendo os sertões em companhia de seu pai, o primeiro Anhanguera, vira entre os índios Guaiá pepitas de ouro servindo-lhes de ornatos. Deviam ser muito auríferas aquelas regiões, pois o metal chegara a atrair a atenção do aborígene. Sentiu-se capaz de achá-las outra vez, ofereceu-se a tentá-lo e seu oferecimento aceito, partiu de São Paulo em janeiro de 1722.

Fiara demais de sua retentiva: durante mais de três anos andou a esmo em todos os sentidos, até as cabeceiras do Araguaia; parte de sua gente desceu o Tocantins e chegou ao Pará; parte caiu em encontro com os índios, parte morreu de fome; depois de comidos os cachorros e alguns cavalos,

> fiz trinta e cinco sermões sem mudar de tema", conta um companheiro do segundo Anhanguera, "animando a todos que não esmorecessem, certificando-lhes para diante rios de muitos peixes, campos de muitos veados, matos de muita caça, mel e guarirobas. Perguntavam os miseráveis: quando? Respondia-lhes: nestes dias, e nestes permitia Deus que chegássemos e tudo se achava certo. Com isto cessaram as mortes e não morreu mais ninguém, e mal de muitos se não fora o pregador.

Afinal, em 21 de outubro de 1725, Bartolomeu Bueno chegou triunfante a S. Paulo, assegurando iguais grandezas às de Cuiabá, com a vantagem dos ares não serem tão contagiosos. Os rios, cujas passagens lhe foram concedidas e a seu sócio Bartolomeu Pais de Abreu, pai do benemérito historiador paulista Pedro Taques, dão ideia aproximada do seu itinerário, a trechos seguido no traçado da E. F. Mogiana: Atibaia, Jaguari, Mogi, Sapucaí, Pardo Grande, Velhas, Paranaíba, Corumbá, Meia-Ponte e Pasmados.

A primeira mineração condensou-se no rio Vermelho, afluente do Araguaia; mas também aqui apareceram minas generalizadas e os mineiros se dispersaram.

Em 1733 Domingos Rodrigues do Prado descobriu as de Crixás, Manuel Dias da Silva as de Santa Cruz e Calhamare as de Antas; no mesmo ano Manuel Rodrigues Tomar descobriu as de Água-Quente e nos seguintes as de S. José e Traíras; em 1734 Carlos Marinho descobriu as de S. Félix, em 1736 descobriu as de Cachoeira, Santa Rita e Moquém; em 1737 Francisco de Albuquerque Cavalcante descobriu as que guardam seu nome; datam de 1739 o descoberto de Amaro Leite, de 1740 o de Arraias, devido a Francisco Lopes, de 1740 o de Pilar, devido a João de Godói Pinto da Silveira, de 1746 o de Santa Luzia, devido a Antônio Bueno de Azeredo. Estas datas são aproximadas, e variam com os cronistas.

A situação geográfica de Goiás permitia-lhe fàcilmente comunicar-se com a baixada amazônica e com os chapadões de Parnaíba, de S. Francisco e do Paraná; sua aparição tardia na história e relativa proximidade caminho de São Paulo pouco tempo conservou-se único; apesar das proibições repetidas e arbitrárias abriram-se mais outras picadas, e gados e aventureiros afluiram de Minas Gerais, Bahia, Pernambuco, Piauí e Maranhão. Já se viu que poucos anos depois daqui partiram recursos para os cuiabanos.

Várias expedições se organizaram à procura de jazidas particularmente abundantes, sibilinamente anunciadas em roteiros misteriosos: Martírios, assim chamados da semelhança entre as formas das rochas vizinhas e os instrumentos da Paixão, Araez, rio Rico, etc. Nos roteiros, observa Eschwege, que ainda alcançou alguns, guardados ciosamente nas famílias, três irmãos ou três irmãs podem ser três serras ou três rios; juntamente com a trindade, anda em geral a alavanca encostada à gameleira, ou a corrente pregada ao cedro, ou o prato de estanho largado numa loca, designados como conhecenças inequívocas do tesouro e nunca vistos. Os Martírios, se de fato existem, aguardam ainda descobridor.

A estas três capitanias auríferas cumpre agregar a da Bahia, não menos rica. Jacobinas e rio de Contas, este sobretudo, justificaram todas as esperanças do velho Gabriel Soares; mas a metrópole julgou estes descobertos demasiado próximos do litoral, expostos portanto a assaltos de piratas, e proibiu fossem minerados. O veto respeitou-se o menos possível, embora se guardassem as aparências; daí certo ar de clandestinidade de especificá-la. Mais tarde a proibição foi levantada; contudo Bahia continuou antes agrícola e pastoril que mineira, e Goiás afogou-a com o seu esplendor.

As Ordenações do Reino enumeravam as minas entre os direitos reais. Como a experiência de quase um século patenteasse a dificuldade de desfrutá-las, triunfou a ideia, sugerida talvez por d. Francisco de Sousa e incorporada no regimento de 1603, de permitir a lavrança, com a ressalva do quinto para a Coroa. Enquanto o ouro andou por oitavas e libras, a porcentagem foi por assim dizer deixada aos escrúpulos de cada mineiro, mera afirmação de um princípio teórico; com os descobertos gerais de Cataguases transformou-se em propulsor de todo o mecanismo colonial.

No caos inicial a única autoridade, o guarda-mor, demarcava os lotes e apartava para o rei uma data, adjudicada em licitação a quem mais desse. O quinto cobravam provedores ad hoc ou arrecadavam registos colocados em pontos de passagem forçada: Taubaté, para quem procurava São Paulo, ou Parati, no caminho do Rio. Nas ribeiras do São Francisco a coleta ficava mais difícil, porque a partir do arraial de Matias Cardoso, perto da atual Januária, abriram-se muitos caminhos para o Norte e nascente; pelo rio desciam canoas e muitos preferiam este veículo, mais seguro e mais econômico. A dificuldade de arrecadação ainda avultou quando Garcia Pais estabeleceu comunicação direta com a baía do Rio de Janeiro. Mesmo assim o rendimento foi considerável.

Nova era começa em 1711, com a chegada de Antônio de Albuquerque, a criação de vilas e a instalação das municipalidades. Albuquerque reuniu as câmaras e pessoas mais notáveis, para assentarem o melhor meio de garantir os interesses da Coroa. Parecia racional uma capitação paga por cada bateia empregada na lavra; as câmaras preferiram impostos de entrada sobre fazendas secas, molhados e escravos. A invasão de Duguay-Trouin chamou o governador ao Rio; o ponto ficou suspenso; continuaram os registros e o sistema antigo.

Brás Baltásar da Silveira, novo governador, aceitou o oferecimento feito pelas câmaras de Vila-Rica, Sabará e Carmo, de darem anualmente, em paga do quinto, trinta arrobas de ouro (1 arroba = 16:834$000, ao câmbio de 27); para auxílio da cobrança, concedeu-lhes d. Brás uma quota no direito das entradas. Durou esta avença um quinquênio, sem que o governo da metrópole jamais parecesse satisfeito.

De 1718 a 1722, as câmaras abriram mão da quota de importação e obrigaram-se a pagar anualmente vinte e cinco arrobas. A corte encheu-se, porém, de escrúpulos com a injustiça da capitação até ali vigente; preferiu casas de fundição, a que seria recolhido todo o ouro em pó, reduzido a barras e desde logo quintado. Avessas a este sistema, as municipalidades propuseram pagar trinta e sete arrobas e assim se fez até 1725.

De então até 1750 vigorou, ora o sistema de capitação, ora o de casas de fundição. Estas foram definitivamente estabelecidas desde o começo do reinado de José I; afiançaram as câmaras o rendimento anual de cem arrobas; havendo sobra, poderia servir para cobrir de déficit do ano seguinte; se este apresentasse também sobra, a do ano anterior ficava pertencendo definitivamente à Coroa; se houvesse déficit e não pudesse ser suprido pelo modo indicado, proceder-se-ia à derrama, isto é, cada municipalidade concorreria proporcionalmente, de modo a completar-se a centena de arrobas. A câmara mais opulenta, a de Vila-Rica, tinha, como recursos exclusivos, os aferimentos de pesos e medidas, os foros das casas, a renda dos açougues e a da cadeia; somado tudo não chegava a cinco contos ânuos. Quer isto dizer que a escrupulosa metrópole passava adiante a responsabilidade na odiada capitação.

Levariam longe os pormenores do regime fiscal, imposto a Minas Gerais e, até onde o permitiam as distâncias e a população esparsa, à Bahia, Goiás e Mato Grosso; a proibição de abrir novas picadas, a proibição de fundar novos engenhos, a proibição de andar com ouro em pó, a proibição de andar com ouro amoedado, a proibição de exercer o ofício de ourives, os impostos múltiplos, os donativos implorados por prazo certo e curto e depois exigidos imperiosamente por prazo muito maior, estranhando-se a ousadia de suspendê-los nos termos do acordo inicial, mostrariam até onde pode chegar uma administração sem melindres e sem inteligência e uma gente sem energia, se não fosse o distrito adiamantino.

Apenas uma amostra. Divulgada em 1730 a existência de diamantes no Tijuco, logo d. Lourenço de Almeida, governador de Minas Gerais, estabeleceu a capitação de 5$ por cada escravo empregado nas lavras; no ano seguinte mandou despejar as minas, expulsar da comarca do Serro negros, mulatas e mulatos forros, limitar a mineração a certa zona, pagando-se pelo menos 60$ anualmente, afinal por muito favor reduzidos a 20$, proibiu vendas fora do povoado e só as permitiu na povoação com o sol de fora; em 1734 a capitação foi elevada a 40$, e logo em seguida vedada a mineração e mandado que nem um dos habitantes do distrito pudesse ter bateia, almocrafe, alavanca ou qualquer outro instrumento de minerar. Com o tempo foi-se tornando mais tirânico o regime, de modo a permitir que a Coroa portuguesa ficasse senhora do mercado de diamantes do mundo inteiro.

O ouro produzido no Brasil escapa a qualquer avaliação exata. Levando em conta uma porção de dados, Calógeras calcula que Goiás e Mato Grosso, desde o começo da mineração até 1770, deram uma produção total de nove mil arrobas; daquela data a 1822 mais umas duas mil e quinhentas: ao todo cento e noventa mil quilogramas. Entre São Paulo, Bahia e Ceará haveria mais setenta e cinco a oitenta mil. Chega-se assim ao total de duzentos e setenta mil quilos para a produção destas partes do Brasil, durante o período colonial até 1822.

Para Minas Gerais avalia-se em sete mil e quinhentas arrobas do princípio até 1725; em seis mil e quinhentas arrobas a produção dos onze anos seguintes; em doze mil arrobas de 1736 a 1751; em dezoito mil arrobas de 1752 a 1787; em três mil e quinhentas a quatro mil arrobas de 1788 a 1801; em três mil e quinhentas arrobas de 1801 a 1820. Até 1820 a extração total em Minas devia andar por 51.500 arrobas, digamos 772.500 quilogramas.

Os quintos representam apenas uma parte do regime fiscal: havia mais os dízimos, os direitos das entradas, as passagens dos rios.

Os dízimos, estabelecidos em 1704, rendiam no tempo de Teixeira Coelho mais de sessenta contos anuais: para os seis anos e cinco meses decorrentes do primeiro de agosto de 1777 ao último de dezembro de 1783 o contrato foi arrematado por 388 contos.

Os direitos de entrada cobravam-se nos registros do caminho novo, da Mantiqueira, do Itajubá, do Jaguara, do Ouro-fino, do Jacuí, de Sete Lagoas, do Jequitibá, do Zabelê, do ribeirão da Areia, de Nazaré, de Olhos d'Água, de S. Luís, de Santo Antônio, de Santa Isabel, do Pé do morro, do Rebelo, do Inhacica, do Caeté-mirim, do Galheiro, do Bom-Jardim, de Simão Vieira, de Jequitinhonha, de Itacambira, do rio Pardo. Pagavam entrada os escravos introduzidos pela primeira vez, cabeças de gado vacum, muar ou cavalar, e as cargas de fazenda seca ou molhada. Por molhados entendiam-se os comestíveis, ferro, aço, pólvora e tudo o mais impróprio para se vestir. O rendimento das entradas em 1776 foi de mais de cento e quarenta e sete contos.

Pagava-se passagem nos rios Sapucaí, Verde, Mortes, Grande, Paraupeba, Velhas, Urucuia, Baependi, Pará, São Francisco, Jequitinhonha. Ofícios de justiça e fazenda pagavam também donativos, terças e novos direitos.

Na constância da derrama surgiram os primeiros fenômenos da decadência da mineração. Explicaram-na pelos extravios cada vez mais numerosos, graças à multiplicidade de vias de comunicação. Teixeira Coelho, que passou onze anos em Minas, ocupando altos empregos, e deixou escrito precioso sobre a capitania, indica outras causas: a pobreza dos mineiros; falta de negros, monopólios deles e direitos excessivos que pagavam; abusos nas concessões dos guardas-mores; demandas sobre terras e águas minerais; mau método de minerar; demandas sobre os privilégios dos mineiros a que chamam da trintada, divisão das fábricas por heranças, etc.

Todos estes males influem sensivelmente na decadência das minas, observa Eschwege, mas todos eles procedem de duas únicas causas, e são terem se franqueado ao povo as minas sem limitação e sem inspeção sobre seus trabalhos e a falta de leis montanísticas adequadas a este país...

Os mineiros do país aproveitam só o que podem separar mecânicamente e de uma maneira muito imperfeita. Assim, contando todas as perdas que sofrem, causadas pela sua ignorância, desde que tiram o ouro do seu leito natural até que sai fundido da casa de fundição e da moeda, não será por certo exagerado quem avaliar estas perdas em a metade do mesmo ouro...

Desenganada de ouro, a população procurou outros meios de subsistência: a criação do gado, a agricultura de cereais, a plantação de cana, de fumo, de algodão; com o tempo avultou a produção ao ponto de criar-se uma indústria especial de transportes, confiada aos históricos e honrados tropeiros.

Diversas tentativas se fizeram para atravessar a mata e comunicar diretamente com o mar. A mais feliz consistiu na passagem do alto rio Doce para o Pomba, iniciada por 1766. A presença de poaia facilitou o comércio com os índios daquelas regiões. Coroados, Coropotos, extratores da erva medicinal, cujo emprego, segundo uma tradição encontrada por Martius, lhes ensinou a irara: "asseguraram-nos", escreve ele, "que estes filhos da natureza aprenderam o uso da raiz hemética com a irara, espécie de marta, que costuma, quando bebeu demais água impura ou salgada de muitos riachos e tanques, mastigar a raiz e a erva para provocar vômito. Contudo isto pode muito bem ser uma das muitas histórias infundadas que sem exame os portugueses receberam dos índios".

Assim, a penetração ou melhor a exteriorização fez-se rápida através da zona de ipecacuanha. Já na era de 780 Miguel Henrique, o Mão de Luva, chegava por este caminho às minas de Cantagalo. Mais tarde plantou-se café naquela comarca, que desceu o Paraíba ou procurou o porto de Magé (por Aparecida, Serra do Capim, Paquequer, estrada construída pelo barão de Aiuruoca), enquanto não pode servir-se da Estrada de Ferro de Pedro II e da Estrada de Ferro da Leopoldina.

∽

Os triunfos colhidos em guerras contra os estrangeiros, as proezas dos bandeirantes dentro e fora do país, a abundância de gados animando a imensidade dos sertões, as copiosas somas remetidas para o governo da metrópole, as numerosas fortunas, o acréscimo da população, influíram consideravelmente sobre a psicologia dos colonos. Os descobertos auríferos vieram completar a obra. Não queriam, não podiam mais se reputar inferiores aos nascidos no além-mar, os humildes e envergonhados mazombos do começo do século XVII. Por seus serviços, por suas riquezas, pelas magnificências da terra nata, contavam-se entre os maiores beneméritos da coroa portuguesa.

Tal transfiguração não se deram pressa em reconhecer os filhos do além-mar. Daí atritos frequentes. Gregório de Matos, baiano que se formara em Coimbra e aliás não revela simpatia particular pelos patrícios, já na segunda metade do século XVII manejava o látego da sátira contra o reinol: vem degradado por crimes ou fugido ao pai, ou por não ter o que comer, salta no cais descalço, despido, roto, trazendo por cabedal único piolhos e assobios, curte a vida de misérias, amiúda roubos, ajunta dinheiro, casa rico e ocupa os cargos da república! De outra parte não faltariam respostas mordazes e remoques equivalentes.

Destes atritos e malquerenças a primeira manifestação pública explodiu nas terras do ouro com a chamada guerra dos Emboabas, uma das designações dos reinóis na língua geral. Para o caso de que vamos agora tratar a designação era pouco rigorosa. Naquelas brenhas tão alongadas do litoral devia haver poucos portugueses; é provável, quase certo, estivessem em minoria nos combates: mas a alcunha, além de afrontosa, resolvia uma questão difícil: como chamar os adversários, em sua maioria gente da ribeira do São Francisco, se muitos vieram de São Paulo ou procediam de paulistas, e eram baianos os de uma, pernambucanos os de outra margem? Chamavam emboabas a todos os que não sairam de sua região, explica Rocha Pita.

Os paulistas afetavam profundo desprezo pelo emboaba, tratavam-no por vós, como se fora escravo, informa o cronista destes sucessos. Durante o prazo de sua prepotência entre a serra da Mantiqueira e a do Espinhaço, nas primeiras décadas da anarquia incompreensível, entregaram-se aos maiores excessos e só a força deu leis. Um dia, ante a violência praticada à sua vista contra um pobre diabo, protestou Manuel Nunes Viana, emboaba poderoso, afazendado nas margens do Carinhanha, prático em guerras contra o gentio do S. Francisco, nas quais conquistara o posto de mestre de campo. Tanto bastou para promoverem-no a chefe dos oprimidos. Os paulistas por sua vez sentiam-se espoliados com a presença de tantos forasteiros. Conservam ódio aos reinóis, lembrava Antônio Rodrigues da Costa, no Conselho Ultramarino de que era membro, porque os reputam por usurpadores daquelas riquíssimas minas, que eles entendiam firmemente serem patrimônio seu, que lhes havia dado ou a sua fortuna ou a sua indústria. Entre espoliados e oprimidos o conflito era fatal.

A morte da gente miúda não se levava em conta, mas um dia os forasteiros mataram José Pardo, paulista poderoso, e seus patrícios começaram a se armar, para em janeiro do seguinte ano de 1709 dar cabo dos emboabas. Estes, fogosos agora com o prestígio do chefe eleito, anteciparam a ameaça e sairam à procura do inimigo para dar-lhe combate. A força de São Paulo, que descuidosa acampava junto ao rio das Mortes, recolheu-se a um capão quando chegou a multidão arrebanhada no rio das Velhas e alto rio Doce. De cima das árvores os paulistas disparam tiros certeiros, mas sua resistência não podia aturar muito, por estar cercado o mato de modo a não permitir saída e além disso falecerem víveres. Espalhou-se que os emboabas se contentariam com desarmar os contrários, e estes, fiados na promessa vaga, pediram bom quartel, prometendo entregar as armas. Concedeu-lho Bento do Amaral Gurgel, cabo da força atacante, fluminense de instintos sanguinários; apenas, porém, os viu indefesos "fez um tal estrago naqueles miseráveis que, deixando o campo coberto de mortos e feridos, foi causa de que ainda hoje se conserve a memória de tanta tirania, impondo àquele lugar o infame título de capão da Traição".

Ensoberbecidos com esta vitória, os emboabas proclamaram Manuel Nunes Viana governador daquelas minas. O aclamado, alheio às malfeitorias e crueldades de Bento do Amaral, praticadas longe de suas vistas e sem seu assentimento, mostrou-se capaz do cargo; elevou-se de chefe de partido a cabeça de governo, criou juízes, distribuiu postos, ofícios e patentes, regularizou a concessão das minas, cobrou os quintos devidos ao régio erário, arrecadou direitos sobre os gados e fazendas importadas, sopeou a anarquia reinante. Excessos praticou necessariamente, nem com a facilidade poderia evitá-los, mas sua obra foi benéfica e depois dela percebe-se o arrefecimento da barbárie universal. Era aliás um espírito de certa cultura; gostava de ler a Cidade de Deus e obras congêneres; a suas expensas se imprimiu o Peregrino da América de Nuno Marques Pereira, um dos mais apreciados livros para nossos avós do século XVIII, como provam suas numerosas edições.

A notícia dos sucessos do rio das Mortes atraiu às minas Fernando de Lencastro, governador do Rio. Os espíritos estavam ainda muito excitados para reconhecer-lhe a autoridade, mesmo se admitissem sua imparcialidade e desta com razão ou sem ela duvidavam. Em Congonhas, próximo de Ouro Preto, Nunes Viana saiu-lhe ao encontro, rodeado de cavalaria e infantaria, e o governador intimidado fez-se de volta para sua capital. Diz-se que secretamente procurou-o o chefe dos emboabas, assegurando-lhe sua lealdade, prometendo sujeitar-se à ordem legal apenas serenasse a efervescência de sua gente. Parece exata a história, pois quando mais tarde acudiu Antônio de Albuquerque, sucessor de d. Fernando, acompanhado apenas de dois capitães, dois ajudantes e dez soldados, Nunes Viana entregou-lhe voluntàriamente o mando e recolheu-se a suas fazendas na margem pernambucana do São Francisco.

Donde menos se esperava anunciou-se nova procela. Os paulistas, sobreviventes ao morticínio do capão da Traição, foram recebidos em sua terra com desprezo até das próprias mulheres, que "blasonando de Pantasiléas, Semiramis e Zenobias, os injuriavam por se haverem ausentado das minas fugitivos, e sem tomarem vingança dos seus agravos, estimulando-os a voltar na satisfação deles com o estrago dos forasteiros". Estas palavras ardentes encontraram eco; Piratininga tornou-se praça de guerra; numerosos voluntários, sedentos de vingança, gruparam-se à roda de Amador Bueno da Veiga e se encaminharam para além da Mantiqueira. Sua marcha foi bastante vagarosa. Saiu-lhes ao encontro Antônio de Albuquerque, esperançado em ser tão bem sucedido com eles como fora com os emboabas. Enganou-se, porém; a marcha vagarosa dos paulistas não provinha de hesitações ou receios e por tal modo receberam o governador que dali mesmo seguiu para o Rio pelo velho caminho de Parati, receioso de ser preso por aqueles súditos turbulentos. Da cidade, pelo caminho novo de Garcia Pais, mandou avisar os emboabas do perigo que os ameaçava.

Assim tiveram tempo de se aparelhar e fortalecer até chegar Amador Bueno com seus mil e trezentos soldados. Feriu-se logo o combate e durou vários dias; alguns paulistas, desanimados com a resistência, falaram em levantar o cerco; alguns emboabas, à vista da mortandade nas próprias fileiras, pensaram em se render. O ódio era demasiado forte de parte a parte para prevalecer qualquer solução mais humana. Afinal, quando os emboabas já não podiam se manter e dispunham uma sortida desesperada, misteriosamente retiraram-se os paulistas, talvez com o boato de marcharem do rio das Velhas e de Ouro Preto forças consideráveis. Não deram com isso a partida por perdida e trataram de preparar ou fingiram preparar outra expedição mais forte para recomeçar a luta; interveio, porém, d. João V, com o prestígio semi-divino da realeza naquelas inteligências rudimentares: "entendendo o soberano que ânimos generosos se deixam vencer com qualquer afago, lhes enviou pelo novo governador um retrato seu... para que entendessem que visitando-os daquele modo, já que pessoalmente o não podia fazer, tomava aos paulistas debaixo de sua real proteção". Com este singular presente se satisfizeram, e esquecidos dos agravos passados depuseram as armas.

Depois da guerra dos emboabas, houve ainda desordens em Minas Gerais, uma delas, em 1720, sufocada enèrgicamente; não mais inspirouas o espírito de nativismo, isto é, a queixa de espoliação e sua importância é meramente provinciana.

Mal estavam pacificadas as terras do ouro e já rebentava a manifestação análoga na capitania de Pernambuco.

Depois da expulsão dos flamengos, o governador fixou residência em Olinda, e nela o primeira bispo estabeleceu a sede da diocese em 1688. A nobreza antiga reedificou a casaria destruída, que ocupava só por ocasião das festas, pois a maior parte do ano passava nos engenhos. O Recife, graças à superioridade do porto, continuou a prosperar e adquiriu população numerosa e permanente; preferiam-no para morada os negociantes, gente que em geral procurava enriquecer depressa, para ir desfrutar a fortuna no além-mar. Os olindenses olhavam para eles com toda a soberania, de sua prosápia e de seus postos, desdenhosamente chamavam-nos mascates, e andavam sempre em rusgas por causa de contas queixando-se uns de usura e extorsão, outros de mau pagamento e má fé.

Depois de enriquecer, alguns recifenses procuravam ter também parte no governo, obter hábitos e ganhar postos de milícia. Conseguiram-no com grande indignação da nobreza, acostumada ao privilégio destas honrarias. Em 1703 fizeram não só eleitores como um vereador. Com isto tanto mais se exacerbaram as paixões. Olinda aproveitou sua dupla superioridade de capital civil e eclesiástica para a todo propósito amesquinhar a rival. Desde então empenharam-se os mascates em obter para o Recife o título de vila, condição de autonomia dos negócios municipais. Enquanto reinou d. Pedro II, lembrado ainda da guerra dos vinte e quatro anos, valeu a oposição da nobreza; d. João V cedeu à influência contrária poucos anos depois de haver subido ao trono.

A solução ofendeu os brios olindenses, mas talvez não provocasse violências se a outro coubesse executar a ordem régia. Governava a capitania Sebastião de Castro Caldas, ex-governador do Rio e da Paraíba, português leviano, sarcástico, desdenhoso dos subordinados, adito dos reinóis. A 15 de fevereiro de 1710 levantou o pelourinho da vila nova, em honra sua chamada de S. Sebastião; a 3 de março levantou outro com maior solenidade, por não ser bastante o primeiro. A delimitação do termo de Recife, a jurisdição dos juízes ordinários, a serventia dos diversos ofícios malquistaram o ouvidor, o juiz de fora e o juiz ordinário com o governador. Correu que se pretendia depô-lo, como em 1666 se fizera a Jerônimo de Mendonça Furtado. Sob este pretexto, verdadeiro ou falso, começou ele a prender pessoas importantes, e ameaçava ainda outras quando a 17 de outubro desfecharam-lhe um tiro às 4 horas da tarde, no meio da rua. Já tardava este desfecho: "em Pernambuco se acha que mais gente se tem morto a espingarda depois de sua restauração do que matara a mesma guerra", escrevera-se alguns anos antes.

Não foram pegados os três mandatários nem se descobriu mandante. Caldas, ligeiramente ferido, proibiu que a dez léguas do Recife andasse alguém armado e mandou prender mais gente. O fato de superintender a tudo sem se recolher ao leito deu azo aos agitadores para espalharem ser fingido o ferimento e o tiro mandado dar por ele próprio; a proibição de andar-se armado apontaram como prova de estar disposto a entregar a terra aos franceses, que acabavam de atacar o Rio. Com isto cresceu a fermentação; perdendo a calma, o governador expediu vários destacamentos às freguesias da mata, a efetuar novas prisões. Levantou-se o povo; parte da tropa foi cercada, parte capitulou, parte fraternizou, e levas numerosas de populares puseram-se em marcha para o Recife.

A 5 de novembro chegou à praça a notícia do levante; a 6, Caldas tentou negociar com os levantados, que a nada quiseram atender; a 7 de madrugada embarcou numa sumaca para a Bahia, levando consigo alguns dos mais odiados de seus partidários.

Dos populares, recrutados pela maior parte em Santo Antão, S. Lourenço, Jaboatão, Varge, Muribeca, alguns eram movidos sobretudo pela pretensa traição do governador; a outros instigava ódio aos mascates, e formava artigos de seu programa o saque do Recife. Tê-los dissuadido deste projeto deveu-se principalmente aos religiosos regulares e seculares. Na entrada da nova vila houve algumas violências, mas de pequeno vulto e a tempestade desfez-se sem os estragos temidos. O pelourinho foi derribado, anulada a eleição, inutilizados os pelouros, privados de insígnias os oficiais mascates; um ou outro devedor menos consciencioso liquidou as contas sumàriamente; contudo houve mais farsas e desfeitas que violências e desforços.

Com retirada de Sebastião de Castro vagara o lugar de governador; abertas as vias de sucessão para saber o nome do substituto, saiu o do bispo da diocese. Alguns insurgentes opuseram-se à posse. Bernardo Vieira de Melo, sargento-mor, um dos cabos na guerra dos Palmares, propôs se proclamasse umas república à moda de Veneza ou se procurasse a proteção de alguma potência cristã. Hoje é festa estadual em Pernambuco o dia 10 de novembro, em honra deste gesto peregrino. Que ideia formava da república e da adaptabilidade a terras tão atrasadas, a povo tão alheio às práticas políticas e administrativas, de organismo complexo e delicado qual a constituição veneziana, provàvelmente se ignorará até a consumação dos séculos. Ouvira, talvez, falar no seu caráter aristocrático e ingenuamente equiparava a nobreza de Olinda aos cultos patrícios das lagunas. Do protetorado de qualquer nação cristã que se poderia seguir? Esperava-o fim idêntico ao da invasão flamenga, — bem o provava o atual movimento, triunfante graças principalmente à crença que se divulgou da convivência do governador expulso com os franceses. De resto podem ser falsas estas alegações, transmitidas só por adversários rancorosos, empenhados em agravar as culpas dos vencidos. Acabou-se reconhecendo legítimo o sucessor indicado pelas vias de sucessão, Sua Ilustríssima o Senhor d. Manuel.

D. Manuel Álvares da Costa, chegado de Portugal no começo do ano, mantivera com o representante do poder civil as relações antes frias que cordiais de praxe entre os cabeças das duas sociedades perfeitas. Ao ser informado do tiro, foi visitar o ferido de quem na mesma ocasião se despediu por ter de partir para a Paraíba. Em caminho agregou-se à comitiva, como dias antes convencionara, José Inácio Arouche, o ex-ouvidor malquistado com o governador a propósito da divisão do termo do Recife, e objeto de ódio muito particular seu e dos mascates, apesar de português. Sebastião de Castro implicou-o entre os mandantes do crime a fautores da conspiração, deu ordem de capturá-lo e, não sendo achado em casa, mandou segui-lo até onde fosse encontrado: era fácil a diligência, pois Arouche não andara com mistérios.

A 20 de outubro amanheceu cercada a igreja de Tapirema, onde pernoitara o bispo, por uma tropa de soldado encarregada de realizar a prisão. D. Manuel escreveu a Sebastião de Castro protestando contra a desatenção à sua pessoa e descomposição imerecida e obrigando-se a dar conta do perseguido. A resposta foi remessa de força mais numerosa, acusações odiosas contra o ex-ouvidor, ordem de trazê-lo vivo ou morto:

> se o dito doutor está inocente, tenho bens com que satisfazer-lhe a injúria e cabeça com que pague quando por este respeito mereça castigo... Este doutor ficou em Pernambuco ou por pecado da terra ou pelo meus, pois não só embaraçou o meu governo, mas pôs a V. S.ª em ódio com as sua ovelhas, como é público e notório, pois todos reconhecem as letras e virtudes de V. S.ª e atribuem aos seus conselhos e vinganças tudo quanto se tem visto e experimentado.

Arouche escapou à prisão porque sacerdotes do lugar deram-lhe escápula e por caminhos desviados levaram-no à Paraíba.

D. Manuel voltou para Olinda no dia 10 de novembro, a 15 tomou posse do governo e logo, para aquietar os povos sublevados desde São

Francisco até Paraíba, perdoou-lhes a revolução e o tiro, "confiado na grandeza de el-rei nosso senhor que Deus guarde, o haja de confirmar".

Seguem-se alguns meses de calma aparente. A nobreza desfrutava ruidosamente a vitória, dando tudo terminado; apenas em junho do ano seguinte falou-se de tirar proveito das fortalezas para impedir o desembarque do novo governador, se não trouxesse o perdão esperado, ou permiti-lo sòmente sob certas condições.

Entretanto a inércia dos mascates encobria um trabalho de mina muito ativo. Com habilidade foram separadas da causa de Olinda as freguesias situadas entre o cabo de Santo Agostinho e o rio S. Francisco, obtida a cooperação do capitão-mor da Paraíba, do mestre de campo dos Henriques, do governador dos índios, do comandante da fortaleza de Tamandaré; aos poucos, para não despertar atenção, reunidos víveres em quantidade suficiente para resistir a um cerco; aliciado o terço do Recife com seus oficiais, fiéis a Sebastião de Castro até a última hora. Esta pelo menos é a versão olindense. Como nada transpirou até o momento decisivo dificilmente se compreende; não se sabe o que mais admirar, se a manha da gente mascatal, se a cegueira da nobreza, e ganha foros de verossímil a história depois contada pelos mascates de que nada se previra, nada se preparara, tudo surgira de momento. Até hoje só têm triunfado no Brasil movimentos improvisados, que dispensam longas combinações e prodigalidades cerebrais.

Soldados do terço do Recife e os de Bernardo Vieira de Melo entraram em rusga por causa de mulheres à toa; o sargento-mor tomou o partido dos seus e exigiu o castigo dos outros; estes imploraram-lhe perdão, mas encontrando-o mal disposto e implacável, sairam para a rua disparando tiros, dando vivas ao rei e morras aos traidores, prenderam o cabo dos Palmares e levaram-no para a cadeia. O bispo e Valenzuela Ortiz, antigo juiz de fora que interinamente substituía a Arouche na ouvidoria, assistiram à prisão e aprovaram-na. Como por encanto ocupou as fortalezas a gente recifense; tudo isto a 18 de junho de 1711. No outro dia o bispo assinou comunicações às freguesias rurais aquietando-as. Se houvera de fato plano, a execução correu magistral: de um só golpe ficavam guarnecidas as fortalezas com pessoal amigo, imobilizado o mais resoluto cabecilha do grupo adverso e a legalidade de tudo atestada pela presença e aprovação explícita do chefe religioso e civil da capitania e de seu primeiro magistrado. Depois de três dias o bispo e o ouvidor sairam de Recife para Olinda, onde o inesperado dos sucessos provocara a maior agitação.

D. Manuel era varão virtuoso e letrado, mas facilmente sugestionável, timorato e violento a um tempo, impelido numa direção pelos ditames da consciência e logo atirado em sentido oposto pelas intrigas dos conselheiros. Sem grande custo convenceu-se na cidade de que os mascates quiseram prendê-lo, que a guarnição das fortalezas embuçava os mais negregados horrores e não podia, nem devia permitir desrespeito à majestade real depositada em suas mãos. Mandou diversas intimações aos do Recife para abandonarem as fortalezas, desvanecerem as fortificações feitas para terra, reconhecerem a fidelidade dos olindenses. Depois da quarta, tão inútil como as outras, a 27 de junho demitiu de si parte do poder temporal em favor de Valenzuela Ortiz, do mestre de campo Cristóvão de Mendonça Arrais, e oficiais do senado, "contanto que não haja efusão de sangue e assim o protesto uma e mil vezes, como já protestado tenho, e que para esta restauração e negócio e tudo o mais que dele se pode seguir, não concorro direta nem indiretamente, porque só quero a paz e sossego nos vassalos de Sua Majestade que Deus guarde".

Se quisesse tornar inevitável a efusão de sangue, o pobre prelado não teria achado melhor caminho. Escudada em sua cumplicidade, a nobreza cercou o Recife e as hostilidades abriram-se com violência de parte a parte. Bombardeios, sortidas, recriminações, folhas avulsas mostrando a sem-razão dos adversários compõem este pouco interessante episódio. Comandava os mascates João da Mota, natural de Alagoas, elevado a capitão mandante por ser o oficial mais antigo. Era-lhe fácil manter a resistência, pois os sitiados sabiam que desta vez, se se rendessem, seria fatal o saque da vila. Dispunha a mais de sangue frio, bravura, entusiasmo, bom humor e presença de espírito. A exemplo do bispo, constituiu uma espécie de governo eclesiástico de frades, principalmente recoletos e carmelitas, letrados e canonistas, para contrabalançar as censuras e excomunhões episcopais. Nunca os mensageiros do prelado puderam fazer as intimações necessárias, e portanto ninguém se considerou nunca excomungado. A terrível arma mentiu fogo.

Na campanha houve dois combates: no primeiro venceram os mascates, no segundo os cidadãos. Apesar de seu furor partidário, o cronista olindense reconhece um quê de providencial no resultado dos dois encontros:

> Mistérios foram ambas estas ocasiões da Divina Providência, que não permitiu o conseguir-se de outra sorte, livrando-nos sempre do maior mal, que por cegos o não víamos; pois é certo que se os nossos na primeira vez vencessem, como desejavam, escandalizados do seu atrevimento e sem o seu amparo os do Recife, entrariam de fora os moradores a abrasar

quantos dentro nele achassem. E se nesta segunda batalha nos vencessem, vinham do mesmo modo sobre nós a acabar-nos.

A notícia dos primeiros sucessos chegou a Lisboa em fevereiro de 1711. Com eles ocupou-se o Conselho Ultramarino na consulta de 26. A impressão produzida foi veemente: "este caso não só é gravíssimo, mas o maior que até agora aconteceu na nação portuguesa", e a variedade nos alvitres, a virulência nas propostas, chegando um membro a fixar o mínimo dos que deveriam ser condenados à pena última, patentearam o soçobro dos conselheiros. Quase tanta indignação como o tiro e o levante suscitou a fuga de Sebastião de Castro, largando um governo de que prestara menagem nas mãos do soberano; o perigo da vida, mesmo se houvesse, não era o motivo para desculpá-lo.

Chegaram depois notícias mais tranquilizadoras: a posse do bispo, o perdão concedido aos revoltosos, a paz e a obediência sucedendo ao motim. A consulta de 8 de abril já revela mais calma. Só a 1 de junho, porém, o governo metropolitano resolveu confirmar o perdão, prender Sebastião de Castro por abandono do cargo, enviar novo governador, acompanhado de ouvidor, juiz de fora e alguma tropa.

Félix José Machado, nomeado governador, apareceu ao longe sobre Pau Amarelo em 6 de outubro, e logo os dois partidos mandaram a bordo expondo a seu modo o estado das cousas. Só então devia ter sabido do cerco do Recife e mais sucessos dele decorrentes. Exigiu que João da Mota entregasse as fortalezas, fez levantar o cerco e restituir toda a autoridade política a d. Manuel, de cujas mãos unicamente as receberia.

Estes atos revelaram espírito bem orientado, disposto a colocar-se sobranceiro às facções que se degladiavam. É bem possível mantivesse esta atitude até o fim se houvesse maneira de chegar a qualquer conciliação entre os combatentes, ou de arredar a questão fundamental: quem eram os verdadeiros criminosos? Os de Olinda que atentaram contra a vida de Sebastião de Castro, derribaram o pelourinho, queimaram as pautas eleitorais? Os do Recife que negaram obediência ao bispo-governador, guarneceram as fortalezas por autoridade própria, abocaram a artilharia contra a terra? Os cidadãos haviam sido anistiados pelo rei; o governador geral desde a Bahia anistiara os mascates, mas estes, desvanecidos e orgulhosos, diziam não precisar de perdão, antes reclamavam recompensas e agradecimentos.

A resposta seria fácil havendo terceiro levante, e logo um partido denunciou o outro de o estar tramando. A acusação era absurda, como o ato inexequível. Os de Olinda não tinham encontrado apoio ao Norte de

Itamaracá ou ao Sul de Santo Agostinho; menos o encontrariam agora, com tropas vindas de Portugal e navios de guerra fundeados no porto. A gente mascatal obtivera a restauração da vila, o reerguimento do pelourinho, novas eleições: que mais poderia aspirar?

Entretanto, convenceu-se o governador de que os olindenses conspiravam, e logo começaram prisões, perseguições e processos. Ouvidores e desembargadores chamados a devassar o caso mostraram não só a parcialidade odienta a favor dos reinóis, como às vezes ordenaram prisões pelo simples desenfado de desfeitear o adversário e de se divertir com a gente de sua roda. O bispo teve ordem de sair de Olinda para o S. Francisco e como, por ser tempo das águas, viajasse devagar, intimou-lhe um desembargador que andasse mais depressa. Se a primeira dignidade eclesiástica não escapava destas afrontas, pode-se imaginar o que passariam pessoas sem imunidades. Foram anos bem calamitosos os de 1712 e 1713.

No fim deste, Antônio de Albuquerque, depois de ter governado Maranhão, Rio, S. Paulo e Minas, aportando a Pernambuco de passagem para a Europa, pode observar o estado de miséria e atribulação daquela pobre gente, e na corte expôs a verdadeira situação.

Os serviços prestados durante anos em cargos tão importante davam peso a suas palavras e a ele se atribuiu a disposição mais benévola desde logo mostrada. Cartas régias datadas de 7 de abril de 1714 lembraram que estavam perdoados tanto o levante de 1710 como o de 1711; não havia mais devassar e prender por causa deles; só constituía crime o de 1713.

Por implicados neste foram conservados presos Bernardo Vieira de Melo e um filho, Leonardo Bezerra e dois filhos, e Leão Falcão, o estouvado e leviano que, ainda depois da chegada de Félix José Machado, teve a veleidade de tentar resistir e insurgir-se, nos limites de Goiana, poderoso centro mascatal.

Leonardo Bezerra, depois de desterrado para a Índia, conseguiu fugir para a Bahia, onde terminou a vida. Segunda a tradição escrevia aos amigos: "não corteis um só quiri das matas; tratai de poupá-los para em tempo oportuno quebrarem-se nas costas dos marinheiros". Marinheiro era uma das designações dos portugueses na capitania de Pernambuco, quiri o nome de madeira tão rija como ferro. Se as palavras são autênticas, devia possuir otimismo incurável o velho insurgente que fiava a república ou a independência de sua pátria de costas e cacetes quebrados.

Entre estas agitações publicou-se na metrópole um livro intitulado Cultura e opulência do Brasil por suas drogas e minas, obra de André João Antonil, lê-se na primeira página da edição impressa com as licenças necessárias pela oficina real Deslanderina em 1711. Hoje sabemos que se tratava de anagrama e deve-se ler João Ant. Andreoni L. (luquense). Filho de Luca em Toscana, Andreoni veio ao Brasil em 1689 como visitador da Companhia de Jesus e terminada a comissão ficara na província. Ocupava o cargo de reitor da Bahia quando expirou Antônio Vieira, em 1697. Era provincial ao rebentar a guerra dos Mascates; há queixas, provàvelmente fideindignas, de haver manifestado simpatias a favor da nobreza de Olinda.

A obra de Andreoni, dividida em cinco partes, trata de engenhos e açúcar, de fumo, minas e gado. Sem amplificações, em forma tersa e severa, adunava algarismos e mostrava o Brasil tal qual se apresentava à visão de um espírito investigador e penetrante. Ficava-se agora sabendo da existência de cento e quarenta e seis engenhos, moentes e correntes na Bahia com a produção ânua de quatorze mil e quinhentas caixas de açúcar; de duzentos e quarenta e seis engenhos em Pernambuco; produzindo doze mil e trezentas caixas; de cento e trinta e seis engenhos no Rio, produzindo dez mil duzentas e vinte. Somava tudo trinta e sete mil e vinte caixas, de trinta e cinco arrobas cada uma, apurando 2.535:142$800.

A Bahia produzia vinte e cinco mil rolos de fumo, Pernambuco e Alagoas dois mil e quinhentos, rendendo anualmente 334:650$000.

No decênio anterior, a extração de ouro importaria mil arrobas; oficialmente andava agora por cem cada ano, mas a realidade importaria trezentas, uma por dia, descontados domingos e dias santos.

Para avaliar o gado bastava lembrar que os milhares de rolos de fumo iam encourados para bordo; além disso, Bahia exportava anualmente cinquenta mil meios de sola, Pernambuco quarenta mil e Rio, com os que iam da colônia do Sacramento, vinte mil, — ao todo cento e dez mil meios de sola, na importância de 201:800$000.

E não são tudo estes 3.743:992$800 da opulência do Brasil em favor de Portugal.

Cumpre acrescentar

> o que rende o contrato das baleias que por seis anos se arrematou ultimamente na Bahia por 110 mil cruzados, o contrato anual dos dízimos reais, que na Bahia, nestes últimos anos, fora as propinas, chegou a perto de 200.00 cruzados; no Rio de Janeiro, por três anos, por 190.000 cruzados; em São Paulo por 60.000 cruzados, fora os das outras capitanias menores, que em todas notàvelmente cresceram; o contrato dos vinhos, que na Bahia se arrematou por seis anos 195.000 cruzados, em Pernambuco por três anos em 46.000 cruzados, e no Rio de Janeiro por quatro anos por mais de 50.000 cruzados; o contrato de sal na Bahia arrematado por doze anos a

28.000 cruzados cada ano; o contrato das águas ardentes da terra e de fora, avaliado por junto em trinta mil cruzados; o rendimento da Casa da Moeda do Rio de Janeiro, que, fazendo em dois anos três milhões de moeda de ouro, deu de lucro a el-rei, que o compra a doze tostões a oitava, mais de seiscentos mil cruzados; além das arrobas dos quinto que cada ano lhe vão; os direitos que se pagam nas alfândegas dos negros que vêm cada ano de Angola, S. Tomé e Mina em tão grande número aos portos da Bahia, Recife e Rio de Janeiro, a 3.500 réis por cabeça; e os dez por cento das fazendas no Rio de Janeiro, que importam um ano por outro oitenta mil cruzados.

A conclusão tirada destes algarismos escrupulosamente dispostos não podia ser mais modesta. Devem ser multiplicadas as igrejas, pois tanto cresce a população, amoestava o sagaz jesuíta; devem ser propostas pessoas idôneas nos concursos e provimentos das igrejas vacantes, pois tanto avultam os dízimos; deve-se pagar com pontualidade a soldadesca das praças e fortalezas marítimas e adiantá-la nos postos em igualdade de serviços; deve-se deferir as petições dos moradores, e aceitar os meios que para seu alívio e conveniência as câmaras tão humildemente propõem.

Se os senhores de engenhos e os lavradores do açúcar e do tabaco são os que mais promovem um lucro tão estimável, parece que merecem mais que os outros preferir no favor e achar em todos os tribunais aquela pronta expedição que atalha as dilações dos requerimentos, e o enfado e os gastos de prolongadas demandas.

O governo metropolitano deu ao livro uma resposta fulminante: confiscou-o, e com tamanho rigor que ainda hoje raríssimos exemplares se encontram da edição princeps. Pretextou para esta violência, estar divulgado nele o segredo do Brasil aos estrangeiros. Não se vê bem como podia fazê-lo: cultiva-se cana e fabricava-se açúcar em colônias de outras nações; plantava-se também fumo, criava-se gado, trafegavam-se minas. Que lhes poderia ensinar de novo a Cultura e opulência do Brasil por suas drogas e minas? A verdade é outra: o livro ensinava o segredo do Brasil aos brasileiros, mostrando toda a sua possança, justificando todas as suas pretensões, esclarecendo toda a sua grandeza.

Sob a arquitetônica severa dos algarismos colhidos pelo benemérito jesuíta conservou-se inviolado o segredo do Brasil aos brasileiros; transpirou, porém, sob outras formas, em adumbrações significativas.

Surdiu em ditirambos, exaltando a riqueza sem par do país. Apareceu em vastas compilações dedicadas à nobiliarquia, como a de Borges da Fonseca para Pernambuco, a de Jaboatão para a Bahia, e sobretudo a de Pedro Taques para S. Paulo, entroncando as famílias do Brasil na primeira nobreza de Espanha, Itália e Flandres. Como falecia-lhe senso histórico, Loreto Couto apanhou centenas de nomes para mostrar Pernambuco ilustrado com virtudes, com as letras, pelas armas, pelo sexo feminino.

No mesmo Loreto Couto, beneditino pernambucano que escrevia por 1757, encontramos manifestação ainda mais característica: o exalçamento, a glorificação do indígena, em confronto com a antiga gente de Portugal e até com povos mais adiantados do velho mundo.

Para provar suas virtudes morais, cita o nome de índios notáveis pelo valor e pela fidelidade, um Tabira, os Camarões e tanto outros auxiliares nas guerras flamengas e na conquista do país. Entre as manifestações de suas virtudes intelectuais aponta os conselhos em que os velhos da tribo discutiam as questões pendentes, o conhecimento das enfermidades e mezinhas, os ardis de caça e pesca.

Ignoravam a verdadeira religião? Não adoravam como os gentios antigos moradores da Beira e marinha de Setúbal uma baleia arrojada à praia, nem lhe ofereciam em sacrifício anualmente uma donzela e um moço.

> Se os erros mui repugnantes aos princípios naturais provam barbaridade, é preciso declarar por bárbaros aos ingleses, dinamarqueses, suevos e muitos alemães, pois em todas estas nações está muito dominante o erro de que não pecamos por eleição, senão por necessidade, que Deus nos obriga a pecar e nos é impossível evitar o pecado.

Se tivessem cultura, desenvolveriam a inteligência.

> No nosso reino de Portugal entre Celorico e Trancoso habitavam povos tão brutos e silvestres como animais indômitos, tão rudos que uma família não entendia a língua de outra com menos de duas léguas de distância, pelo que eram julgados pelos povos confinantes como bestas mais feras que as mesmas feras.

Entregavam-se à antropofagia?

> Nem nos deve admirar a barbaridade destes povos, quando sabemos que dos descendentes de Tubal e de outras nações políticas com que se povoou

Portugal se reduziram muitos dos seus descendentes a tanta brutalidade que matavam e comiam aos que dos povos vizinhos apanhavam ou em guerra ou em ciladas.

Servindo-se dos mesmos raciocínios, trata da língua geral cujas excelências celebra, da cor dos primitivos habitantes, etc. Suas ideias, discursivamente expostas e fundamentadas, aparecem sob forma sintética nos poetas contemporâneos; de modo ainda mais intuitivo revelam-nas os apelidos tomados na época da independência: Araripe, Braúna, Canguçu, Guaicuru, Jucá, Montezuma, Mororó, Sucupira, Tupinambá e muitos outros. Por toda parte transparece o segredo do brasileiro: a diferenciação paulatina do reinol, inconsciente e tímida ao princípio, consciente, resoluta e irresistível mais tarde, pela integração com a natureza, com suas árvores, seus bichos e o próprio indígena.

Com ar triunfante, o escritor beneditino agita o decreto real de 4 de abril de 1755, declarando

> que os meus vassalos deste reino e da América que casarem com as índias dela não ficam com infâmia alguma, antes se farão dignos de minha real atenção e que nas terras em que se estabelecerem serão preferidos para aqueles lugares e ocupações, que couberem na graduação de suas pessoas, e que seus filhos e descendentes serão hábeis e capazes de qualquer emprego, honra ou dignidade, sem que necessitem de dispensa alguma, etc.

Este decreto constitui episódio de longa história que se pode resumir em poucas palavras.

Apenas aportou à Bahia em 1549, Manuel da Nóbrega interessou-se pelos indígenas, por seu bem-estar físico, por sua formação espiritual e incorporação ao catolicismo. A experiência convenceu-o da necessidade, para colher resultado útil e duradouro, de isolar o indígena do colono, para afeiçoá-lo ao trabalho moderado, resguardar-lhe a segurança pessoal e garantir-lhe economia independente. Que fosse permitido escravizar índios, nunca contestou ele nem qualquer de seus sucessores: exigiram apenas o preenchimento de certas condições para a escravidão ser lícita. Cometeram um erro capital, mas inevitável: como poderiam negar o direito de cativar brasis, se os contemporâneos e as gerações seguintes durante mais de dois séculos reconheceram a escravatura africana?

Apesar de todos os embaraços criados pelas hesitações da metrópole e pelas paixões da colônia, a obra de Nóbrega prosseguiu e, na região amazônica sobretudo, prosperou. Aos missionários foi entregue a administração temporal das aldeias, cuja abastança e fartura excediam às das vilas dos brancos. Não se falava senão das riquezas dos jesuítas, e de fato sua parcimônia, gerência metódica e desapego pessoal figuravam uma magnificência de que levaram o segredo, como depois se verificou.

Com o tempo as aldeias tornaram-se não só um estado no estado como uma igreja na igreja. O primeiro bispo do Pará quis chamar à sua jurisdição os missionários, mas estes, escudados em numerosos privilégios pontifícios e mercês régias, recusaram submeter-se. Suas razões deviam pesar alguma cousa, pois a decisão final exigiu largos anos.

Aos 24 de setembro de 1751 tomou posse do cargo em Belém Francisco Xavier de Mendonça Furtado, nomeado Governador Geral do Estado. Recomendavam-lhe suas instruções velasse pela liberdade dos índios e coibisse os excessos dos missionários. Uma excursão começada em Fevereiro do ano seguinte permitiu-lhe visitar as aldeias distribuídas entre a ilha de Marajó e o estreito de Pauxis. Em Caiá, ouvindo o discurso de um cacique, satisfeito com os melhores tempos que se anunciavam, exclamou: "E estes são os homens de quem se diz não têm juízo nem são capazes de nada! Deles se pode fazer uma nação como qualquer outra de que se pode tirar grande interesse".

Sua correspondência oficial neste e nos anos imediatos insiste na liberdade dos indígenas, nos abusos dos missionários, nos bens de raiz possuídos contra lei expressa, etc. Em fevereiro de 1754, escrevendo a Diogo de Mendonça Corte-Real, mostra-se convencido da impossibilidade de civilizar os índios com o auxílio dos regulares. Suas palavras eram genéricas, sem referência alguma especial à Companhia de Jesus. De suas reclamações resultaram duas leis, datadas de 6 e 7 de junho do ano seguinte, uma abolindo a administração temporal dos missionários nas aldeias, proclamando a outra mais uma vez a liberdade absoluta dos indígenas. Deixou-se ao arbítrio do governador geral o modo e a ocasião de publicá-las.

Incumbido de dirigir a demarcação das fronteiras do Norte, Mendonça Furtado reclamou das aldeias as centenas de remeiros necessários ao progresso da comissão, os milhares de alqueires de farinha e outros gêneros necessários à manutenção de toda esta gente durante anos. O Pará moderno, servido por navios a vapor, comerciando com os dois mundos, estaria à altura de tamanhas exigências; não estava a Amazônia antiga, ocupada na extração do cravo, da salsa-parrilha, do cacau, sustentada quase exclusivamente pela pesca, muito feliz quando a pequena produção agrícola bastava para o consumo ordinário.

Mendonça parece não ter tido ideia clara desta situação, e todos os embaraços fatais, decorrentes da natureza das coisas, atribuiu às intrigas, à malevolência e perfídia dos jesuítas, criminosos obstinados e relapsos de uma monstruosidade sem nome: não terem domesticado as leis demográficas e econômicas às impaciências do irmão de Pombal. Para castigar tão nefando crime, reuniram-se as duas sociedades perfeitas; só uma expiação bastaria: extinguir a igreja na igreja, o estado no estado, que realmente era e não podia deixar de ser o regime dos aldeamentos.

Em 5 de fevereiro de 1757, Mendonça publicou a lei retirando aos missionários a administração temporal das aldeias, que deviam ter daí por diante uma organização puramente civil. Os missionários continuariam como párocos sujeitos à jurisdição do prelado. Todos sujeitaram-se a isto exceto os jesuítas por não lho permitirem suas constituições. Ofereceram-se para coadjutores, mas isto não aceitaram o governador nem o bispo.

Mendonça formulou um diretório em cerca de noventa e cinco artigos, datado de 3 de maio, para reger provisòriamente. Neste código da nova ordem de cousas, o missionário era substituído pelo diretor. A 14 do mesmo mês explicava esta criação do seguinte modo:

> E não sendo possível que passassem [os índios] de um extremo a outro sem se buscar algum meio por que se pudesse chegar àquele importante fim, me não ocorreu outro mais proporcionado do que pôr em cada povoação um homem com o título de diretor, ao qual, sem ter jurisdição alguma coativa, lhe pertencesse só a diretiva para lhe ir ensinando não a forma de se governarem civilmente, mas a comerciarem de a cultivarem as suas terras, e tirarem destes frutuosos e interessantíssimos trabalhos os lucros que eles sem dúvida alguma hão de dar de si e fazerem-se estes até agora desgraçados homens por esta forma cristãos, civis e ricos, que é o que sem dúvida alguma lhe há de suceder, se os diretores fizerem a sua obrigação.

Em seguida passou a elevar as aldeias maiores a vilas e as menores a lugares. Um contemporâneo, suspeito por ser jesuíta e não ter presenciado os sucessos, dá interessante descrição destas novidades; também sua cronologia não parece rigorosamente exata.

> Veio-lhe pois ao pensamento dar o nome e os privilégios de vilas à semelhança das que há em Portugal a muitas aldeias que os índios habitavam, não obstante constarem todas de pobres, e rústicas choupanas, a exceção da igreja e casas dos párrocos. Para isto mandando levantar um grande pau no meio de um terreiro, dava a este sítio o nome de pelourinho; depois

escolhendo entre todos aqueles selvagens alguns, que lhe pareceram ou pela fisionomia do rosto ou pela mole do corpo, mais hábeis para os empregos, a que os queria elevar, os constituiu como vereadores ou juízes dos mais, dizendo-lhes que eles eram tão bons, como os portugueses: que se governassem a si, sem dependência, ou sojeição alguma dos missionários. Além disto mandou vestir e calçar estas suas novas criaturas, assentá-las á sua mesa, fazendo-lhes nela muitos brindes, e ensinado-lhes inter pocula, por meio de um língua ou intérprete, o modo como se haviam de portar dali em diante, administrando a todos Justiça, etc. etc. Os Índios porém, acabada a comida, e a companhia desfeita, esquecendo-se de quanto lhes tinha dito o senhor Mendonça, apenas sairam da sua presença tiraram os sapatos e vestidos e se emborracharam com os seus vinhos a que chamam mocòroròs, e em sinal de alegria e contentamento pelos cargos, a que tinham sido elevados, gritavam todos dizendo: Vinha del-rei, vinha del-rei, querendo dizer viva el-rei, viva el-rei. Mas passada a bebedice e tornando em si, se fizeram insolentes não só com os Missionários, perdendo-lhes o respeito e desobedecendo-lhes ainda nas cousas espirituais, senão também com os outros Índios; e isto com tal excesso, que saindo os Jesuítas e o mais Religiosos, que até ali foram párrocos nas Aldeias, além dos clérigos, que os substituíram, se viu o senhor Mendonça obrigado a mandar alguns portugueses com o título de diretores para os governar, e meter em sojeição: e ainda muitos destes portugueses repugnaram a ir para as novas vilas sem terem sempre consigo alguns soldados, que os defendessem dos insultos daqueles bárbaros.

Mendonça tratou em seguida da lei relativa à liberdade dos índios. Havia uma bula de Benedito XIV, passada em 20 de dezembro de 1741 a instâncias de d. João V, cominando excomunhão latae sententiae a quem por qualquer motivo cativasse indígenas do Brasil. No panfleto pombalino intitulado Relação abreviada da república, etc., lê-se que o bispo do Pará d. Miguel de Bulhões ao tratar de executar a mesma bula se concitou contra ele uma sublevação que impediu por então aquela providência apostólica. A alegação é absolutamente caluniosa. Em data de 11 de junho de 1757 escrevia Mendonça Furtado: "cuja bula foi dada a este prelado por ordem de S. Majestade para publicar e fazer observar na sua diocese, o que pretendendo executar quando veio para esta cidade foi embaraçada pelos mesmos fundamentos com que eu suspendi a publicação da liberdade", etc. Os fundamentos para a suspensão da lei da liberdade foram meras considerações de oportunidade, como se verifica em toda a correspondência do governador geral; nunca houve sublevação. E tanta consciência tinha o escriba de estar caluniando, que acrescenta: "ao mesmo prelado não pareceu participar à corte uma tão estranha desordem, em tempo no qual a notícia de um tão escandaloso fato, temeu que alterasse a tranquilidade do ânimo do dito monarca, que já se achava com a grave enfermidade de que veio a falecer em 31 de julho de 1750". Assim se escreve a leitura.

A 25 de maio foi publicada a bula de Benedito XIV pelo bispo. A 28 Mendonça publicou a lei da liberdade dos índios. Não despertaram protestos, e diga-se a verdade, não foram respeitadas, apesar das aparências.

O diretório, aprovado pelo rei, vigorou de 1757 a 1798. As misérias provocadas por ele, direta ou indiretamente, são nefandas. Por fim d. Francisco de Sousa Coutinho teve compaixão dos índios e conseguiu a revogação. Chegava tarde a medida salvadora: o mal estava feito. Em 1850 o Pará e o Amazonas eram menos povoados e menos prósperos que um século antes; as devastações da cabanagem, os sofrimentos passados por aquelas comarcas remotas de 1820 a 1836 contam entre as raízes a malfadada criação de Francisco Xavier de Mendonça Furtado.

As leis retirando aos missionários a administração das aldeias e libertando os índios, ditadas só para o Estado do Maranhão, foram feitas extensivas ao resto do Brasil por alvará de 8 de maio de 1758. Também aqui miraculosamente pululavam as vilas, todas com legítimos nomes portugueses. Nestas partes a questão do indígena já perdera a importância, e as violências não foram tamanhas. Um escritor pernambucano das primeiras décadas do século passado mostra a situação antes ridícula que tétrica:

> Os Índios têm vilas, e câmeras; e são nelas juízes, sem saberem nem ler, nem escrever, nem discorrer! tudo supre o escrivão; o qual, não passando muitas vezes de um mulato sapateiro, ou alfaiate, dirige a seu arbítrio aquelas câmeras de irracionais quase, pelo formulário seguinte:
>
> Na véspera do dia, em que há de haver na aldeia vereação, parte o escrivão da sua moradia, se é longe; e neste caso sempre a cavalo; e vem dormir, nessa noite, em casa do senhor juiz, o qual imediatamente se encarrega do cavalo do senhor escrivão, leva-o a beber água; e por fim vai peá-lo aonde possa comodamente pastar.
>
> Fica entretanto o escrivão descansando, senhor aliás da casa, mulher, e filhas do oficioso juiz, que na volta lhe cede o melhor lugar da choupana, para dormir e passar a noite. Logo em amanhecendo começa o juiz a ornar-se com os velhos e emprestados arreios da sua dignidade, e a horas

competentes marcha para um pardieiro, com alcunha de casa da câmera, aonde lidas as petições, que o escrivão fez na véspera, são despachadas pelo mesmo escrivão em nome do senhor juiz ordinário; e pouco depois se desfaz o venerando senado, e aparecem os senadores de camisa, e ceroulas, e de caminho para as suas tarefas.

A declaração da liberdade e o diretório dos índios foram seguidos de outras medidas em que igualmente colaboraram a igreja e o Estado. A Santa Sé nomeou visitador e reformador geral apostólico da Companhia de Jesus o cardeal F. de Saldanha, que contra os jesuítas vibrou um tremendo mandamento, subscrito a 15 de maio de 1758. A 7 de junho o patriarca de Lisboa suspendeu-os do exercício de confessarem e pregarem na sua diocese. Aproveitando uns tiros dados no rei, Pombal fez assinar pelo régio manequim uma lei declarando-os rebeldes, traidores, e havendo-os por desnaturalizados e proscritos.

No correr do ano seguinte foram embarcados para o Reino as centenas de sucessores de Nóbrega encontrados no Brasil. Durou duzentos e dez anos a sua atividade em nossa terra, e sua influência deve ter sido considerável. Deve ter sido, porque no atual estado de nossos conhecimentos é impossível determiná-la com precisão. No tempo de sua prosperidade publicaram apenas a redundante, deficiente e nem sempre fidedigna crônica de Simão de Vasconcelos, que vai só de 1549 a 1570. O que se encontra nas crônicas gerais, ânuas e outras publicações reduz-se às poucas páginas reunidas por A. H. Leal na Rev. Trim. do Inst. Hist. Biografias como as de Anchieta, Almeida, Vieira, Correia, pouco adiantam. Uma história dos jesuítas é obra urgente; enquanto não a possuirmos será presunçoso quem quiser escrever a do Brasil.

Nas suas diferentes casas devem ter ficado numerosos e importantes documentos, que o desleixo ou propósito aniquilou; salvaram-se apenas os títulos de suas propriedades. A julgar por algumas publicações e documentos fornecidos a Eduardo Prado e a Studart os arquivos europeus devem ser ricos.

Enquanto não se fizer a luz sobre tão obscuros assuntos, um juízo definitivo a respeito da famosa ordem pecará pela base. Em todo caso pouca, muito pouca inteligência revelam os ataques dirigidos contra ela. Instintivamente a simpatia volta-se para os discípulos e companheiros de Nóbrega, Anchieta, Cardim, Vieira, Andreoni, os educadores da mocidade, os fundadores da linguística americana.

FORMAÇÃO DOS LIMITES

Os papas Nicolau V, Calixto III, Xisto IV concederam à coroa portuguesa as terras e ilhas novamente descobertas sob o influxo do infante d. Henrique e dos seus sucessores imediatos. Com surpresa de Portugal obtiveram os reis católicos uma concessão do mesmo gênero depois de Cristóvão Colombo tornar de sua primeira viagem: em maio de 1493 atribuiu-lhes Alexandre VI todas as terras e ilhas descobertas e por descobrir, situadas cem léguas a Oeste de qualquer das ilhas do Açores e do Cabo Verde.

Protestou contra o ato pontifício d. João II, julgando-o lesivo de seus direitos; depois do protesto entabulou negociações com os monarcas vizinhos; afinal concluiram um acordo em Tordesilhas. O convênio, aí assinado em 7 de junho de 1494, manteve o princípio enunciado pelo Papa: a divisão do mundo em dois hemisférios, pertencentes um a Portugal, outro à Espanha; modificou, porém, o número de léguas, elevando-as de cem a trezentas e setenta, e o ponto de partida para a contagem, que seria uma ilha, não especificada então nem depois, do arquipélago do Cabo Verde. O arreglo foi meramente formal e teórico: ninguém sabia o que dava ou recebia, e se ganhava ou perderia com ele no ajuste das contas.

O descobrimento do Brasil, realizado alguns anos depois por Pedro Álvares Cabral, foi precedido pela expedição de Vicente Yañez Pinzon; mas os espanhóis não alegaram prioridade nem duvidaram coubesse a terra dos Papagaios dentro na raia portuguesa. Seus interesses estavam ao

Norte, não ao Sul da equinocial, que só começou a ter valor com a expedição de d. Nuno Manuel.

As primeiras dúvidas sobre a linha divisória surgiram no mediterrâneo austral-asiático. Segundo o parecer de Fernão de Magalhães compreendiam-se nos domínios da Espanha as Molucas, tão cobiçadas por suas especiarias. Para prová-lo empreendeu a viagem em que descobriu o estreito ainda hoje conhecido por seu nome, atravessou o oceano Pacífico, chegou pelo Poente ao Levante como nebulosamente concebera e nunca realizou Colombo. Depois de sua morte Sebastian d'Elcano concluiu o périplo incomparável e na volta à pátria, em setembro de 1522, manifestou a mesma crença nos direitos de sua nação e a urgência de reivindicá-los. A corte espanhola deixou-se convencer. Entre ela e a de Portugal estabeleceu-se uma discussão enfadonha, alegando-se ora a prioridade do descobrimento, ora a legitimidade do domínio no arquipélago prestigioso. Do debate resultou a capitulação de Saragoça, em abril de 1529. Admitindo que as Molucas pertenciam legitimamente à coroa espanhola, João III comprou os direitos de Carlos V, por trezentos e cinquenta mil ducados; se mais tarde verificassem a não existência de tais direitos, o imperador restituiria a soma recebida; a linha divisória passaria naquele hemisfério duzentas e noventa e sete e meia léguas ao oriente das Molucas; e a légua seria das de dezessete e meia o grau no equador.

O machado de metal levado em 1514, as expedições de Solis, Cristóvão Jaques, Cabot e Garcia deram importância às terras platinas e levantaram a questão de limites no continente americano. Surgiram e arrastaram-se os debates a propósito da expedição de Martim Afonso de Sousa (1530-1533), sempre sob a dupla face de prioridade proclamada por Portugal e legitimidade de domínio, alegada por Castela. Em setembro de 32, exprimia d. João III a ideia de distribuir em capitanias hereditárias o território situado entre Pernambuco e rio da Prata; nas doações feitas mais tarde, avançou apenas até 28º 1/3, à vista das reclamações espanholas, ou, segundo parece, de observações astronômicas de Martim Afonso, assim reconhecendo que seus domínios não iam mais longe. Os espanhóis estendiam, porém, suas pretensões mais para o Norte. Em 1534, Rui Mosquera estabeleceu-se no Iguape, repeliu com vantagem um ataque de Pero de Góis e saqueou S. Vicente; diversos documentos oficiais contemporâneos traçam a linha divisória desde Cananeia e até de S. Vicente para o Sul.

Com a união das duas coroas decresceu a importância dos limites meridionais e a atenção concentrou-se na Amazônia. Ante as incursões de flamengos e ingleses, conhecidas apenas no Pará se estabeleceu Castelo

Branco, pareceu acertado confiar as novas conquistas à guarda dos portugueses mais próximos e melhor preparados para defendê-las; a criação do governo separado do Maranhão representou um primeiro passo neste sentido. Ainda mais decisiva foi a criação de duas capitanias hereditárias, sujeitas ambas à coroa portuguesa, em terreno indiscutivelmente espanhol pelo espírito e pela letra de Tordesilhas: a de Cametá, concedida a Feliciano Coelho de Carvalho, limitada a Oeste pelo Xingu na margem direita, a do cabo do Norte na margem esquerda do Amazonas, concedida a Bento Maciel Parente, limitada a Oeste pelo Paru. Em 1639, Pedro Teixeira, voltando de Quito, tomou posse em nome del rei de Portugal das terras situadas entre o rio Aguarico, afluente do Napo, e o mar; faltava-lhe autoridade para tanto; mas este ato foi mais tarde e muitas vezes invocado e aceito como título de posse.

No Sul, o movimento de ocupação se operou com muita lentidão por parte de Portugal, acompanhando o litoral do Paraná e Santa Catarina, e continuou do mesmo modo ainda depois de 1640. Por sua parte os espanhóis não curaram de ocupar a margem esquerda do Prata, descuido verdadeiramente inexplicável, se não duvidavam de seus direitos, a menos que se não explique pela certeza de sua intangibilidade.

Se persistissem as reduções dos Tapes e de Guairá, avançariam naturalmente para o Oriente, chegariam à marinha. Se outros elementos os reforçassem, o conflito poderia ser evitado ou talvez a vitória lhes coubesse. Mas os jesuítas só reergueram as missões do Uruguai, e as relações destas gravitavam para Buenos Aires e Asunción, como estas capitais para os Andes e o Pacífico.

Autores portugueses discutiam entretanto o meridiano de Tordesilhas, traçando-o uns pela foz do Prata, outros pelo golfo de São Matias, na Patagônia. Tais ideias tornaram-se correntes. Depois de assinada a paz que reconheceu sua independência, o monarca de Portugal outorgou uma capitania a um dos netos de Salvador Correia, balisando-a pelo estatuário platino. Em 1680 mandou fundar na margem setentrional do Prata, a dez léguas de Buenos Aires, a colônia do Sacramento.

Apenas certificou-se de sua existência, o governador espanhol atacou-a e tomou-a. A notícia transmitida à Europa quase desencadeou nova guerra. Procurou-se ainda uma vez, e agora com mais veras, apurar o verdadeiro alcance da linha de Tordesilhas. Não se conseguiu. A Espanha condescendeu em reconstruir a fortaleza e restituir provisionalmente o território, para afastar qualquer motivo de irritação do debate, que deveria continuar no terreno científico.

Ao rebentar a guerra da sucessão da Espanha, el-rei de Portugal esposou a causa do duque de Anjou, que por isso lhe cedeu o território disputado no Prata. Mais tarde mudou de partido e aliou-se à Inglaterra a favor do pretendente austríaco. Daí resultou novo ataque e nova tomada da colônia do Sacramento, que permaneceu em mãos do inimigo de 1706 a 1715. Levara até então vida bem singular. "A nova colônia do Sacramento por mercê de Deus se conserva", escrevia alguém pouco depois de 1690, "por meterem nela um presídio fechado sem mulherio que é o que conserva os homens, porque se não tem visto em parte alguma do mundo fazerem-se novas povoações sem casais". Este ninho, antes de contrabandistas que de soldados, foi talvez o berço de uma prole sinistra, os gaúchos os gaudérios, originários da margem esquerda do Prata, famosos durante largas décadas e ainda não assimilados de todo à civilização. A quantidade de meios de sola exportados do Rio no começo do século XVIII não se explica pela simples produção indígena nem por contrabando de Buenos Aires: implica o processo sumário dos gaúchos na matança das reses, resultante da abundância e depreciação do gado vacum, do pululamento da cavalhada e do espaço indefinido e livre para as correrias.

O tratado de Utrecht mandou restituir a colônia a Portugal e foi restituída com seu território. Qual era o seu território? Toda a margem esquerda do Prata, pretenderam os portugueses; o espaço alcançado por um canhão da fortaleza, entendiam os espanhóis. Triunfaram estes. Aqueles tentaram estabelecer-se em Montevidéu, mas seus esforços foram perdidos. Também os espanhóis em 1735 tentaram apossar-se da colônia e sujeitaram-na a um assédio aspérrimo de vinte e dois meses. Antônio Pedro de Vasconcelos, comandante da praça, resistiu heròicamente e obrigou o inimigo a retirar-se.

A fundação da colônia do Sacramento devia servir de ponto de partida para um povoamento que, partindo do Prata, iria ter à beira-mar. Este plano falhara; restava o plano contrário: estabelecer-se na marinha, estender-se pelo interior até chegar às águas platinas, em outros termos, povoar o rio de S. Pedro, mais tarde chamado Rio Grande do Sul.

Em fevereiro de 1737 entrou José da Silva Pais pelo canal que sangra a lagoa dos Patos e a Mirim. No local que lhe pareceu mais apropriado desembarcou, fortificou-se. À sombra da fortaleza foi-se adensando a população. Dos Açores vieram várias famílias e agregaram-se a este núcleo primitivo; as capitanias do Norte por força ou por vontade forneceram não poucos colonos.

A rápida expansão do Brasil pelo Amazonas até o Javari, no Mato Grosso até o Guaporé e agora no Sul, urgiu a necessidade de atacar de frente a questão de limites entre possessões portuguesas e espanholas, no velho e no novo mundo, sempre adiada, sempre renascente, interpretando autenticamente o convênio de 1494. Com este fim, os dois monarcas da península assinaram um tratado em Madrid a 13 de janeiro de 1750.

Ambas as partes contratantes reconheceram neste documento ter violado a linha de Tordesilhas, uma na Ásia, outra na América. Começaram, portanto, abolindo,

> a demarcação acordada em Tordesilhas, assim porque se não declarou de qual das ilhas do Cabo Verde se havia de começar a conta das trezentas e setenta léguas, como pela dificuldade de assinalar nas costas da América Meridional os dois pontos ao Sul e ao Norte donde havia de principiar a linha, como também pela impossibilidade moral de estabelecer com certeza pelo meio da mesma América uma linha meridiana.

Na mesma ocasião aboliram quaisquer outras convenções referentes a limites, que exclusivamente seriam regidos pelo tratado agora assinado: a linha meridiana, até então vigente pelo menos nos instrumentos públicos, seria substituída por limites naturais, tomando por balisas as passagens mais conhecidas para que em tempo nem um se confundam, nem deem ocasiões a disputas, como são a origem e curso dos rios e os montes mais notáveis. Salvo mútuas concessões inspiradas por conveniências comuns para os confins ficarem menos sujeitos a controvérsia, ficaria cada parte com o que atualmente possuísse.

Maior importância que às terras prestou-se ao aproveitamento dos rios. Estabeleceu-se que a navegação seria comum quando cada um dos reinos tivesse estabelecimentos ribeirinhos; se pertencessem à mesma nação ambas as margens, só ela poderia navegar pelo canal. Para ficar com a navegação exclusiva do Prata, a Espanha trocou a colônia do Sacramento pelas missões do Uruguai. Encarregadas de assentar os limites iriam duas tropas de comissários, uma pelo Amazonas, outra pelo Prata.

Da comissão do Amazonas foi plenipotenciário e principal comissário português Francisco Xavier de Mendonça Furtado, irmão do marquês de Pombal. Como vimos, já exercia o cargo de governador do Pará, quando foi nomeado para o trabalho das demarcações. A 2 de outubro de 1754 saiu para o rio Negro, levando em sua companhia setecentas e noventa e seis pessoas, distribuídas em vinte e cinco barcos. Escolheu para residência a aldeia de Mariuá, chamada mais tarde Barcelos, e nela mandou construir aposentos para acomodar a partida espanhola. À frente desta, de estado-maior ainda mais numeroso, partiu de Cádiz d. José de Iturriaga, a

13 de janeiro do mesmo ano, e chegou ao Orinoco aos fins de julho. Em 1756 fundou São Fernando de Atabapo, para escala da grande peregrinação e caixa de víveres. Daí por diante, arcando com o áspero sertão despovoado, tais embaraços encontrou, apesar das ordens mais expressas e das facilidades extraordinárias proporcionadas por seu governo, que gastou anos no caminho.

A partida de Mendonça tinha de se ocupar de três questões principais: a do rio Negro, a do Japurá e a do Madeira e Javari; a cada uma caberia uma tropa. Tomou as providências necessárias para organizá-las e como Iturriaga continuasse ausente, voltou em 1756 para Belém com os engenheiros da demarcação, onde absorveram-no outras preocupações mais instantes.

Em janeiro de 1758, recebendo aviso da próxima chegada dos comissários espanhóis, dirigiu-se novamente para Barcelos. Com efeito, no ano seguinte ali se apresentaram d. José de Iturriaga e seu grandioso séquito de comissários, matemáticos, engenheiros, desenhistas. Quase ao mesmo tempo chegou a notícia da substituição de Mendonça na capitania do Pará e no trabalho dos limites, que daí em diante seria dirigido da parte de Portugal por Antônio Rolim de Moura, governador de Mato Grosso, mais tarde vice-rei do Brasil e conde de Azambuja. No mesmo dia e hora da partida de Mendonça Furtado para a capital os comissários espanhóis volveram ao Orinoco. Tal é pelo menos a versão referida por Baena. Os escritores venezuelanos e colombianos contestam o encontro dos dois comissários e, parece, com melhores fundamentos.

Depois de tantos anos e de tantas canseiras nem um passo se dera para realizar o ideal afagado pelo tratado de Madrid. Para os interesses de Portugal a solução não foi desvantajosa: estribado no uti possidetis, dando-lhe uma extensão inconciliável com o tratado de Madrid, pode agora satisfazer a sua avidez de terras.

No tempo de Mendonça instalou-se a capitania de S. José de Javari. Mandara-lhe a coroa assentar a capital no Solimões próximos dos limites ocidentais; ele achou mais conveniente situá-la no rio Negro, donde os espanhóis estavam muito afastados, como o provara a lenta marcha de Iturriaga. Aí, portanto, a expansão se faria sem tropeços. Além disso, a proximidade relativa de Belém e de Portugal garantia uma superioridade esmagadora. Em seu tempo foram fundados o forte de Marabitanas no rio Negro, o de S. Joaquim na confluência de Uraricoera e Tacutu, cabeceiras do Branco.

Pelas instruções, a tropa de comissários destinados à demarcação do Sul devia subdividir-se em três troços: um reconheceria o terreno desde

Castilhos Grandes até a barra do Ibicuí, no Uruguai; outra o Uruguai desde o Ibicuí até o Pepiri-guaçu e, passada sua contravertente, desceria o Iguaçu até marcar a barra do Igureí, aquele afluente oriental, este ocidental do Paraná; a terceira deveria demarcar o Igureí em todo o curso, por seu concabeçante descer para o Paraguai e subir por este até a barra do Jauru.

As duas últimas tropas deram conta de sua comissão pacìficamente; a primeira andou com menos fortuna. Em troca da colônia do Sacramento e navegação exclusiva do Prata, a Espanha cedera a Portugal a navegação do Uruguai com os sete povos das missões jesuíticas: São Nicolau, São Miguel, São Luís Gonzaga, São Borja, São Lourenço, São João e Santo Ângelo, fundados entre 1687 e 1707, alguns com os restos de reduções que escaparam à sanha dos mamalucos. Ceder terras com habitantes é amputação dolorosa, ainda hoje praticada; entregar as terras, deixando os bens de raiz, levando os moradores apenas os móveis e semoventes reporta à crueza dos Assírios. Entretanto as duas cortes julgaram consumar facilmente este ultraje à humanidade se os jesuítas as ajudassem, pesando sobre o espírito dos índios. Os jesuítas acreditaram-se poderosos para tanto e bem caro pagaram este acesso de fraqueza ou de vaidade: quando os índios se levantaram, desmentindo ou antes engrandecendo seus padres, mostrando que a catequese não fora mera domesticação e a vida anterior vibrava-lhes na consciência, aos jesuítas foi atribuída a responsabilidade exclusiva em um movimento natural, humano e por isso mesmo irresistível.

Os chefes da missão demarcadora do Sul, Gomes Freire de Andrada por parte de Portugal, o marquês de Valdelirios pela de Espanha, encontraram-se na fronteira marítima do Rio Grande do Sul em começo de setembro de 1752, e no mês seguinte iniciaram os trabalhos. Em janeiro, assentado o terceiro marco, Gomes Freire ausentou-se para a colônia do Sacramento e o marquês para Montevidéu. A primeira partida luso-espanhola continuou na tarefa, que deveria se estender até a barra do Ibicuí; mas ao chegar a Santa Tecla, dependência do povo de São Miguel, situado um pouco ao Norte da atual cidade de Bagé, defrontou índios armados que se opuseram a seu avanço. Fora prevista a hipótese e havia ordem dos dois governos para domar a resistência pelas armas, pois os jesuítas já se haviam felizmente convencido de sua impotência.

Reunidos Gomes Freire e Valdelirios na ilha de Martim Garcia, resolveram mandar emissários às missões a ver se ainda era possível conciliar os índios. Se eles continuassem teimosos, marchariam Andonaegui, governador de Buenos Aires, pelo Uruguai até São Borja, e Gomes Freire pelo rio Pardo até Santo Ângelo. Depois de tomadas estas duas reduções, prosseguiriam até se encontrar. Em março de 1754 Andonaegui pôs-se em movimento, mas o mau estado da cavalhada e outras causas não menos fortes obrigaram-no a recuar até Daiman, junto à presente cidade do Salto. Aí os índios atacaram os espanhóis e perderam trezentos homens, dos quais duzentos e trinta mortos, canhões, armas brancas e cavalhada. Menos feliz foi Gomes Freire, obrigado a assinar um armistício com os levantados a 18 de novembro.

Viu-se que melhor andariam unidos os dois exércitos. Partiu Gomes Freire do rio Pardo e em Sarandi, no rio Negro, juntou-se às forças de Andonaegui. A 21 de janeiro de 1756 marcharam para as missões. Quase só encontraram os obstáculos criados pela natureza. Os índios, embora numerosos, mal armados, mal ou antes não dirigidos, pouca resistência podiam oferecer; de todos os reencontros saíram derrotados. A 17 de maio entregou-se São Miguel sem resistência, e os outros povos foram seguindo-lhe o exemplo. Podia-se agora operar a permuta, Gomes Freire empossar-se das sete missões e entregar a colônia do Sacramento. Não se fez isto; dir-se-ia que, como os primitivos, estes mamalucos póstumos tinham por móvel único a destruição. Em janeiro de 1759 Gomes Freire embarcou para o Rio, donde não mais voltou.

Entretanto, falecia Fernando VI, subia ao trono Carlos III, inimigo do tratado de 1750 desde o tempo de seu reinado em Nápoles. Um dos primeiros cuidados do novo rei foi anulá-lo pelo pacto firmado no Pardo, a 12 de fevereiro de 1761. Ficaram outra vez de pé todos os atos reguladores de limites, a principiar pelo de Tordesilhas, tantas vezes desrespeitado por ambas as partes, como de público haviam reconhecido poucos anos antes. O tratado de Madrid, exatamente porque resolvia uma questão secular, fora atacado com violência em ambas as cortes e a cordialidade dos dois monarcas que o assinaram não teve eco nos respectivos povos. Agora com razão condenavam-no os representantes dos dois governos à vista de seus resultados, fáceis de evitar, a não ser a cláusula bárbara relativa aos sete povos do Uruguai:

> estipulado substancial e positivamente para estabelecer uma perfeita harmonia entre as duas Coroas e uma inalterável união entre os vassalos delas, se viu pelo contrário que desde o ano de 1752 tem dado e daria no futuro muitos e muito frequentes motivos de controvérsias e contestações opostas a tão louváveis fins.

A insistência de Portugal em não aderir ao famoso pacto de família, dirigidos pelos Bourbons contra a Inglaterra, desencadeou as hostilidades na península e nos domínios da América do Sul. Pedro Cevallos, sucessor de Andonaegui no governo de Buenos Aires, pôs cerco à colônia do Sacramento em outubro de 1762 e tomou-a sem grande esforço. Dirigiu-se depois às plagas rio-grandenses, num passeio militar apossou-se do forte de Santa Teresa próximo ao Chuí, da vila capital, da margem setentrional da lagoa dos Patos. Um convênio assinado no povo de São Pedro em 6 de agosto de 1763 declarou o porto privativo do domínio da Espanha, fechado, portanto, ao comércio de qualquer outra nação.

O tratado concluído em Paris a 10 de fevereiro 1763 mandou voltarem as cousas ao estado anterior à guerra. Cevallos restituiu a colônia do Sacramento, guardou o Rio Grande, deixando os portugueses reduzidos à fortaleza do rio Pardo e às cercanias de Viamão. Mesmo estas nesgas procurou retirar-lhes Vertiz y Salcedo, novo governador de Buenos Aires, atacando o rio Pardo em 1773, não com tanta felicidade como esperava.

Portugal fingiu aceitar a situação criada por Cevallos, mas foi se preparando manhosamente para modificá-la em seu proveito. Readquiriu, sem combate, S. José do Norte à entrada da barra; a pouco e pouco mandou forças por terra; uma esquadra entrou pelo canal apesar das fortalezas inimigas; em março de 1776, combinadas as forças de terra e mar atacaram e tomaram as fortificações dos castelhanos; em abril a vila de São Pedro foi evacuada. O domínio espanhol durava treze anos: data dele a fortuna do porto dos Casais, hoje Porto Alegre.

Muitos dos colonos portugueses transplantados para além do Chuí não tornaram mais para as antigas estâncias.

Apenas chegou ao velho mundo a notícia da reconquista do rio de S. Pedro, preparou-se em Espanha uma forte armada para tirar a desforra. Comandava-a Cevallos, nomeado para assumir o vice-reinado do Prata, então criado. Deveria tomar Santa Catarina, Rio Grande e Sacramento. Santa Catarina entregou-se logo sem resistência; na colônia propuseram a entrega apenas se apresentou o inimigo. O Rio Grande ficou livre de ser acometido por via marítima graças aos ventos contrários; quando ia ser atacado por via terrestre, chegou ordem de suspender as hostilidades. Cevallos, como se votasse ódio pessoal à Colônia do Sacramento, secular pomo de discórdia entre os dois povos, não quis deixar pedra sobre pedra. A 8 de junho de 1777 começou a demolição pela fortaleza; foram depois destruídas as casas, o porto obstruído; as famílias que não quiseram recolher-se ao Brasil, transportadas para Buenos Aires, distribuíram-se pelo caminho do Peru.

Expirava a este tempo José I, extinguia-se o poderio do truculento Pombal, pela primeira vez uma rainha ascendia ao trono português; todos estes motivos devem ter influído certa brandura no tratado de limites firmado em Santo Ildefonso a 1 de outubro de 1777, em quase tudo semelhante ao de Madrid, e mais humano e generoso que este, pois não impunha êxodos cruentos.

O *uti possidetis*, reconhecido em 1750, anulado em 1761, veio outra vez a prevalecer. Se não se explicasse pela superioridade relativa das posições portuguesas nas zonas litigiosas, seria uma das ironias da história averiguar que do mero apego à posse das Filipinas procederam todas as concessões por parte da Espanha.

As modificações mais notáveis apanharam a fronteira meridional. Espanha não concordou mais que Portugal tivesse direito a navegar no Uruguai e por isso impôs uma fronteira tal que as possessões portuguesas só abeirassem o rio ao Oriente do Pepiri-guaçu. Desenvolvendo um princípio já formulado no tratado de Madrid, cujo artigo 22 não permitia fortificações nem povoações nos cumes das raias, a partir das lagoas Mirim e da Mangueira, o tratado de Santo Ildefonso estabeleceu no artigo 6:

> um espaço suficiente entre os limites de ambas as nações, ainda que não seja de igual largura à das referidas lagoas, no qual não possam edificar-se povoações, por nenhuma das duas partes, nem construir-se fortalezas, guardas ou postos e tropas, de modo que os tais espaços sejam neutros, pondo-se marcos e sinais seguros, quer façam constar aos vassalos de cada nação o sítio, de que não deverão passar; a cujo fim se buscarão os lagos e rios, que possam servir de limite fixo e inalterável, e em sua falta o cume dos montes mais sinalados, ficando estes e as suas faldas por termo natural e divisório, em que se não possa entrar, povoar, edificar nem fortificar por alguma das duas nações.

Para o trabalho de demarcar a fronteira foram criadas quatro divisões: operaria a primeira do Chuí ao Iguaçu; a segunda de Igureí ao Jauru; a terceira do Jauru ao Japurá; a quarta daí ao rio Negro. Pela parte de Portugal ficaram dependentes do vice-rei no Rio, dos governadores de S. Paulo, Mato Grosso e Pará. O trabalho efetuado limitou-se à fronteira do Chuí ao Iguaçu, e do Javari ao Japurá, isto durante anos de argúcias, dilações, inação, de que cada nação lançava à outra a culpa exclusiva. As divisões confiadas aos governadores de S. Paulo e Mato Grosso nunca se encontraram com as divisões espanholas. Poder-se-ia dizer que com isso ganhou a geografia das respectivas regiões, pois os cientistas exploraram rios, descreveram plantas e animais, enviaram curiosos espécimes dos três reinos para os estabelecimentos de além-mar... poder-se-ia dizê-lo, se tais trabalhos, ciosamente guardados, fossem dados então à publicidade.

Dois episódios mostrarão como as cousas passaram.

O tratado de Madrid nos artigos 5.º e 6.º, repetidos pelo Santo Ildefonso nos artigos 8.º e 9.º, dispunha que a fronteira desde a barra do Iguaçu prosseguiria pelo álveo do Paraná acima, até onde pela parte ocidental se lhe ajuntasse o Igureí, acompanharia este até descer o concabeçante mais próximo, afluente do Paraguai, chamado talvez Corrientes.

Próximo do Iguaçu não desemboca pela margem ocidental do Paraná rio chamado Igureí, próprio a servir de fronteiras, alegou Sá e Faria, português passado agora para o serviço de Castela; rio Corrientes tão pouco se conhece no Paraguai. Convencionou-se, pois, que a fronteira partiria do Iguatemi, primeiro afluente oriental do Paraná, acima das Sete Quedas. Mais tarde, o vice-rei do Brasil escreveu ao do Prata que a convenção fora condicional, para a hipótese de não existir o Igureí; ora, Igureí existia abaixo das Sete Quedas. Cândido Xavier o descobriu e o seu correspondente no Paraguai é o Jejuí. Pelo Igureí e pelo Jejuí devia passar portanto a linha divisória.

Tem a razão o vice-rei do Brasil, respondia Félix de Azara, comissário espanhol; a convenção foi condicional e desaparece apurada a existência do Igureí; mas o Igureí existe: é o Iaguareí, Monici ou Ivinheima, e corresponde-lhe pelo Paraguai outro rio caudaloso, que desemboca aos 22º. Isto, acrescentava, nos dará as únicas terras não inundadas daquelas regiões; teremos ervais, barreiros, salinas, pastos, aguadas, madeiras; as frotas de Cuiabá e Mato Grosso cairão em nossas mãos na boca do Taquari, ou mais acima; podemos na paz chupar suas riquezas por um comércio que há de ser-nos vantajoso sem prejuízo; os famosos estabelecimentos de Mato Grosso, Cuiabá e serra do Paraguai serão precários a seus ilegítimos donos e alfim cairão em nossas mãos com o tempo.

> No es posible que no tengamos las minas de Cuyabá y Mato groso, cuando las podemos atacar com fuerzas competentes, llevadas por el mejor rio del mundo, sin que los portugueses puedan sostenerlas ni llegar á ellas, sino por el embudo obstruido del rio Tacuari, en canoas y con los trabajos que nadie ignora.

Seriam melhores os portugueses? O caso Chermont-Requena, narrado brevemente, responderá de modo satisfatório.

Tinham os comissários de demarcar a fronteira do Javari à boca mais ocidental do Japurá e seguir por este acima até um rio que resguardasse os estabelecimentos portugueses do rio Negro. A boca mais ocidental do Japurá originou graves discussões, por um chamar boca o que o outro considerava furo, isto é, um canal que levava as águas do Solimões ao Japurá em vez de trazê-las. O rio que devia resguardar as possessões portuguesas do rio Negro seria o Apaporis, o Comiari ou dos Enganos, ou qualquer outro? Nunca se decidiu, à vista dos múltiplos varadouros, imaginários ou verdadeiros, alegados por parte de Portugal. Em todo caso, Tabatinga demorava a Oeste da mais ocidental das bocas do Japurá, demorava mesmo a Oeste do Içá, não compreendido nas pretensões portuguesas mais exageradas; quando, porém, Requena reclamou a posse de Tabatinga, Chermont negou-se a assumir responsabilidade tão grave e declinou da sua para a competência de João Pereira Caldas, chefe daquela divisão. Este declarou-se prestes a fazer a entrega de Tabatinga se os espanhóis lhe entregassem São Carlos, forte do alto rio Negro, fundado na expedição de D. José de Iturriaga, malogrado comissário da primeira demarcação.

Nestes dares e tomares consumiu Requena um decênio. Afinal conseguiu de seu rei licença de voltar para a Europa, e o de Portugal permitiu-lhe que descesse até o Pará.

> De ordem do governador do Rio Negro o acompanhou o tenente-coronel engenheiro José Simões de Carvalho com a recomendação secreta de dirigir a viagem de maneira que ele não visse povoação alguma, nem pudesse tomar nota topográfica de qualquer ponto do Amazonas. Destina-lhe o governador [do Pará] para sua morada a fazenda de Val de Cães. Ali o teve como em custódia até prosseguir a viagem, permitindo-lhe vir à cidade [de Belém] só de noite, e acompanhado de um oficial de tropa regular quando intentava fazer-lhe visitação, na qual também era recebido pelos cidadãos mais qualificados que segundo a disposição do governador o esperavam em grande cerimônia.

Em suma, valiam-se bem os comissários das duas altas partes contratantes. Teria razão ou talvez não tenha quem afirmasse sua má fé; entretanto, uma o outra opinião seria superficial. Os termos dos tratados prestavam-se às vezes a mais de uma interpretação; os mapas trazidos do reino aplicavam-se mal aos terrenos; nem destes nem daqueles resultava uma hermenêutica forçada; cada funcionário procurava ostentar zelo, isto é, adiantar sua carreira. E em nome destes seres heterônomos ainda hoje nossos vizinhos propagam e herdam o ódio ao Brasil desde os bancos escolares! Felizmente no Brasil já não somos prisioneiros destas paixões inferiores de colonos fossilizados.

Portugal saiu mais favorecido da sorte por ter criado a capitania independente de Mato Grosso logo depois do tratado de 1750 e a capitania subordinada do Rio Negro em seguida. De Vila Bela via-se bem claro que o problema decompunha-se em duas partes: absorver a navegação do Madeira, paralizando as hostilidades das vizinhas aldeias dos Moxos e dos Chiquitos, — e isto fez principalmente o conde de Azambuja; passar além dos Xarais, até onde o Paraguai não transborda do leito, limitando assim as possibilidades dos ataques e surpresas, garantindo ao mesmo tempo a navegação de S. Paulo, — isto fizeram Luís de Albuquerque, com a fundação de Corumbá e Coimbra, e Caetano Pinto com a de Miranda. Na capitania subalterna Mendonça Furtado sentiu a importância capital do rio Negro e do rio Branco; escolhendo Barcelos para capital, assinalou nitidamente o rumo a seguir pelos sucessores. Tanto em Mato Grosso como no rio Negro houve pequenos conflitos sem importância, de que os espanhóis não tiraram o melhor partido e os portugueses puderam continuar na sua maneira original de entender e aplicar o uti possidetis.

Os debates inanes das demarcações ainda continuavam em 1801 ao rebentar a guerra entre Portugal e Espanha. Ipso facto, caducaram os tratados. José Borges do Canto, desertor do regimento dos dragões, e Manuel dos Santos Pedroso, sem ordem de ninguém, congregaram um troço de aventureiros, e atiraram-se contra os sete povos do Uruguai. Foram, viram, venceram; voltou novamente a ser lindeiro o rio Ibicuí.

Depois disto não houve mais questões sobre limites americanos entre as duas metrópoles peninsulares.

O histórico dos limites com a França e Holanda, desde o rio Branco a Oeste até o cabo de Orange a Este, conta-se em poucas palavras.

A capitania do cabo do Norte, doada a Bento Maciel Parente, foi limitada a beira-mar pelo rio Vicente Pinzon, cuja denominação indígena é Oiapoque. Apenas se fixaram em Caiena, os franceses lançaram olhos cobiçosos sobre o Amazonas, e reclamaram-no como limite.

Para afirmar seus direitos, em 1697 tomaram os fortes portugueses de Araguari, Toeré e Macapá, logo retomados. Um tratado provisional assinado em 1701 neutralizou o território, mas o de Utrecht restituiu-o aos portugueses. Pelo inequívoco artigo 8, Sua Majestade Cristianíssima desistiu pelos termos mais fortes e mais autênticos e com todas as cláusulas que se requerem, assim em seu nome como de seus descendentes, sucessores e herdeiros de todo e qualquer direito e pretensão que pode ou poderá ter sobre a propriedade das terras chamadas do cabo Norte, e situadas sobre o rio dos Amazonas e o de Japoc ou de Vicente Pinsão, sem reservar ou reter porção alguma das ditas terras, para que elas sejam possuídas daqui em diante por Sua Majestade Portuguesa, etc.

A disposição por sua clareza não permitia dúvidas; os franceses acharam meio de perpetuá-las, descobrindo mais de um Vicente Pinzon e mais de um Oiapoque, de modo a aproximarem-se o mais possível do Amazonas, seu verdadeiro e constante objetivo. Isto lograram durante a revolução francesa e o império. O tratado de Paris, de 23 Thermidor V, traçou o limite pelo Calçoene até as cabeceiras e destas por uma reta até o rio Branco. O de Badajoz de 6 de junho de 1801 transportou-o para o Araguari, desde a foz mais apartada do cabo do Norte até a cabeceira e daí até o rio Branco. O de Madrid de 29 de setembro do mesmo ano fixou-o no Carapanatuba desde a foz até as cabeceiras, donde acompanharia as inflexões da serrania divisora das águas até o ponto mais próximo do rio Branco, cerca de 2° 1/3 N. O de Amiens de 27 de março de 1802 trouxe-o novamente para o Araguari. Todos estes tratados caducaram com o de Fontainebleau, que desmembrou Portugal e produziu a trasladação da corte portuguesa para o Brasil.

Depois de na era de 1750 terem passado do rio Branco para o Rupununi, os portugueses aproximaram-se das possessões holandesas. Nunca entretiveram, porém, contacto, ou travaram conflitos com elas, nem convenção alguma interveio entre as duas metrópoles.

TRÊS SÉCULOS DEPOIS

Três séculos depois do descobrimento os habitantes do Brasil exprimiam-se por sete algarismos. Repartidos na superfície reclamada como sua pela metrópole, tocavam dois ou três quilômetros quadrados a cada indivíduo.

A população ocupava a marinha desde Marajó até o Chuí, e uma e outra margem do Amazonas desde a foz de Tabatinga ao Javari. Nos tributários desta bacia os povoados, de preferência estabelecidos nos caudais de água preta, paravam a pouca distância da barra, exceto no rio Negro, onde preocupações de limites tinham requintado a expansão natural, no Madeira, Tapajós e Tocantins, ligados a Mato Grosso e Goiás. Desde o Piauí à linha singela do litoral correspondiam uma ou mais linhas interiores de povoamento nas beiras dos rios e nos chapadões do Parnaíba, do S. Francisco, do Paraná e regiões intermédias. Estas linhas, interrompidas a cada instante, melhor se diriam pontos indicando um traçado a realizar.

Observando a distribuição geográfica dos povoadores notavam-se duas correntes fáceis de distinguir. A corrente espontânea do povoamento tendia à continuidade e procurava a periferia a Oeste, ao Norte e ao Sul. A corrente voluntária, determinada por ação governativa, ambição de territórios ou vantagens estratégicas, aparecia salteada e desconexa, e começando da periferia procurava rumos opostos. Nas terras auríferas a ocorrência irregular dos minérios trouxe primitivamente a desconexão dos núcleos, mais tarde corrigida onde foi possível.

A maioria constava de mestiços; a mestiçagem variava de composição conforme as localidades. Na Amazônia prevalecia o elemento indígena, abundavam mamalucos, rareavam os mulatos. Na zona pastoril existiam poucos negros e foram assimilados muitos índios. À beira-mar e nas comarcas dos metais sobressaía o negro, com todos os derivados deste radical. Ao Sul dos trópicos elevava-se a porcentagem dos brancos. Das três raças irredutíveis, oriunda cada qual de um continente e compelidas à convivência forçada, eram os africanos a que maior número de representantes puros possuía, em consequência das levas anualmente fornecidas pelo tráfico dos negreiros.

Na baixada amazônica o predomínio da água e da mata restringiam as ocupações agrícola e pastoril. Lavoura existia apenas nas proximidades dos povoados maiores, limitada à cana, ao café, a poucos cereais e à mandioca: esta desfazia-se em farinha d'água, mais resistente à umidade; o tucupi ou manipuera dava um molho apreciado; cru servia também para apanhar aves. O gado vacum criado na ilha do Marajó, perto do Paru, em Óbidos, no Tapajós, nos campos do rio Branco, não chegava para o consumo interno. De gado cavalar ainda menos se curava: as embarcações, desde a montaria, verdadeira sucedânea do cavalo, como o nome está indicando, até as grandes canoas, arqueando centenas de arrobas, e durante parte do ano impelidas rio arriba pelos ventos gerais, eram o quase exclusivo meio de transporte.

O povo alimentava-se de peixe fresco, pegado diàriamente pelos múltiplos e engenhosos processos recebidos dos indígenas, ou salgado, como o pirarucu, a tainha e o peixe-boi; de tartaruga, mais abundante à medida que se caminhava para Oeste, ou porque assim estivesse distribuída originariamente, ou por se não ter adiantado tanto por aquelas bandas a obra de devastação. Verdadeira vaca amazônica, gado do rio como a chamavam, podia-se guardar às centenas em currais, e fornecia manteiga; a gema do ovo de uma espécie tomava-se com café, como leite. Sua manteiga, além, de condimento usual, fornecia iluminação; o casco, sem brilho e por isso imprestável para obras delicadas, empregava-se como vasilha.

A extração de produtos florestais, cacau, salsa, piaçaba, cravo, ocupava a maioria da população masculina em certas quadras do ano, marcadas pelas enchentes e vasantes do rio-mar, durante as quais as aldeias ficavam reduzidas a velhos, meninos e mulheres. Estas fabricavam louça, pintavam coités, não raro reveladoras de talento artístico, fiavam e teciam. A seringueira, já conhecida e utilizada, entrava apenas no fabrico de objetos caseiros, como o que lhe deu o nome, ou no tornar impermeáveis botas e tecidos. Nem de longe se poderia ainda prever a importância que lhe adveio depois de descobertos os modernos processos de manipulação.

"Nenhuns [cuidados] parecem ter comumente no estado", escrevia Fr. João de São José em tempo de Pombal, e continuava a ser verdade: havendo rede, farinha e cachimbo, está em termos. A frugalidade da mesa pode passar se fosse coerente a de beber; e quanto ao mais é expressão vulgar a da seguinte endecha ou trova:

> Vida do Pará,
> Vida de descanso;
> Comer de arremesso,
> Dormir de balanço.

Da bacia amazônica passando à zona pastoril, notava-se logo a falta de mata e a escassez de água. A mata aparece apenas às margens das correntes mais caudalosas, em algumas baixadas úmidas, em serras elevadas de mil metros mais ou menos de altitude. A água, excetuando alguns rios permanentes, limitava-se a ipueiras, olhos d'água, poços naturais, mais ou menos grandes e constantes; fora destes casos tem-se de procurá-lo no seio da terra, operação fácil nos álveos secos, em outros casos empresa árdua e até frustânea. Em geral não prima quanto ao gosto, em consequência da salinidade dos terrenos que a filtram. O caráter salino do solo, a abundância de pastos suculentos, os campos mimosos e agrestes, determinaram a multiplicação do gado vacum. Vivia solto o maior tempo. Na época da parição, as vacas eram recolhidas ao curral, por causa dos cuidados exigidos pelo bezerro, e também do leite, e mais tarde do queijo e do requeijão; pouco valia a manteiga, se merece este nome o esquisito produto guardado em botijas, que se aquecia para extrair o conteúdo.

O gado não se prendia ao descampado; internava-se pelas catingas e amontava. O vaqueiro corria-lhe ao encalço, e com uma vara de ferrão em alguns pontos, em outros pela simples apreensão do rabo, deitava a rês em terra e subjugava-a. "Quando o vaqueiro se aproxima o boi foge para o mato mais próximo", informa Koster;

> segue-o o homem tão de perto quanto possível, a fim de aproveitar a aberta que o animal faz apartando os galhos, os quais se aproximam logo depois e retomam a sua posição antiga. Algumas vezes o boi passa sob o grosso e baixo galho de uma árvore grande; o cavaleiro passa igualmente por baixo

do galho; para consegui-lo inclina-se tanto à direita que pode agarrar a silha com a mão esquerda; ao mesmo tempo prende-se com o calcanhar esquerdo à aba da sela; nesta posição, roçando quase em terra, de aguilhada em punho segue sem diminuir a andadura, endireitando-se novamente no assento desde que transpôs o obstáculo. Se pode alcançar o boi, mete-lhe o aguilhão na anca, e fazendo-o com jeito, derriba-o. Apeia então, liga as pernas do animal, ou passa-lhe uma das mãos por cima dos chifres, o que o segura do modo mais eficaz. Estes homens recebem muitas vezes ferimentos, mas raro é que ocasionem mortes.

A tradição popular celebrou alguns dos barbatões mais famosos, como o boi Espaço (espaço, isto é, de chifres espaçados, não espácio, como José de Alencar escreveu e outros têm repetido), o Surubim, o Rabicho da Geralda.

Na boca deste uma poesia publicada por Sílvio Romero põe as seguintes quadras:

> *Foi uma carreira feia*
> *Para a serra da Chapada,*
> *Quando eu cuidei era tarde,*
> *Tinha o cabra na rabada.*
>
> *Tinha adiante um pau caído,*
> *Na descida de um riacho,*
> *O cabra passou por riba.*
> *O russo passou por baixo.*
>
> *Apertei mais a carreira*
> *Fui passar no boqueirão,*
> *O russo rolou no fundo,*
> *O cabra pulou no chão.*

O gado cavalar dava bem no sertão, mas nunca se multiplicou tanto como o outro, por falta de forragem apropriada. Talvez isto, mais que a falta de cruzamento, explique a diminuição da estatura; em todo caso sua resistência ao trabalho é incomparável, a exiguidade do porte apropriava-o às corridas pelo cantigal. As viagens eram sempre interrompidas nas horas de maior calor; não se ferravam os cavalos, cujo casco rijo resistia às pederneiras sem estropeio. O gado muar quase, senão de todo, se desconhecia no começo. Havia poucas ovelhas e cabras: o desenvolvimento destas data dos últimos trinta anos, depois de reconhecida a superioridade de sua pele.

Na alimentação entrava naturalmente a carne, mas em quantidade menor do que se poderia supor. Uma rês tinha grande valor relativo, porque ficavam próximos consideráveis centros de consumo, como Bahia e Pernambuco. Além disso, dos sertões do Parnaíba e São Francisco e das ribeiras concabeçantes partiu o gado que abasteceu e inçou Minas Gerais, Goiás e indiretamente Mato Grosso; tal abastecimento encareceu ainda mais a mercadoria, desfalcando-a. Cumpre não esquecer a calamidade das secas. Assim consumia-se principalmente carne secada ao sol, ou a do gado miúdo, de preferência à de ovelha.

No começo nada se plantava, julgando o terreno estéril; mais tarde introduziu-se o feijão, o milho, a mandioca e até a cana. São ainda hoje três épocas alegres do ano sertanejo: a do milho verde, a da farinha e a da moagem. Do milho seco, quase exclusivamente reservado para os cavalos, só se utilizavam torrado ou feito pipoca, transformado no raro cuscus ou no insípido aluá. O milho verde, cozido ou assado, feito pamonha ou canjica (no sentido do Norte, muito diverso do Sul), o milho verde durante semanas tirava o gosto das outras comidas. A farinhada com a farinha mole, os beijus de coco ou de folha, as tapiocas, os grudes, etc., as cenas joviais da rapagem de mandioca, representavam dias de convivência e cordialidade. A moagem era a cana assada, a garapa, o alfenim, a rapadura, o mel de engenho.

Estas festas, exceto a do milho, provavelmente herdada dos indígenas, pressupunham a casa grande, isto é, proprietários abastados que residiam em suas terras e escravos que as cultivavam. Nas proximidades moravam agregados, livres e dedicados. Muitas vezes por motivos fúteis entre os donos de duas casas grandes irrompiam questões que podiam pôr em armas populações inteiras. São características as lutas de Montes e Feitosas no Ceará. Os inventos mecânicos, que no século dezoito revolucionaram a indústria dos tecidos, aumentando o consumo do algodão, levaram o plantio aos terrenos mais afastados, por onde difundiram o bem-estar.

O dono da casa grande, como toda a população masculina, exceto quando viajava, andava de ceroula e camisa, geralmente com rosários, relíquias, orações cuidadosamente cosidas e escapulários ao pescoço. Nas ocasiões solenes, recebendo visitas, revestia-se de quimão, timão ou chambre. "Quando um brasileiro põe-se a usar um desses hábitos talares começa a se considerar personagem importante (gentleman) e com título portanto a muita consideração", informa Koster. A roupa caseira das mulheres constava de camisa e saia; o casebeque só apareceu mais tarde. As moças solteiras dormiam juntas num gineceu chamado camarinha. Não apareciam aos estranhos. Era comum verem-se os noivos pela primeira vez no dia do casamento. Entre as joias prezava-se sobretudo o colar: o número de varas de cordão possuído pela mulher indicava até certo ponto sua hierarquia. Até as alongadas brenhas penetravam os bufarinheiros levando ouros, fazendas, utensílios domésticos. Quando os objetos se permutavam em gado, alugavam gente para arrebanhá-lo, e podiam voltar com grande número de cabeças. O mesmo sucedia aos dizimeiros, e até a eclesiásticos ambulantes. Um fenômeno daquelas regiões, ainda hoje existentes, eram as feiras de gado ou de outros gêneros. Algumas feiras deram origem a povoados.

A zona criadeira começava um pouco acima da foz do São Francisco, acompanhava-lhe as margens a entestar com a fronteira de Minas Gerais, transpunha as vertentes do Tocantins e do Parnaíba, alcançava já enfraquecida o alto Itapicuru, compreendia as ribeiras de todos os rios de meia-água metidos entre a baía de Todos-os-Santos e a de Tutoia. A trechos se aproximava muito da beira-mar, de que em Ilhéus e Porto Seguro separavam-na a serra do Espinhaço e suas matas litorâneas. Em Pernambuco ocorria fato semelhante, porque como as ligações beiravam o rio de São Francisco, a maior ou menor distância, grande número de sertanejos achavam mais fácil e mais vantajoso comunicar-se com a Bahia, deixando deserta uma região intermédia, variável em comprimento e largura; o caminho entre Pajeú e Capibaribe, que regulou esta anomalia, data dos primeiros anos do século XIX.

Como vimos, pode-se chamar pernambucanos os sertões de fora, desde Paraíba até o Acaracu no Ceará; baianos os sertões de dentro, desde o rio S. Francisco até o sudoeste do Maranhão. Entre os sertanejos de um e outro grupo deve ter havido diferenças mais ou menos sensíveis. Talvez se venha a determiná-las um dia, quando forem divulgadas as relações dos missionários, corregedores, etc.; em todo caso as semelhanças entre os moradores de ambos os sertões avultam mais que entre quaisquer outros habitantes do Brasil.

Nas margens do rio S. Francisco encontraram-se baianos e pernambucanos com os paulistas. Ao Sul e ao ocidente pode-se determinar até certo ponto os limites das duas correntes opostas, marcando os lugares em que os altos deixam de ser preferidos para a habitação, mesmo quando não há perigo de ser inundado o terreno, e entram a funcionar os monjolos.

Predileção pelas baixas para as casas de vivenda, frequência de monjolo para pilar o milho seco, milho como alimentação habitual, sob as formas de canjica (no sentido do Sul), fubá e farinha fermentada antes da torrefação definitiva, carne de porco preferida à de boi indicam a presença de paulistas ou de seus descendentes. Como raiz de todas estas vergônteas aparece a falta de sal, que impedia o desenvolvimento rápido do gado vacum e ainda hoje não tempera o angu nem a canjica. O porco, apesar de enorme consumo interno, tornou-se mais tarde gênero de exportação, em toucinho e em pé.

Para o terreno acidentado provavam melhor os muares, mais sóbrios, mais resistentes, de passo mais seguro, importados de além Uruguai. A viagem, não partida como ao Norte, arrastava-se vagarosamente quase de sol a sol. As cavalgaduras eram ferradas; nos caminhos mais frequentados, junto às vendas que forneciam milho, havia ferradores, e seus serviços reclamavam a cada instante os terríveis caldeirões.

O ouro, passado o alborôto primitivo, quase só ocupava faiscadores. A mineração de ferro, aprendida de africanos, segundo informa Eschwege pouco deu de si pelo atraso dos processos e sobretudo pela ausência de lenha, devastada cruelmente. A agricultura, além de cereais comuns, encontrou a aplicação rendosa no algodão: o de Minas-Novas procurava-se muito pela excelente qualidade. A cultura do café começou relativamente tarde, depois de verificada a superioridade das regiões serranas sobre as de beira-mar, nas proximidades do Rio, e desde o começo revestiu os caracteres que conservou até o fim.

Perguntou Augusto de Saint-Hilaire a um seu compatriota, conhecedor da localidade, em que os fazendeiros gastavam o dinheiro:

> Como vê, respondeu-lhe, não é em construir belas casas nem em mobiliá-las. Comem arroz e feijão; muito pouco lhes custa também o vestuário, tão pouco dispendem na educação de seus filhos, que se rebolcam na ignorância; são de todo estranhos aos prazeres da sociedade; mas é o café que lhes dá dinheiro, não se pode apanhar café senão com negros; é pois em comprar negros que gastam todos os seus rendimentos, e o aumento de sua fortuna serve muito mais para satisfazer-lhes a vaidade que para aumentar-lhes os gozos. Não têm luxos de habitação, nada apregoa sua riqueza. Mas é impossível que se ignore nas cercanias que têm tantos escravos, tantos pés de café; empertigam-se, comprazem-se consigo mesmo e vivem satisfeitos, não se distinguindo realmente dos pobres senão por uma vã nomeada que se estende a alguns tiros de espingarda de sua casa.

Esta instalação sumária e pobre apareceria nos lugares recentemente desbravados; nos de ocupação mais antiga notava-se espetáculo bem diferente.

Às fazendas apartadas falece todo o auxílio da grande sociedade, escreve Martius, entre Vila-Rica e a demarcação diamantina; cada fazendeiro rico é por isso obrigado a preparar os escravos para todas as necessidades da sua casa. Assim comumente acham-se numa casa todos os oficiais e a aviação para eles, como sapateiros, alfaiates, tecelões, serralheiros, ferreiros, pedreiros, oleiros, caçadores, mineiros, agricultores... À frente dos negócios está um feitor, mulato ou negro de confiança, e determina-se a ordem do dia como num convento. O dono faz ao mesmo tempo de regedor, juiz e médico em sua propriedade. Muitas vezes é um eclesiástico ou vem um clérigo da vizinhança celebrar em sua capela particular.

Como alguns frades figuraram nas primeiras desordens, a metrópole proibiu severamente a fundação de conventos nas três capitanias auríferas e, caso raro, nunca variou a tal respeito. Em tanto maior número apareceram os clérigos dos hábito de S. Pedro, a princípio importados, ordenados mais tarde no ribeirão do Carmo, depois de criada a diocese de Mariana sob d. João V, por Benedito XIV.

Desde a nomeação do bispo de Mariana, d. Joaquim Borges de Figueiroa (1782), se tem conferido ordem a um sem número de sujeitos, sem necessidade e sem escolha. Tem-se visto alguns que, tendo aprendido ofícios mecânicos e servido de soldados pedestres, se acham hoje feitos sacerdotes. Tendo o doutor Francisco Xavier da Rua, governador que foi do bispado com procuração do dito bispo, ordenado os sacerdotes que eram precisos, não foi bastante para que o Dr. José Justino de Oliveira Gondim, que lhe sucedeu, deixasse de ordenar em menos de três anos cento e um pretendentes, dispensando sem necessidade em mulatismos e ilegitimidades. O Dr. Inácio Correia de Sá, que sucedeu a este José Justino no governo do bispado, ordenou oitenta e quatro pretendentes em menos de sete meses e entre eles um que era devedor à fazenda real.

Estas facilidades só começaram a desaparecer no correr do século XIX.

Junte-se a tal fartura de sacerdotes a abundância de irmandades, o gosto geral pela música, a proximidade dos povoados nos distritos em que primeiro se extraiu o metal amarelo, os numerosos vadios sustentados pela hospitalidade e indiferença indígenas, a falta de divertimentos públicos e se compreenderá a frequência das festas religiosas. Sobressaíam principalmente as procissões pelo grande luxo, pelo número de figuras simbólicas, por um certo aparato teatral e jogralesco. No extremo Goiás, em Traíras, Pohl assistiu a uma festa de Santa Efigênia, padroeira dos negros, feita com todas estas visualidades: imperador, imperatriz, tiros de roqueira, dutos aos imperantes, cavalhadas, lanças, leilão, etc.

O mineiro e o paulista diferiam bastante de aspecto.

> O mineiro em geral é esbelto e magro, de peito estreito, pescoço comprido, rosto um tanto alongado, olhos negros e vivos, cabelo preto na cabeça e no peito; tem por natureza um nobre orgulho e no exterior um modo brando, afável e inteligente, é sóbrio e parece gostar de uma vida cavalheiresca, assegura Martius. Em todas estas feições assemelha-se mais ao árdego pernambucano que ao paulista pesadão... Seu vestuário nacional difere do paulista. Em geral usa jaqueta curta, de algodão ou de manchéster preto, colete branco de botões de ouro, calça de veludo ou de manchéster, longas botas de couro branco, presas acima do joelho por fivelas; um chapéu de feltro de abas largas abriga-o do sol; a espada e não raro a espingarda são com o guarda-chuva seus companheiros inseparáveis, desde que sai de casa. As viagens, mesmo as mais breves, são feitas em mulas. Os estribos e as rédeas são de prata e do mesmo metal o cabo do facão que enfia na bota abaixo do joelho. Nestas jornadas as mulheres são carregadas em liteiras por negros ou bestas, ou sentam-se, vestidas de longa montaria azul com chapéu redondo, em uma cadeirinha presa à mula.

A pequena estatura do paulista, o cabelo corrido, a face pálida, os olhinhos penetrantes revelavam a procedência americana, no entender de Eschwege, que acrescenta em desacordo com Martius:

> Sua coragem, sua impavidez no perigo, sua agilidade e espírito de iniciativa, sua repugnância a canseiras, sua sede de vingança, patenteiam a procedência selvagem pelo lado materno, assim como sua finura e a vivacidade de seu espírito denunciam a ascendência portuguesa pelo lado paterno.

De resto, chamando pesadão ao paulista, Martius parece referir-se apenas ao aspecto físico, pois antes escrevera:

> O paulista goza em todo o Brasil da fama de grande franqueza, impavidez e amor romanesco às aventuras e perigos. Associa a isto um temperamento

apaixonado, que o leva à cólera e à vingança, e seu orgulho e inflexibilidade são temidos pelos vizinhos... Muitos paulistas se conservaram sem mescla com os índios; os mamelucos, conforme os graus da mescla, têm a pele quase cor de café, amarela ou quase branca. Traem a mistura indiana antes de tudo a cara larga, com maçãs salientes, olhos pretos e não grandes e certa incerteza de olhar. A estatura elevada e ao mesmo tempo larga, feições fortes, sentimento de liberdade e desassombro, olhos brunos, ou raramente azuis, cheios de fogo e afoiteza, cabelo cheio, preto e liso, musculatura reforçada, decisão e rapidez no movimentos são, aliás, os principais característicos na fisionomia dos paulistas. Em geral pode-se atribuir-lhes um caráter melancólico, misturado com alguma coisa de colérico... Em parte alguma do Brasil há tantos coléricos e histéricos como aqui.

Escreve ainda o mesmo viajante:

Em S. Paulo, homens e mulheres viajam sempre a cavalo ou em mulas; muitas vezes o homem leva uma mulher na garupa. Os cavaleiros usam de um chapéu de feltro pardo de abas largas, um poncho azul, comprido e muito largo, em cujo meio há uma abertura para a cabeça; jaqueta e calças de algodão escuro, botas compridas por tingir, apertadas no joelho por uma correia e um fivelão; uma longa faca de cabo de prata, metida na bota ou presa à cinta, serve para a comida e outros misteres. As mulheres usam longos sobretudos e chapéus redondos. Segundo um provérbio corrente eram dignos de apreço na Bahia eles não elas, em Pernambuco elas não eles, em S. Paulo elas e eles. Não raro ouve-se dizer nesta província: se não fôssemos os primeiros que descobriram as minas de ouro, seríamos ainda beneméritos da pátria graças à canjica e à rede, que primeiros imitamos dos índios.

A canjica paulista, preparada pelo monjolo, preguiça ou negro velho, dominava nos lugares de águas correntes, que dispensavam os pilões: nos sertões do Norte, onde tal abundância de água não era comum, o mungusá que lhe corresponde só se usava nas casas grandes, com escravos para a pilação.

Aos paulistas atribui Martius a descoberta das propriedades medicinais das plantas indígenas, que não podiam ter aprendido com os índios. Desde Pindamonhangaba notavam-se papudos, e em geral os paulistas levaram o papo aos lugares onde foram.

Muitas vezes o pescoço é todo ocupado pela grande intumescência; entretanto, parecem considerar esta disformidade como beleza particular, pois não raro veem-se mulheres com enorme papeira à mostra, ornada de ouros e pratas, sentadas em frente as suas casas, de cachimbo no queixo ou fiando algodão.

No princípio do século, começavam a despertar da hibernação devida às minas e aos grandes êxodos por elas provocados em S. Paulo. A agricultura aos poucos se reanimava; existiam engenhos de açúcar e de aguardente; duvidava-se ainda que o clima permitisse a grande cultura do algodão e do café. A mais importante fonte de receita consistia no comércio de trânsito, de Mato Grosso, de Goiás, de parte de Minas e dos sertões do Sul. Já funcionava a famosa feira anual de Sorocaba.

Um paulista sem vivacidade poderia se chamar o goiano, ainda notável pela aversão à vida de casado.

Segundo uma estatística de 1804, extratada na obra de Pohl, existiam 7.273 brancos, 15.585 mulatos, 7.992 pretos, 19.285 escravos, ao todo 50.135 habitantes. Descontando das 24.371 pessoas do sexo feminino 7.868 escravas, sobre as quais não apresenta informações, havia casadas 809 brancas, 1.668 mulatas, 575 pretas, ao todo 3.052, e solteiras 2.663 brancas, 6.639 mulatas, 4.179 pretas, ao todo 13.481. Por esta sinopse vê-se também como o elemento africano era numeroso.

A gente de Cuiabá tinha certa semelhança com os mineiros no aspecto; dormitava, porém, nela um gênio sanguinário, talvez aprendido com os Guaicurus, que se revelou estrepitosamente na era regencial, e com mais frequência se tem manifestado depois de proclamada a república. A gente do Paraguai e Guaporé era fraca e doentia.

Nos campos gerais do Paraná viviam bastantes criadores, mas a verdadeira zona pastoril do Sul ostentava-se nas terras rio-grandenses.

Exceto as faldas da serra geral ainda desertas, capões salteados e alguns trechos ribeirinhos, o território era ocupado por pastagens suculentas, tão propícias à propagação de bois como de cavalos, que dispensavam rações de sal. Abundava a água perene; nunca passavam anos sem chuva; não havia as enredadas catingas de outras regiões menos favorecidas. A proporção entre o gado cavalar e vacum era muito maior do que ao Norte: basta dizer que havia lotes de baguais, cavalos bravios e sem dono; os donos só conheciam os cavalos pela marca, e matavam éguas para extrair o couro. Para viagens mais longas não chegava uma cavalgadura; era preciso levar uma cavalhada.

Como difere isto dos sertões nortistas, com poucos cavalos, todos bem conhecidos e estudados, e o cavalo da sela, ensinado no passo, na estrada, na baralha, no esquipado, e várias outras marchas de que há mestres habilidosos, promovido quase a parente da família!

Quando começou o povoamento já pululava esta criação, procedente das destruídas missões jesuíticas; apossava-se cada um do que lhe convinha, e o uso da bola e do laço, conhecido dos Charruas, dispensava as corridas violentas pelo mato do sertão baiano-pernambucano. O valor do gado era até certo ponto negativo; sobejava para a população e não havia para onde exportá-lo; consumi-lo sem parcimônia parecia ato de prudência, pois mais facilmente se amansava e os pastos não se esgotariam; os trabalhos de rodeio, únicos reclamados quando a situação se regularizou, eram antes um divertimento que uma canseira.

> Toda a guerra era contra as vitelas, informa Aires de Casal, e de ordinário uma não chegava para o jantar de dois camaradas, porque acontecendo quererem ambos a língua, tinham por mais acertado matar segunda do que repartir a da primeira. Havia homem que matava uma rês pela manhã para lhe comer o rim assado; e para não ter o incômodo de carregar uma posta de carne para jantar, onde quer que pousava fazia o mesmo àquela que melhor lhe enchia o olho. Não havia banquete em que não aparecesse um prato de vitelinha recém-nascida.

Aos poucos, a gente se desacostumou do sal, da farinha (comer do arremesso no Pará) e de qualquer conduto. A escassez de lenha obrigava a comer a carne quase crua, apenas sapecada no lume produzido por dejeções animais ou gravetos, e comida quase sempre sem mastigar. Ao mate, beberagem primeiro descoberta nos sertões de Guairá e depois propagada pelos jesuítas, atribui-se a atenuação dos males que deviam resultar desta dieta.

A superfície ligeiramente ondulada, o descampado quase onipresente, a facilidade de alimentação, a abundância de cavalgaduras convidavam à locomoção. Viajava-se principalmente no verão, quando raras vezes chovia, os rios levavam pouca água e aumentava o número de vaus; a importância destes em capitania onde não havia pontes manifesta-se nos passos sem conta que a cada instante se encontram designando localidades. Serviam-se às vezes de pelotas, canoas frágeis feitas de pele. De passagem fique notado que também aqui houve uma época do couro.

Dormia-se ao relento: os aperos do animal serviam de leito. Estendiam por terra grande peça chamada carona, o lombilho substituía o travesseiro, sobre a carona punham o pelego e por cima de tudo deitavam-se embrulhados no poncho e de cabeça descoberta.

Avigorou-se a tendência ao nomadismo com a circunstância de passar por ali a fronteira, uma fronteira disputadíssima, que qualquer dos confinantes ambicionava estender, e de entre ambos meterem-se os campos neutrais, em que nenhum tinha direito de penetrar, por isso mesmo violados a cada instante, máxime da parte do Rio Grande. Os combates regulares não subiram a muitos, mas as surpresas, as arreatas, os encontros singulares, as incursões de contrabandistas constituíam fato quotidiano. Forçosamente os rio-grandenses tornaram-se aventureiros e soldados; só por militares tinham atenção; a Saint-Hilaire deram o título de coronel. A quem não montava bem ou não sabia laçar de cavalo xingavam de baiano ou maturango.

Este desbarato semibárbaro modificou-se graças ao aumento da população em parte, em parte graças às secas do Norte. O Ceará não pode mais fornecer a carne a que acostumara parte da gente do litoral e experimentou-se o charque do Rio Grande; diz-se que cearenses concorreram para a fundação de S. Francisco de Paula, mais tarde Pelotas. Abriu-se assim uma fonte de riqueza, o gado cresceu de valor e as estâncias, também aqui estabelecidas geralmente nas eminências, começaram a ter alguma organização. Com as charqueadas foram introduzidos os negros, que chegaram a muitas dezenas de mil. Algumas estâncias rendiam milhares de cruzados, esbanjados no jogo e nas apostas.

Na Bahia, por 1803, cerca de quarenta navios, de duzentas e cinquenta toneladas cada um, empregavam-se no comércio do charque do Rio Grande, que mal completavam a viagem dentro de dois anos. Levavam da Bahia aguardente, açúcar, louça, mercadorias europeias, principalmente inglesas e alemãs, que passavam por prata de contrabando em Maldonado e Montevidéu. Durante este tempo as tripulações empregavam-se em carregar couro e carne seca. Os navios chegando à Bahia vendiam o charque e retalho, a dois vinténs a libra. Dispondo da carga por este modo em vez de desembarcá-la, detinham-se no porto cinco meses e até mais, de modo que, observa Lindley, no tempo consumido por uma só viagem podiam ser feitas três.

A agricultura nunca ficou de todo descurada. A produção do trigo atingiu a milhares de alqueires; cultivaram outros cereais, a própria mandioca. Aos inconvenientes da proximidade do gado solto obviava-se abrindo valados, fazendo sebes vivas de sabugueiro e cactos, levantando cercas de cabeças com chifres. Entretanto, a faixa agrícola ocupava uma área insignificante, que só se dilatou depois da chegada de imigrantes alemães. A decadência na lavoura do trigo, atribuída a certas medidas anti-econômicas tomados pelo governo central e à deterioração das sementes em consequência da ferrugem, deve ter causas mais profundas, pois não foi ainda possível reerguê-la.

Saint-Hilaire, que percorreu a região, pinta-nos o rio-grandense da campanha como vivo, corado, em geral de cor branca, de estatura avantajada, sem curiosidade intelectual, de maneiras agrestes, incrivelmente voraz e pouco sensível, senão cruel... Falando de alvoroço todas as vezes que se carneava alguma rês, repara:

> A ideia de em pouco poder se fartar de carne é um dos motivos do prazer, mas não é o único; o maior é matar e vaca e espedaçá-la, independente de toda a esperança de poder satisfazer logo a sua gula. Entretanto, cumpre confessá-lo, esta paixão é uma das que dominam os habitantes da capitania do Rio Grande.

Ao mesmo autor deve-se uma observação que explica uma porção de fatos decorridos desde a regência. Os mineiros, afirma, não se apegam ao seu país. Com efeito, nem um hábito particular ali os retém, e não lhes custa acharem outro melhor. Acresce que a inteligência, que lhes é natural, garante-lhes por toda a parte meios fáceis de subsistirem. Os habitantes desta capitania, ao contrário, nunca saem de sua terra, porque sabem que alhures seriam obrigados a renunciar a andarem sempre a cavalo e em parte alguma achariam carne em tamanha abundância.

Na formação do rio-grandense entraram sobretudo açorianos, nortistas, principalmente de S. Paulo, e não poucos espanhóis imigrados ou incorporados. Sobretudo na fronteira meridional deu-se a penetração das duas línguas. Havia poucos mulatos. Notava-se a certos respeitos um quê de mocidade fogosa ausente das outras capitanias. O combate contra seres animados difere muito nos efeitos da luta travada contra as massas da vegetação ou contra as inclementes forças cósmicas, como ao Norte.

À beira-mar pobres pescadores arrastavam existência miserável; as armações de baleias davam trabalho durante uma estação apenas e apenas em poucos pontos; a pescaria feita em maior escala, como em Porto Seguro e alhures, não dispensava a importação entre as espécies de maior consumo. O contrabando universalizado zombava de todas as medidas de repressão. Os proprietários rurais, possuindo melhores aviamentos, casas mais espaçosas e mobílias menos sumárias, prosseguiam na lavoura aleatória de drogas de luxo para o estrangeiro, esbanjando as riquezas naturais, indiferentes às culturas dos gêneros de primeira necessidade e à formação de mercados internos. Vítima desta latronicultura, a escravidão africana condenava-a por sua vez à imobilidade e ao recuo. As crises agrícolas repetiam-se; as valorizações disfarçavam sem extinguir o vício congênito.

Os antigos povoados, assentes, como Igaraçu e Porto Calvo, nos limites da cabotagem fluvial, definharam à medida que as embarcações cresceram de calado. A prosperidade mercantil pedia o contacto do oceano. Os centros de maior movimento eram São Luís do Maranhão, Recife, Bahia e Rio.

Nas cidades costeiras o pobre índio sumia-se ante o europeu e o negro com seus descendentes puros ou mesclados. o preconceito de cor agonizava no exclusivismo dos corpos armados, como o dos Henriques, composto só de pretos, nas confrarias, de que algumas só admitiam pretos, pardos ou brancos, na especialização de certos padroeiros, como a Senhora do Rosário, São Benedito, São Gonçalo Garcia. A impedir ou sequer minorar a mestiçagem não chegava seu alento; era antes uma tradição meio delida do que uma força viva.

O serviço doméstico tocava aos escravos, sempre em número excessivo, pois vivia-se com pouco, e graças à criação miúda, aos mariscos abundantes, ao peixe barato, aos engenhosos e múltiplos quitutes, grassavam a prodigalidade e a imprevidência da economia naturista. Alguns deles empregavam-se na faina dos transportes por terra e por água; alguns aprendiam ofícios; outros, pagando jornais convencionados com os donos, procuravam ocupações a seu gosto. Conversavam às vezes em língua africana, constituíam grêmios secretos e praticavam feitiçarias. Sua alegria nativa, seu otimismo persistente, sua sensualidade animal sofriam bem o cativeiro.

Nunca ameaçaram a ordem de modo sério, e os carregadores davam certa animação às ruas.

> São mandados com cestos vazios e longas varas a procurar emprego em benefícios de seus senhores, escreve John Luccok. Mercadorias pesadas transportam-se ao ombro entre dois parceiros por meio destas varas, às quais se passam umas alças, que levantam o fardo um pouco acima do solo. Se a carga for muito grande para um parelha, forma-se um bando de quatro, de seis e até mais, de que um, em geral o mais inteligente, é escolhido para dirigir o trabalho. Este para promover a regularidade dos esforços, e especialmente uniformizar o passo, entoa sempre um canto africano, de música breve e simples; no fim respondem todos em coro estridente. O

coro continua enquanto dura o trabalho, e parece aliviar o peso e alegrar o coração.

Os mulatos, gente indócil, e rixenta, podiam ser contidos a intervalos por atos de prepotência, mas reassumiam logo a rebeldia originária. Suas festas, menos cordiais que as dos negros, não raro terminavam em desaguisados; dentre eles saíam os assassinos e os capangas profissionais. Crescendo em número, desconheceram, e afinal extinguiram as distinções de raça e foram bastantes fortes para romper com as formas do convencionalismo vigente e viver como lhes pedia a índole irrequieta. Para o nivelamento concorreu sobretudo a parte feminina, com seus dengues e requebros lascivos. Spix e Martius ouviram cantar na Bahia:

> *Uma mulata bonita*
> *Não carece de rezar,*
> *Abasta o mimo que tem*
> *Para sua alma se salvar.*

O convencionalismo oprimia a gente branca: funcionários pretensiosos vindos da metrópole e abrangendo no mesmo desdém soberano a terra e os moradores, negociantes grosseiros e pouco lisos nas transações, meros consignatários de seus patrícios, que por sua vez não passavam de consignatários de ingleses, capitalistas desconfiados, descendentes empobrecidos de pais ricos e perdulários, irmãos das almas, os próprios mulatos, quando a multiplicidade dos cruzamentos disfarçava-lhes a casta, em público moviam-se sorumbaticamente, como autômatos.

Toda a população parecia de língua atada, informa ainda Luccock; não havia brinquedo de meninada, vivacidade de rapazes, gritaria ruidosa de gente mais entrada em anos. "O primeiro grito geral que ouvi no Rio foi no aniversário da rainha em 1810. Seguiu-se a um fogo queimado nesta ocasião e foi um viva abafado, não frio, porém tímido; parecia perguntar se podia ser repetido".

De sua residência, no cruzamento da rua do Ouvidor com a da Quitanda, assistia a uma cena, que descreve do seguinte modo:

> Precisamente neste lugar, todos os dias não santificados pela manhã, reuniam-se os solicitadores com os meirinhos para tratar de negócios. A generalidade deles usava de velhos casacos pretos surrados, alguns com bastantes remendos, e tão mal adaptados à altura e à forma dos donos, que excitavam a suspeita de não terem sido estes os primeiros que os possuí-

ram; os coletes eram de cores mais alegres, com longos peitos bordados, grandes golas e profundas algibeiras; os calções eram pretos e tão curtos que mal chegavam aos lombos ou aos joelhos, onde se prendiam com fivelas quadradas de diamantes falsos, as meias de algodão fiado em casa e enormes as fivelas dos sapatos. As cabeças eram cobertas de cabeleiras empoadas e punham por cima chapéus de bico, grandes e sebosos, em que usualmente colocavam um tope preto. À esquerda traziam um espadagão muito velho e estragado. Era divertido observar com que cerimônias minuciosas estes cavalheiros e seus subalternos dirigiam-se uns a outros; com que ordem exata se curvavam e tiravam os sujos chapéus; com que formas perversas e fria deliberação combinavam-se para esvaziar o bolso de seus clientes.

A educação reduzia-se a expungir a vivacidade e a espontaneidade dos pupilos. Meninos e meninas andavam nus em casa até a idade de cinco anos; nos cinco anos seguintes usavam apenas de camisas. Se porém iam à igreja ou a alguma visita, vestiam com todo o rigor da gente grande, com a diferença apenas das dimensões. Poucos aprendiam as ler. Com a raridade dos livros exercitava-se a leitura em manuscritos, o que explica a perda de tantos documentos preciosos.

Só os frades, a exemplo da gente de cor, obedeciam aos ditames do temperamento, sem medo de escândalo e até procurando-o.

> Um dos motivos da relaxação é haverem muitos conventos e poucos religiosos, escrevia Fr. Caetano, bispo do Pará; a causa para não poderem satisfazer a todas as observâncias brevemente degenera em pretexto frívolo para se eximirem até das mais fáceis e ei-los aí ociosos, inúteis absolutamente à igreja e ao estado.

A tanto subiu sua desenvoltura que dificilmente encontravam noviços nos últimos tempos. Das freiras e recolhidas não se contavam iguais excessos.

Gozavam de prestígio os padres, os genuínos representantes da mentalidade até o começo do segundo império, quando os substituíram no cenário bacharéis formados pelas academias de S. Paulo e Olinda. As virtudes da sua vocação raros possuíam, mas o caso de tão comum não causava estranheza. Alguns, rompendo com o exclusivismo do latim, aprenderam francês e até inglês, cultivavam as ciências naturais, esposavam as ideias dos enciclopedistas, entusiasmaram-se pelas tragédias da revolução francesa, conheciam as teorias de Adam Smith.

Entre eles contavam-se pedreiros livres, que já existiam em pequeno número, oficiais portugueses e brasileiros viajados no estrangeiro, e não se reuniam ainda em lojas. A população, que aliás não podia conhecê-los, pois ninguém se animava a apregoar-se como tal, votava-lhes um terror louco; circulavam notícias pavorosas de suas abominações sacrílegas, entre elas e a de se aprazerem em apunhalar crucifixos. Apesar de sua exiguidade ou por causa desta, dispunham de certa influência e conseguiram dar escapula ao inglês Thomas Lindley, preso na Bahia por contrabandista.

Os principais divertimentos dos pracianos (citizens) são as festas dos diferentes santos, profissões de freiras, funerais suntuosos, a semana santa, etc., celebrados rotativamente, com grandes cerimônias, músicas e procissões frequentes, informa este viajante. Mal passa um dia em que não ocorra uma ou outra destas festas, e assim se apresenta um círculo de oportunidade para unir a devoção e o prazer, que é vivamente abraçado, em particular pela mulher.

Em grandes ocasiões destas, depois de virem da igreja, visitam-se uns a outros e saboreiam um jantar mais farto que de costume, durante e passado o qual bebem quantidades desmedidas de vinho. Quando alcançam uma temperatura extraordinária introduz-se o violino ou a guitarra, começa o canto, logo seguido da excitante dança negra, mistura de danças da África e dos fandangos de Espanha e Portugal, que consiste em um indivíduo de cada sexo dançar ao toque monótono do instrumento, sempre no mesmo compasso, quase sem mover as pernas, mas com todos os movimentos licenciosos do corpo, juntado-se durante a dança em contacto estranhamente imodesto. Os espectadores, acompanhando a música de um coro improvisado e dando palmas, saboreiam a cena com um gozo indescritível.

As mulheres poucas vezes saíam a público e iam às missas de madrugada; algumas serviam-se de cadeirinhas, carregadas por negros de bela estampa e rica libré; carruagens pode-se dizer não havia. A maior parte do tempo levavam em seus aposentos, quase em mangas de camisas, sem meias e até sem tamancos, ouvindo das mucamas histórias de carochinha ou bisbilhotices frescas, penteando o cabelo, embevecidas nos cafunés. Bordavam, faziam rendas ou doces, cantarolavam modinhas sentimentais, comunicavam com as vizinhas pelos quintais; entretinham-se com quitandeiras e beatas, ou abrigadas por uma rótula discreta procuravam saber o que havia na rua. As moças solteiras engordavam, quando se fazia esperar muito o dia do casamento, felizes as que encontravam "casa de Gonçalo, em que a galinha canta mais que o galo".

Das fluminenses, diz Luccock que seus ornatos produziam um efeito agradável, e molduravam os encantos de uma face redonda, de feições regulares, olhos negros, vivos e curiosos, fronte lisa e aberta, boca expressiva de simplicidade e bom gênio, ocupada por uma fieira de dentes brancos e iguais, unidos a um rosto sofrivelmente bonito, um ar risonho e um modo alegre, franco e sem malícias.

Tal, acrescenta, é a aparência comum de uma moça de cerca de treze ou quatorze anos. Aos dezoitos a natureza atingiu a maturidade completa na brasileira. Alguns anos mais tarde torna-se corpulenta e até pesadona; adquire uma grande giba nas espáduas, e anda com um passo desgracioso e cambaleante. Começa a decair, perde o bom humor da fisionomia, e substitui-o por uma carranca; olhar e boca exprimem ambos que se acostumou a exprimir paixões vingativas e violentas, as faces ficam privadas de frescura e de cor, e aos vinte e cinco anos ou trinta transforma-se numa velha perfeitamente enrugada.

Os homens jogavam, frequentavam cafés, iam às casas de pasto, palestravam sobre assuntos muito limitados, quase sempre vida alheia. Os acontecimentos mais comezinhos deformavam-se em intermináveis comentários maliciosos. Abundavam as alcunhas. Mesmo a morte se desrespeitava. Se morria alguém com fama de santo, se aparecia algum cadáver incorrupto, estabelecia-se um reboliço na população e a procura de relíquias assumia as mais indiscretas formas. Se ao contrário corria que a alma se perdera, corriam logo boatos prodigiosos, assombravam-se as casas e sentia-se a proximidade das trevas exteriores onde há choro e ranger de dentes. Ainda hoje se nota isto no interior.

No Rio, e o mesmo se deveria com pouca diferença notar nas outras cidades marítimas, a maioria das casas era térrea. Na frente havia uma sala assoalhada de bom tamanho; atrás ficavam as alcovas, a cozinha, o quintal. Embaixo dos poucos sobrados existiam geralmente vendas. A família se reunia na varanda no fundo, as mulheres sentadas em esteiras, os homens encostados a qualquer coisa, ou andando de uma parte para outra. Aí jantavam numa mesa velha estendida sobre dois cavaletes, cercada de bancos de pau e às vezes uma ou duas cadeiras. A principal refeição era ao meio-dia, e então o dono, a dona da casa, os filhos sentavam-se todos a roda; mais comumente, porém, acocoravam-se no chão. Os alimentos molhados vinham em terrinas ou cuias; os alimentos secos em cestas; comia-se em pratinhos de Lisboa. Só os homens serviam-se de faca; mulheres e meninos comiam com a mão.

Quando um cavalheiro fazia qualquer visita, se não era íntimo da casa, ia de ponto em branco, chapéu armado, fivela nos sapatos e nos joelhos, espada à cinta, segundo Luccock. Ao chegar batia palmas para chamar a atenção, e soltava um espécie de som sibilante, emitido entre os dentes e a ponta da língua. Acudia uma criada que de modo áspero e tom fanhoso perguntava quem era e ia levar o recado ao patrão. Se o visitante era algum amigo ou não reclamava cerimônias, aparecia logo o dono da casa, levava-o para a sala, protestando alto o prazer com que o recebia, fazendo-lhe discursos cheios de cumprimentos, acompanhado de reverências, e antes de entrar em negócio, se disto se tratava, pedia-lhe muitas desculpas pela sem-cerimônia da recepção. Se o visitante era de cerimônia, uma criada levava-o para a sala, donde ao entrar via muitas pessoas que aí estavam sairem por outra porta. Aqui esperava só, talvez meia hora, até o cavalheiro aparecer numa espécie de trajo de meio rigor. Ambos se inclinam profundamente a distância; depois de haver mostrado suficiente perícia nesta ciência, ganhando tempo para apurar a posição e as pretensões do outro, aproximavam-se, com dignidade e respeito correspondente se desiguais; com familiaridade se supostos proximamente iguais. Tratava-se e despachava-se o negócio sem demora. Pede-se ao estranho que considere a casa como sua, nota Pohl; se mostra agradar-se de qualquer coisa, exige o costume que lhe seja oferecida, pedindo-se que leve aquela insignificância.

As ruas eram estreitas, sem calçamento, sem iluminação ou iluminadas a azeite de peixe. A água e os esgotos ficavam entregues à iniciativa particular. Enterravam-se os cadáveres nas igrejas. Só a pouca população explica a ausência de epidemias. Da higiene pública incumbiam-se as águas da chuva, os raios do sol e os diligentes urubus. Constituíam exceção notória o passeio público e o aqueduto do Rio.

Depois de brutalmente extintas as primeiras tentativas industriais, ficaram nas cidades apenas mecânicos que trabalhavam por encomenda e a quem se pagava só o feitio.

> Quando um oficial ganhava algumas patacas folgava até acabar de comê-las, observa Saint-Hilaire. Apenas possuía a ferramenta mais necessária, e quase nunca andava provido das matérias que devia feitiar. Assim tinha-se de fornecer couro ao sapateiro, linha ao alfaiate, madeira ao marceneiro; adiantava-se dinheiro para comprarem tais objetos, mas quase sempre gastavam o dinheiro e a obra não se fazia ou se fazia só passado um tempo considerável. Quem tinha alguma coisa a encomendar precisava de fazê-lo com larga antecedência. Suponhamos por exemplo que fosse uma obra de

marcenaria, era necessário primeiro empregar amigos para arranjarem no campo a madeira precisa; tinha-se depois de mandar cem vezes à casa do oficial, ameaçá-lo, e às vezes em definitivo nada conseguir. Perguntava a um homem honrado de S. Paulo como fazia quando precisava de um par de sapatos. Encomendo-o, disse-me, a vários sapateiros ao mesmo tempo e entre eles acha-se ordinariamente um que, premido pela falta de dinheiro, se resigna a fazê-lo.

Os oficiais do Rio tinham a pretensão de possuir grandes segredos, mas ignoravam as coisas mais simples, narra Luccock. Tendo perdido uma chave, foi à procura e afinal encontrou um operário que o tirasse do aperto.

Detve-me longo tempo, mas em compensação apareceu-me de ponto em branco, chapéu armado, de fivelas nos sapatos e nos joelhos e correspondentes parafernais. À saída remanchou ainda à espera de algum negro que lhe carregasse o martelo, o escopro e outro instrumento pequeno. Sugeri-lhe que eram leves, e propus eu próprio carregar parte ou todos; mas isto teria sido solecismo prático tamanho como usar ele das próprias mãos. O cavalheiro esperou pacientemente até aparecer um negro, fez então seu trato e marchou com a devida solenidade acompanhado de seu servo temporário. Despachou-se depressa, arrombando a fechadura em vez de arrancá-la; então o figurão, fazendo-me uma profunda mesura, partiu com seu acólito.

Os mecânicos nunca formaram grêmios profissionais à maneira da Europa: eram para isso muito poucos, e se nas cidades podiam viver de um só ofício, em lugares de população menos densa precisavam de sete instrumentos para ganhar a subsistência. Mesmo nas cidades faziam-lhes concorrência os oficiais escravos.

A falta de grêmios notava-se nas outras classes. Continuavam as históricas pessoas morais, mas sua ação, já enfraquecida pela vastidão do território, acabara de definhar desde que o absolutismo nivelador desatendeu a seus privilégios. Se excetuarmos algumas irmandades e associações de beneficência como as casas de misericórdia, sempre beneméritas e sempre vivazes, as manifestações coletivas eram sempre passageiras: mutirão, pescarias, vaquejadas, feiras, novenas. Entre o estado e a família não se interpunham coordenadores de energia, formadores de tradição, e não havia progressos definitivos. Um indivíduo podia tentar uma empresa e levá-la a bom êxito; com a sua ausência ou com a sua morte perdia-se todo o trabalho, até vir outro continuá-lo passados anos, para afinal colher o mesmo resultado efêmero.

Vida social não existia, porque não havia sociedade; questões públicas tão pouco interessavam e mesmo não se conheciam: quando muito sabem se há paz ou guerra, assegura Lindley. É mesmo duvidoso se sentiam, não uma consciência nacional, mas ao menos capitanial, embora usassem tratar-se de patrício e paisano. Um ou outro leitor de livro estrangeiro podia falar na possibilidade da independência futura, principalmente depois de fundada a república dos Estados Unidos da América do Norte e divulgada a fraqueza lastimável de Portugal.

Não se inquiria, porém, o meio de conseguir tal independência vagamente conhecida, tão avessa a índole do povo a questões práticas e concretas. Preferiam divagar sobre o que se faria depois de conquistá-la por um modo qualquer, por uma série de sucessos imprevistos, como afinal sucedeu. Sempre a mesma mandriice intelectual de Bequimão e dos Mascates!

Cinco grupos etnográficos, ligados pela comunidade ativa da língua e passiva da religião, moldados pelas condições ambientes de cinco regiões diversas, tendo pelas riquezas naturais da terra um entusiasmo estrepitoso, sentindo pelo português aversão ou desprezo, não se prezando, porém, uns aos outros de modo particular — eis em suma ao que se reduziu a obra de três séculos.

COPYRIGHT

Copyright © 2023 — FV Éditions
Imagem da capa : *Desembarque de Cabral em Porto Seguro, O. Pereira da Silva, 1904*
ISBN 979-10-299-1516-1
Todos os Direitos Reservados

www.ingramcontent.com/pod-product-compliance
Lightning Source LLC
LaVergne TN
LVHW031615060526
838201LV00007B/189